■次の２枚の写真であらわされている府県を，ア～ウから選ぼう。（答えは，下）

⑤

ア 福岡県
イ 佐賀県
ウ 大分県

【ヒント】左は，有田焼の窯元。右は，弥生時代の集落跡が発掘された吉野ヶ里遺跡。

⑥

ア 京都府
イ 大阪府
ウ 奈良県

【ヒント】左は，応仁の乱の勃発地の碑。右は，JR駅前に立つろうそくの形したタワー。

⑦

ア 山梨県
イ 長野県
ウ 静岡県

【ヒント】左は，武田信玄が釜無川に築いた施設（信玄堤と聖牛）。右は，北側から見た富士山。

⑧

ア 青森県
イ 山形県
ウ 宮城県

【ヒント】左は，古代に築かれた多賀城の跡地。右は，三陸海岸のかきの養殖用の生けす。

【答え】①ウ ②ア ③イ ④ウ ⑤イ ⑥ア ⑦ア ⑧ウ

考える力。
それは「明日」に立ち向かう力。

あらゆるものが進化し、世界中で昨日まで予想もしなかったことが起こる今。
たとえ便利なインターネットを使っても、「明日」は検索できない。

チャート式は、君の「考える力」をのばしたい。
どんな明日がきても、この本で身につけた「考えぬく力」で、
身のまわりのどんな問題も君らしく解いて、夢に向かって前進してほしい。

チャート式が大切にする5つの言葉とともに、
いっしょに「新しい冒険」をはじめよう。

1 地図を広げて、ゴールを定めよう。

1年後、どんな目標を達成したいだろう？
10年後、どんな大人になっていたいだろう？
ゴールが決まると、たどり着くまでに必要な力や道のりが見えてくるはず。
大きな地図を広げて、チャート式と出発しよう。
これからはじまる冒険の先には、たくさんのチャンスが待っている。

2 好奇心の船に乗ろう。「知りたい」は強い。

君を本当に強くするのは、覚えた公式や単語の数よりも、
「知りたい」「わかりたい」というその姿勢のはず。
最初から、100点を目指さなくていい。
まわりみたいに、上手に解けなくていい。
その前向きな心が、君をどんどん成長させてくれる。

3 味方がいると、見方が変わる。

どんなに強いライバルが現れても、
信頼できる仲間がいれば、自然と自信がわいてくる。
勉強もきっと同じ。
この本で学んだ時間が増えるほど、
どんなに難しい問題だって、見方が変わってくるはず。
チャート式は、挑戦する君の味方になる。

4 越えた波の数だけ、強くなれる。

昨日解けた問題も、今日は解けないかもしれない。
今日できないことも、明日にはできるようになるかもしれない。
失敗をこわがらずに挑戦して、くり返し考え、くり返し見直してほしい。
たとえゴールまで時間がかかっても、
人一倍考えることが「本当の力」になるから。
越えた波の数だけ、君は強くなれる。

5 一歩ずつでいい。
でも、毎日進み続けよう。

がんばりすぎたと思ったら、立ち止まって深呼吸しよう。
わからないと思ったら、進んできた道をふり返ってみよう。
大切なのは、どんな課題にぶつかってもあきらめずに、
コツコツ、少しずつ、前に進むこと。

チャート式はどんなときも
ゴールに向かって走る君の背中を押し続ける

本書の特色と使い方

ぼく、数犬チャ太郎。
いっしょに勉強しよう！

デジタルコンテンツを活用しよう！

本書内に載せているQRコード*をタブレットPCやスマートフォンなどで読み取ることで、一問一答のコンテンツや発行後に更新した情報などにアクセスすることができます。

通信料はお客様のご負担となります。Wi-Fi環境での使用をおすすめいたします。

PCからは https://cds.chart.co.jp/books/rgozpfc2p8

内容は予告なしに変更することがあります。
*QRコードは（株）デンソーウェーブの登録商標です。

各章の流れ

1 要点のまとめ

● 章で学習する内容をコンパクトにまとめています。重要語句は赤字にしています。

≫p.12

簡単にさがせる

くわしく学習する**2**のページを示しているので、参照したいページが一目でわかります。

2 解説

● 本文では、学習内容をわかりやすい文章でていねいに解説しています。

● 側注では、本文をより深く理解するための補足的な内容を扱っています。

QRコード

Key Word

解説のはじめに **Key Word** で学習する重要語句を示しています。これらの語句の説明は、下の解説で詳しく説明しています。入試でもよく出題される内容ですので、しっかり解説を読むようにしましょう。

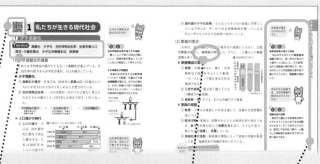

重要語句が一目でわかる

本文中の重要語句は太字にしています。
特に重要な語句は赤字で示しています。

側注で理解が深まる

本文に関連する補足や図や表、写真を載せています。
くわしく：本文の内容をより深く説明しています。
参考：本文内容との関連で発展的な内容を載せています。

2

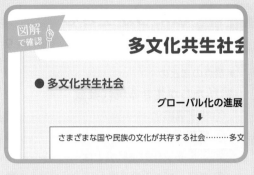

図解で確認
図や表などでまとめたビジュアルページです。視覚的に理解できるように構成しています。

コラム
本文に関連したミニコラムを載せています。公民に関する興味深い内容です。

3 つまりこういうこと

●本文の最後に学習したまとめを載せています。よくわからない内容があったら，本文にもどって確認しましょう。

4 定期試験対策問題

●その章でおさえておきたい内容を出題しています。

≫p.12～13

もどって復習できる

問題ごとに**2**のページを示しているので，わからなかったときはもどって，しっかり復習しましょう。

入試対策編

入試対策問題

●入試で出題された，思考力・判断力・表現力が試される問題を取り上げています。

解き方のポイントがわかる

解き方のヒント で，入試の傾向や着目するところ，知識の活用のしかた，考え方の道すじなどをアドバイスしています。実力を試したいときは，ここを見ないで挑戦してみましょう。

チャート式シリーズ

中学公民
もくじ

学習コンテンツ ➡

中学公民で学ぶ
重要欧文略語

主に第5章で出てくるよ。略語にルビがないものはアルファベット読みだよ。

略語	英訳	日本語	主な掲載頁
ASEAN (アセアン)	Association of South‐East Asian Nations	東南アジア諸国連合	165
BRICS (ブリックス)	Brazil, Russia, India, China, South Africa	ブリックス	169
CSR	Corporate Social Responsibility	企業の社会的責任	116
CTBT	Comprehensive Nuclear Test Ban Treaty	包括的核実験禁止条約	163
EC	European Community	ヨーロッパ共同体	165
EU	European Union	ヨーロッパ連合	165
GATT (ガット)	General Agreement on Tariffs and Trade	関税および貿易に関する一般協定	164
GDP	Gross Domestic Product	国内総生産	140
ICT	Information and Communications Technology	情報通信技術	14
ILO	International Labour Organization	国際労働機関	159
IMF	International Monetary Fund	国際通貨基金	159
JICA (ジャイカ)	Japan International Cooperation Agency	国際協力機構	174
NAFTA (ナフタ)	North American Free Trade Agreement	北米自由貿易協定	165
NATO (ナトー)	North Atlantic Treaty Organization	北大西洋条約機構	160
NIEO (ニエオ)	New International Economic Order	新国際経済秩序	168
NGO	Non-Governmental Organizations	非政府組織	58
NPO	Nonprofit Organization	非営利組織	95
NPT	Treaty on the Non-Proliferation of Nuclear Weapons	核拡散防止条約	163
ODA	Official Development Assistance	政府開発援助	168, 174
PKF	United Nations Peacekeeping Force	国連平和維持軍	159
PKO	United Nations Peacekeeping Operations	国連平和維持活動	43, 159
PL(法)	Product Liability	製造物責任法	109
PPP	Polluter-Pays Principle	汚染者負担の原則	147
SALT (ソルト)	Strategic Arms Limitation Talks	戦略兵器制限協定	163
START (スタート)	Strategic Arms Reduction Treaty	戦略兵器削減条約	163
UNESCO (ユネスコ)	United Nations Educational, Scientific and Cultural Organization	国際連合教育科学文化機関(ユネスコ)	159
WHO	World Health Organization	世界保健機関	159
WTO	World Trade Organization	世界貿易機関	164

第 **1** 章

私たちが生きる
現代社会と文化

1 私たちが生きる現代社会 ≫p.12

少子高齢化 ≫p.12	☐ **少子高齢化**：**出生率の低下➡少子化**　平均寿命の延び➡**高齢化** 　　➡**生産年齢人口**（15〜64歳）の比率が低下 ☐ **人口減少**：**合計特殊出生率**の減少 ☐ **少子化対策**：**育児・介護休業法**，**少子化対策基本法**などの制定 ☐ **家族構成の変化**：**三世代家族**の減少➡**核家族・単独世帯**の増加 ☐ **家族の役割**：**教育**，**経済**，**保護・扶養**（子ども・老人など） ☐ **地域社会の役割**：核家族➡家族の役割衰退➡地域社会の役割が重要に
情報化 ≫p.14	☐ **マスメディア**：**情報を大量に伝達**する手段（媒体） ☐ **マルチメディア**：さまざまなデータを組み合わせて**双方向的**に扱う ☐ **情報通信技術（ICT）**：情報化社会を支える技術➡**社会基盤づくり**が必要 ☐ **オンラインサービス**：情報ネットワークを通じて提供されるサービス ☐ **経済のソフト化**：**情報サービス産業**のめざましい成長 ☐ **ユビキタスネットワーク社会**：**無意識**のうちに，常にネットワークに接続できている社会 ☐ **個人情報の流出**：悪意による場合や管理ミスなどによる流出 ☐ **人権の侵害**：**プライバシーの侵害**や名誉毀損，著作権の侵害など ☐ **情報格差（デジタルデバイド）**：ネットワークに接する機会などの格差
グローバル化の 進展 ≫p.18	☐ **グローバル化**：交通・通信が発達➡**地球規模**で経済・文化などが一体化 ☐ **多文化社会**：さまざまな国や民族の文化が共存する社会 ☐ **共生社会**：さまざまな文化が混じり合う➡さまざまな面で衝突が起こる 　　➡お互いの文化を尊重し合い，協力して暮らす**共生社会**へ ☐ **国際収支**：外国との取り引きにともなう支払い（支出）と受け取り（収入） ☐ **貿易収支**：貿易代金の支払い（支出）と受け取り（収入） ☐ **貿易摩擦**：一方の輸出が多い（**貿易黒字**）➡相手国で倒産・失業が発生 ☐ **日本の貿易**：第二次世界大戦後の約10年間➡**貿易赤字** 　　**高度経済成長期**以降➡輸出力が強くなって**貿易黒字** ☐ **日本の貿易摩擦**：**石油危機**（1973年）による不況➡輸出増加で乗り切る 　　➡アメリカなどの相手国では倒産や失業者が増加 　　➡**輸出の規制**，農産物の**市場開放**などが求められる

❷ 現代社会と文化 ≫p.20

科学技術の発達 ≫p.20	☐ **生命倫理**：医療が生と死に対してどのように関わるのかをめぐる問題
	☐ **生をめぐる問題**：**生殖技術**（人工授精・代理出産など）や**出生前診断**など
	☐ **死をめぐる問題**：**終末医療**➡患者の自由な決定を尊重する（**自己決定権**） ➡**尊厳死**，**安楽死**，**脳死臓器移植**など
	☐ **バイオテクノロジー**：遺伝子などの機能を利用・応用する技術
	☐ **遺伝子組み換え作物**：利点➡品種改良が短い時間でできる 問題点➡人体に対する安全性の問題がある
宗教・芸術の 役割 ≫p.22	☐ **原始時代の宗教**：多神教，アニミズム，シャーマニズム
	☐ **世界三大宗教**：**仏教　キリスト教**（一神教）　**イスラム教**（一神教）
	☐ **日本人の信仰**：特定の宗教を信じていない人の割合が多い
	☐ **宗教の役割**：人間の有限性の自覚　人間の生き方・死に方への道しるべ
	☐ **芸術**：美術，音楽，文学，演劇，映画など
	☐ **芸術の現代的役割**：美しい生活の創造　国際平和への貢献
伝統と文化 ≫p.24	☐ **日本独自の文化**：**外来文化の受け入れ**➡**独自の伝統文化を創造**
	☐ **日本人の美意識**：「**わび**」「**さび**」
	☐ **伝統工芸**：各地の織物や焼き物，和紙など
	☐ **地域文化**：方言，食文化，祭など

❸ 現代社会をとらえる枠組み ≫p.26

社会生活の 成り立ち ≫p.26	☐ **社会集団**：集団生活を営む人々の集まり➡**ルールが必要**
	☐ **法**：懲役刑・罰金などの刑罰によって**強制力をもつ**
	☐ **道徳**：内面から善悪を判断➡正しい行いへの尺度，**強制力がない**
	☐ **憲法24条**：「家族生活における**個人の尊厳と両性の本質的平等**」
	☐ **民法**：社会生活における人間関係，財産や家族などについての定め
対立と合意， 効率と公正 ≫p.27	☐ **対立**：ある社会集団に問題が起こること
	☐ **合意**：望ましい解決への努力を行って，意見を一致させること
	☐ **効率**：むだを省くこと
	☐ **公正**：当事者が機会・手続きについて対等になるようにすること

1 私たちが生きる現代社会

① 少子高齢化

🔑 **Key Word** 高齢化 少子化 合計特殊出生率 生産年齢人口
育児・介護休業法 少子化対策基本法 核家族

なぜ少子高齢化が
進むのだろうか？

(1) 少子高齢化の進展

日本では平均寿命の延びにともなって**高齢化**が進んでいる。また，出生率の低下から**少子化**が進行，人口が減少している。

▶少子高齢化

① **高齢化の進行**…日本では，2036年に**老齢人口**（65歳以上の人口）が全人口の3分の1をしめると予想されている。

② **合計特殊出生率**…一人の女性が一生のうちに産むと考えられる子どもの数のこと。1975年に2.00を下回り，1.91となった。

平均寿命の延び	＋	出生率の低下	⟶	少子高齢化
栄養水準の向上 医療の発達		女性の晩婚化，非婚化 女性労働者の社会進出		

▶人口減少の時代

① **人口の減少**…人口は，出生数が死亡数を下回ると減少する。日本は2005年から人口の減少が始まった。

▼年齢別人口比率の推移と予測

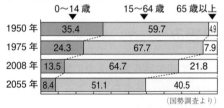

	0〜14歳	15〜64歳	65歳以上
1950年	35.4	59.7	4.9
1975年	24.3	67.7	7.9
2008年	13.5	64.7	21.8
2055年	8.4	51.1	40.5

（国勢調査より）

② **生産年齢人口の減少**…**生産年齢人口**とは**15〜64歳**の人口のこと。少子高齢化が進むと，この比率が下がる。

▶少子化対策

① **育児・介護休業法**…乳幼児や介護が必要な家族のために休業する権利を保障する法律（1991年制定）。

② **少子化対策基本法**…安心して出産・子育てできる環境づくりを推進することを目的とした法律（2003年制定）。

📖くわしく

合計特殊出生率が低下する理由

働くことと子育ての両立が難しいこと，結婚年齢が高まっていることなどが原因として考えられる。

少子高齢化の問題点

老後の生活を支える**公的年金**（→P143）や医療・介護などの**社会保障費**が増える。少子化が進むと，少ない労働力で多くの高齢者を支えることになり，一人あたりの経済的な負担が大きくなる。

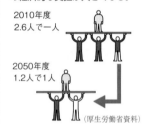

2010年度
2.6人で一人

2050年度
1.2人で1人

（厚生労働省資料）

出生率を高めるためには，安心して子育てができるようになることが大切だね。

📖くわしく

育児・介護休業法の改正

2017年の改正で，子どもが保育所に入れない場合は2歳まで育児休業が取得できるようになった。また，会社は従業員に対して，休業制度をはじめ，パパ休暇などさまざまな制度があることを知らせる努力が求められた。

③ **諸外国の少子化政策**…3人以上の子どもの家庭に手厚くしている**フランス**，早くから社会保障制度が整っている**スウェーデン**などが少子化政策で成功している。

(2)家族の変化

日本は，少子高齢化の進行と都市化の進展にともない，三世代家族が減少し，核家族が増加した。さらに，一人暮らしの単独世帯も多くなっている。

▶家族構成の変化

① **家族**…夫婦を中心に，親子・兄弟姉妹など血縁を中心とした集団。一人一人にとって最も身近な社会集団である。

② **三世代家族**…祖父母と親と子どもで構成される家族。

③ **核家族**…親と子ども，または夫婦だけの家族。

▶家族の役割

① **教育**…子どもは家族との生活を通じて，言葉や生活習慣を身につける。

② **経済活動**…家族は，消費を中心とする経済生活の単位である。働き手が得た収入で**消費生活**を送り，子どもや老人・病人などを**保護**し，**扶養**(ふよう)している。

③ **地域社会の役割**…核家族の増加によって家族の役割が衰退(すいたい)しており，地域社会の役割が求められている。

● 家族構成の変化

```
%
100
90    非 世帯        単独
80    親           世帯
族
70    世帯                      その他の親族世帯
60
50    親
40    族         核家族世帯
30    世
20    帯
10
0
     1970  1990  2010 年
              (国勢調査より)
```

核家族が増えたのはなぜだろう。

📖**くわしく**

核家族世帯が増えた理由

1950年代半ばからの**高度経済成長**の時代に，若い世代が地方から都市へと流出した。その結果，地方に高齢者の親が残され，若い世代の人たちが結婚後も都市部で暮らすようになり，**核家族**が増加した。

きみの住む地域では，三世代家族の割合はどれくらいかな。

📖**くわしく**

地域社会の役割

育児や介護などを核家族世帯だけでになうことはさまざまな困難をともなう。そこで求められるのは，育児に不安を持つ親や一人暮らしの高齢者を地域社会で支える取り組みである。

テストに出る！ **つまりこういうこと**

● **少子高齢化**…出生率の低下➡**少子化**。平均寿命の延び➡**高齢化**

　➡15～64歳の**生産年齢人口**の比率が下がる

● **人口減少**…一人の女性が一生のうちに産む子どもの数(**合計特殊出生率**)が減少

● **少子化対策**…出産・子育てが安心してできるようにする法律

　➡**育児・介護休業法**，**少子化対策基本法**

● **家族構成の変化**…経済成長➡若い人が都市部へ移動➡**核家族**の増加。**単独世帯**も増加

● **家族の役割**…**教育，経済，保護・扶養**

② 情報化

Key Word マスメディア　マルチメディア　情報ネットワーク
インターネット　情報通信技術（ICT）　オンラインサービス
経済のソフト化　ユビキタスネットワーク社会　個人情報
デジタルデバイド

情報化によって便利になった反面，課題もあるよ。

(1) 情報通信技術の発達

　20世紀に**マスメディア**が急速に発達した。さらに，近年の技術革新により，大量の情報が瞬時に伝わるようになった。

　① **マスメディア**…情報を大量に伝達する手段（媒体）。

情報を伝える手段（媒体）

新聞	設備がなくても情報を入手できる。病院など特殊な場でも利用できる。
雑誌	特定の分野を専門として発行される。
テレビ	動画と音声で情報を伝える。家族など，集団で利用されることが多い。
ラジオ	音だけで情報を伝えるので，自動車などの移動中でも利用できる。
インターネット	文字・音声・動画などの情報を，自分から検索して入手できる。

❍ 情報通信機器の普及率

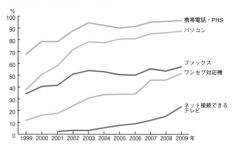

携帯電話・PHS
パソコン
ファックス
ワンセグ対応機
ネット接続できるテレビ

　② **マルチメディア**…文字・数値・音声・画像などのデータを組み合わせて高速で双方向的に扱うことができるもの。

　③ **情報ネットワーク**…電話回線や**海底ケーブル**，**通信衛星**を利用して，世界中の企業，研究機関，政府や個人が情報を相互に活用できるようになった。**インターネット**は世界中に広がる情報ネットワークである。

(2) 情報化と技術革新

　情報ネットワークは，**情報通信技術（ICT）**の発達によって支えられている。また，**オンラインサービス**が普及するとともに，**経済のソフト化**が進んでいる。

参考

マスコミ

　マスコミとは，マスコミュニケーションを略した言葉で，情報を大量に伝達することを意味する。大量伝達手段をマスメディアというが，両者は同じ意味で使われることもある。

参考

ICT

　Information and Communication Technology の略語である。

くわしく

オンラインサービスの具体例

　銀行との取り引き（**インターネットバンキング**），音楽・新聞などの配信，書籍・食料品・家電の販売など。また，役所の証明書をオンラインで発行することも行われている。

携帯電話

　オンラインサービスは，パソコンだけでなく携帯電話でも利用できる。日本では，携帯電話の普及率は，1人1台を超えている。

① **情報通信技術（ICT）**…情報ネットワークを支える技術のこと。高速な情報通信のための**社会基盤（情報インフラ）**づくりが求められる。

② **オンラインサービス**…情報ネットワークを利用して提供されるさまざまなサービスのこと。

③ **経済のソフト化**…知識や情報，技術などを扱う**情報サービス産業**の成長がめざましい。

④ **ユビキタスネットワーク社会**…日常生活の中で，「接続している」という意識なしに，常にネットワークに接続できるような社会のこと。ユビキタスとは「同時にどこにでも**存在する**」ということを意味する。

(3) 情報社会の課題

情報ネットワーク社会は，便利な反面，さまざまな問題を引き起こしている。

① **個人情報の流出**…パスワードが盗み出されて個人情報が悪用されたり，**管理ミス**が原因で個人情報が流出したりする事件がたびたび起こっている。

② **人権の侵害**…プライバシーの侵害や名誉毀損，著作権の侵害など，インターネット上の人権問題が多発している。

③ **情報格差（デジタルデバイド）**…ネットワークにアクセスできる人（国）とできない人（国）の間に，**機会・待遇**などの面で**格差**が生じている。

コンビニエンスストアの情報活用
　POS（販売時点情報管理）システムを導入し，レジで料金を計算する時に商品のバーコードを読み取り，商品が売れた時間や個数などを本部へ送信する。情報は販売計画などに活用されている。

情報家電
　IC（集積回路）など電子部品の大容量化によって実現した。テレビでも電子メールやインターネットができる，携帯電話でもテレビが見られるなど，従来の垣根を越えて性能が拡大している。

著作権
　音楽・絵・小説・映画などを作った人が，その内容に関して保有している権利のこと。

情報リテラシー
　情報を目的に応じて正しく活用する力のこと。情報ネットワーク社会で生きていく上で大切な能力である。

テストに出る！　つまりこういうこと

● **情報通信技術の発達**
　マスメディアとマルチメディアの発展。情報ネットワークの広がり
● **情報化と技術革新**
　情報通信技術（ICT）…情報化社会を支える技術➡**社会基盤づくり**が求められる
　ユビキタスネットワーク社会…**無意識**のうちに，常にネットワークに接続できるような社会
● **情報社会の課題**…個人情報の流出，人権の侵害，情報格差（デジタルデバイド）…ネットワークにアクセスできるかどうかの差

多文化共生社会とは

● 多文化共生社会

> さまざまな国や民族が，それぞれ文化を尊重して共生する社会は，真のグローバル化として注目したいね！

グローバル化の進展
↓

さまざまな国や民族の文化が共存する社会………多文化社会
　　　　　　　　　　　　　　　　＋　　➡「多文化共生社会」
お互いの文化を尊重し合い，協力して暮らす社会…共生社会

● 多文化共生社会の実践＜オーストラリア＞

18世紀以前…先住民族（アボリジニ）が暮らす大陸
18世紀後半…イギリスの植民地となる
19世紀半ば…金鉱発見 ➡ 中国人労働者が多数流入
20世紀初め…オーストラリア連邦成立 ➡ 白豪主義（はくごう）
　　　　　　（白人優先社会，非白人・先住民の市民権否定，
　　　　　　移民の制限など）
20世紀半ば…労働力不足 ➡ 移民受け入れ再開
　　　　　　（東ヨーロッパ人，イタリア人，トルコ人など）
1970年代　…イギリスのヨーロッパ共同体加入

◆シドニー：さまざまな民族が暮らす

アジア諸国との結びつき強まる（アジア系移民が増加）➡ 多文化共生社会へ

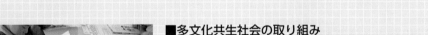

■多文化共生社会の取り組み
・テレビ・ラジオが世界中の言語で放送されている。
・小・中学校からさまざまな外国語の授業が行われる。
・24時間対応の無料電話通訳サービス（政府が運営，160か国語以上に対応）がある。
・新たな入国者の子どものために，支援（しえん）の先生が各小中学校に配置されている。

◆日本語の授業（小学校）

● 多文化共生社会を目指す＜日本＞

★外国人労働者の状況

戦前	韓国併合後や日中戦争の時期に，多くの人々が朝鮮や中国から日本にやってきた。また，強制的に日本に連れてこられて，炭鉱などで働かされた朝鮮の人々がいた
戦後 高度経済成長期	日本は外国人労働者を受け入れずに経済発展をとげた。
1980年代	バブル景気で労働力不足となり，観光目的で日本に来た外国人を不法に働かせるという問題が起こった。
1990年代	**出入国管理法**が改正されて，日系３世までの人が定住して働くことができるようになった。その結果，**ブラジルやペルー**などから日系人が多く来日した。

★多文化共生社会への取り組み

（1）コミュニケーションの支援…ことばの壁を克服する。

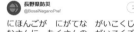

> 長野県防災
> @BosaiNaganoPref フォローする ✓
> にほんごが にがてな がいこくじんの みなさんに，たくさんの がいこくごで はなしが できる でんわを つくりました。あめや かぜで こまったら，↓のばんごうに でんわを してください。
> 080-4454-1899
> １５のことば を きくことが できます。ともだちにも，おしえてあげてください
> 20:28 · 2019年10月14日

例＜やさしい日本語＞

◀ 外国の人にもわかりやすい
日本語におきかえる

例＜ＡＩ翻訳機の活用＞

▶ 市役所などで導入が進んでいる

（2）生活の支援…医療や教育などがきちんと受けられるようにする。災害の時に，外国人が困らないようにする。

例＜外国人が参加する防災訓練＞

▶ バーチャルリアリティを使った
外国人の防災訓練（東京都）

（3）意識啓発と社会参画の支援…差別をなくし，交流やつながり，助け合いを充実させる。

（4）地域活性化の推進…外国人住民との連携・協働によって
地域を元気にする。

＜例＞過疎地での取り組み

▶ 外国人技能実習生との交流

グローブ(globe)
は地球の意味だ
ね。グローバル化
の利点や問題点は
何だろう？

③ グローバル化の進展

 Key Word グローバル化　多文化社会　共生社会
国際収支　貿易収支　貿易摩擦

(1)国際化と多文化社会

　地球規模での経済や文化の一体化（**グローバル化**）が進み，それぞれの国や地方では，さまざまな国や民族の文化が共存する**共生社会**を目指している。

① **グローバル化**…交通・通信手段の発達によって，人や物が国境を越えて飛びかい，**地球規模**で経済・文化などの一体化が進んでいる。

② **多文化社会**…グローバル化の進展にともない，さまざまな国や民族の文化が共存する社会が生まれた。

③ **共生社会**…お互いの文化を尊重し合い，協力して暮らす社会が求められる。**外国人が住みやすいまちづくり**に取り組む地方自治体もある。

④ **共生社会の課題**…外国人の定住化は，文化の違いから医療・保険・教育・住宅・地方選挙権などの面で衝突をもたらすことがあるが，理解し合うことが大切である。

(2)貿易による結びつき

　グローバル化が進むと，貿易などを通じて世界の結びつきが強くなり，経済的に世界が一体化する。しかし，特定の国が大きく貿易黒字になると，貿易赤字となる相手国で失業者が増えるなどして**貿易摩擦**が起こる。

▶国際収支と貿易収支

① **国際収支**…外国との取り引きにともなっておこった支払い（支出）と受け取り（収入）のすべてをまとめたもの。

② **貿易収支**…国際収支のうち，貿易代金の支払いと受け取りのこと。

③ **貿易摩擦**…一方の輸出が多すぎると**貿易黒字**となり，**貿易赤字**となる相手国の産業が打撃を受けて倒産や失業が発生

くわしく

外国人人口

　永住者，日本人の配偶者や子ども，留学生，就労が認められている人など，外国人登録されている人数のこと。約175万人（2015年）である。日本では第二次世界大戦以前から**中国**や**朝鮮**などの人々が多く住んでいたが，1990年代以降，**東南アジア**や**南米**からも労働者としてやってくる人たちが増えた。

（参考）

共生社会の在り方

　外国人の多い自治体では，外国語の広報誌や生活ガイドを作成して共生に努めている。

諸外国の政策

　カナダやスイスなどでは，複数の公用語が採用されている。また，オーストラリアでは，新たな入国者の子どものための支援の先生が各小中学校に配置されている。公共施設の案内が多言語で表記されている国や地域も多い。

▼ 国際収支の内訳

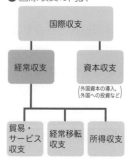

する。この二国間の問題を**貿易摩擦**という。

▶ 広がる日本の貿易

① **日本の貿易**…第二次世界大戦後の約10年間，日本の貿易収支は赤字であった。**朝鮮戦争の特需の収入**をきっかけに国際収支は均衡に向かい，**高度経済成長**の時期に重化学工業製品の輸出力が強くなって貿易黒字となった。

② **日本の貿易摩擦**…日本は，**1973年の石油危機**による不況を，輸出を増加させることで乗り切ろうとした。その結果，アメリカなどの相手国は失業者が増えるなどの問題が深刻となり，日本に**輸出の規制**などを強く求めてきた。

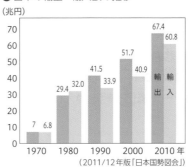

● 日本の輸出・輸入額の推移
（兆円）

（2011/12年版「日本国勢図会」）

 くわしく

特需
　戦争などの特別な出来事が背景となって生まれる需要のこと。1950年に始まった朝鮮戦争の際，アメリカ軍が日本に多くの物資を発注した。これが，日本の戦後復興の足がかりとなった。

日米貿易摩擦
　日本からアメリカへの輸出は，1950年代に繊維，70年代に鉄鋼・カラーテレビ，80年代に自動車などが多く，アメリカは日本に対して，これらの商品の輸出規制を求めてきた。また，米や牛肉などの**農産物の市場開放**をせまってきた。

 コラム

日本は世界一の食料輸入国

　もともと日本人は米，魚，野菜を中心に食べていたが，第二次世界大戦後，パンや肉類を食べる人が増加した。そのため，牛肉や豚肉の輸入が増加したが，国内の牛や豚が食べるとうもろこしの輸入も増加した。また，パンの原料の小麦も大量に輸入するようになり，日本は世界一の食料輸入国となったのである。その結果，食料自給率が大きく低下した。

　災害や異常気象によって外国の産地で生産できなくなると，たちまち困ってしまう。そこで，食料自給率を高めるための対策が求められる。例えば，地元で生産された農産物を地元で消費する**地産地消**の取り組みが各地で行われている。

テストに出る！ **つまりこういうこと**

● **グローバル化**…交通・通信手段の発達
　➡**地球規模**で経済・文化などが一体化の影響を受けやすい

● **多文化社会**…**グローバル化の進展** ➡さまざまな国や民族の文化が共存する社会

● **貿易摩擦**…一方の輸出が多すぎる（貿易黒字）
　➡相手国（貿易赤字）で倒産や失業が発生

2 現代社会と文化

4 科学技術の発達

科学の力で，人の命（誕生や死）をコントロールしてもよいのだろうか。

Key Word 生命倫理　出生前診断　尊厳死　安楽死
自己決定権　インフォームドコンセント　脳死臓器移植
臓器移植法　バイオテクノロジー　遺伝子組み換え作物

（参考）

インフォームドコンセント
　患者が医師から病状などについて十分な説明を受け，同意の上で治療を受けること。

(1) 生命倫理の問題

　科学技術の進歩は人々に恩恵をもたらすが，医療における**生命倫理**の問題を引き起こしている。

尊厳死と安楽死
　尊厳死は，患者が自らの意思のもとに，延命処置を行うだけの医療を受けずに死を迎えること。
　安楽死は，助かる見込みのない患者を，本人の希望のもとで苦痛を取り除いて死にいたらせること。

▶生命倫理

① **生命倫理**…医療が生と死に対してどのように関わるかという問題をめぐる考え方のこと。

② **生をめぐる問題**…生殖技術（人工授精・代理出産など）や**出生前診断**を認めるかどうか。

③ **死をめぐる問題**…終末医療における個人の生き方や生活の仕方について，自由な決定を尊重するべきであるという**自己決定権**が主張されている。

 脳死
　心臓や肺は機能しているが，脳の機能が完全に失われ，回復が見込めない状態のこと。

▶脳死臓器移植

① **脳死臓器移植**…脳死状態の人の臓器を患者に移植して治療すること。

② **臓器移植法**…1997年制定，臓器の移植に限り，脳死が人の死とされた。2010年の改正で，脳死の人の意思が不明でも，家族が認めれば臓器を提供できるようになった。

（参考）

ホスピス
　末期がんなど，死がせまっている患者の苦痛を緩和し，安らぎを与える看護のこと。その家族の苦痛を少なくすることも目指す。

●臓器（腎臓）提供件数の推移

	脳死下	心停止下
1997年	−	82
1998	−	83
1999	4	85
2000	5	71
2001	8	71
2002	6	59
2003	3	75
2004	5	90
2005	9	82
2006	10	102
2007	13	92
2008	13	96
2009	7	98
2010	17	58

（臓器移植ネットワーク資料より）

③ **脳死移植をめぐる議論**…臓器を提供する立場，臓器移植を受ける立場の両方から考える必要がある。

賛成意見	難病患者の治療が進歩する。「脳死」は人工呼吸器が開発された結果生まれた作為的な死の形態にすぎない。
反対意見	救命治療が十分に行われないおそれがある。生物としての機能がある以上，脳死は死ではない。死に2種類の異なる定義をすることになる。

尊厳死，安楽死，脳死移植について考えてみよう。

(2) 遺伝子操作の技術

　バイオテクノロジー (生命工学) が進歩し, 医療では新薬の開発や臓器移植への応用ができるようになった。また, 農業では, 新品種などの開発により食料不足の解決が期待されている。

　① **バイオテクノロジー**…生物を構成する遺伝子などの機能を利用・応用する技術。

　② **ヒトゲノム (人間の遺伝子情報)**…解析は2003年に完了し, ヒトの進化の歴史や, 遺伝子疾患の原因の解明が期待されている。

　③ **遺伝子組み換え作物**…害虫に強い, 日もちがするなどの農作物のすぐれた特性を生み出す遺伝子を見つけ, 組み換えた遺伝子を農作物の細胞に入れて生長させた作物。

🔻日本で安全性が確認されている遺伝子組み換え作物

てんさい
(砂糖大根)　　じゃがいも　　とうもろこし　　わた(綿花)

※ほかにも, 大豆, なたね, パパイヤ, アルファルファなど。

遺伝子組み換え作物の利点と問題点

利点	何年, 何十年もの長い期間がかかっていた品種改良が短い時間でできる。
問題点	人体に安全かどうか, アレルギーを引き起こさないかなど, 安全性の問題がある。

参考

クローン

　冷凍保存された細胞や身体の一部の細胞から再生された同じ遺伝子をもつ別の生物。すでに羊・猿・牛などで成功している。クローン人間をつくることに関しては反対意見が強い。

🔻クローン羊「ドリー」

くわしく

遺伝子組み換え作物に関する日本の状況

　1996年に認可され, アメリカなどから大量に輸入されるようになった。安全性が確認されていないものが国内で流通しないように基準が設けられている。2001年から遺伝子組み換え食品の表示が法的に義務づけられた。

家にある食品の袋を見て, 遺伝子組み換えの表示を探してみよう。

テストに出る！ つまりこういうこと

● **生をめぐる問題**…**生殖技術** (人工授精・代理出産など) や**出生前診断**など

● **死をめぐる問題**…**終末医療**➡患者の自由な決定を尊重する (自己決定権)

● **臓器移植法**…臓器の移植に限り, 脳死を人の死とする (1997年制定)

　　　　脳死の人の意思が不明➡家族が認めれば臓器を提供 (2010年改正)

● **バイオテクノロジー**…生物を構成する**遺伝子**などの機能を利用・応用する技術

● **ヒトゲノム (人間の遺伝子情報)**…解析は2003年に完了

　➡遺伝子疾患の原因解明への期待

⑤ 宗教・芸術の役割

Key Word 多神教　一神教　仏教　キリスト教　イスラム教
神道　年中行事　通過儀礼　音楽　美術

(1) 宗教の役割

　原始時代から，人々は宗教を信仰してきた。**民族宗教**や**世界宗教**，多神教や一神教など，さまざまな宗教がある。科学が進歩した現代においても，宗教のはたす役割は大きい。

▶原始時代の宗教と世界三大宗教

① **原始時代の宗教**…自然災害や病気をおそれ，自然の豊かな恵みを祈る対象として神々を想定した。**多神教**で，アニミズムやシャーマニズムの形をとることが多い。

② **世界三大宗教**

宗教	創始者 成立時期	信者の多い 地域	教え
仏教	シャカ （ブッダ） 紀元前5世紀	東アジア 東南アジア	この世の苦しみを正しく認識し，極端に走らず（**中道**），正しい実践の方法（八正道）を説く。
キリスト教 （一神教）	イエス 紀元1世紀	ヨーロッパ 南北アメリカ オセアニア	人は神の前に平等。信者は**隣人への愛**を実践する。すべての人は**神の愛**によって救われる。
イスラム教 （一神教）	ムハンマド （マホメット） 7世紀	西アジア 東南アジア 北アフリカ	アッラー（神）の前では，すべての人が平等。**六信**を信じ，**五行**を実践する。

▶日本人の宗教

① **年中行事**…節分・盆などの年中行事には，宗教行事から生まれたものが多い。

② **通過儀礼**…成人式・結婚式・葬式など，人生の節目となる行事も宗教的な背景をもつ。

③ **日本人の信仰**…日本人は，他の国と比べると特定の宗教を信じていない人の割合が多い。また，年中行事や通過儀礼に宗教儀礼を取り入れることへの抵抗も少ない。

くわしく

民族宗教と世界宗教

　ユダヤ人が信仰する**ユダヤ教**やインド人の多くが信仰する**ヒンドゥー教**，日本の**神道**など，特定の民族が信仰する宗教を民族宗教という。それに対して，**仏教**，**キリスト教**，**イスラム教**のように民族を超えて，多くの国で信仰される宗教を世界宗教という。

アニミズムとシャーマニズム

　アニミズムとは，人々が木・水・風などに神が宿っていると考えて崇拝すること。また，呪術者が神と交流する儀式をシャーマニズムという。

イスラム教の六信・五行

　六信とは神・天使・聖典・預言者・来世・天命のこと，五行とは信仰告白・礼拝・断食・喜捨・巡礼のことである。

日本人と宗教

　仏教や神道は，日本人の日々の暮らしの中に，無意識のうちに深く根づいている。それは，道徳的な意識にも影響を及ぼしている。

下の表のほかに，日本にはどのような宗教行事があるかな？

▼ 現代に残る宗教行事

行事	時期	内容
初詣	1月	寺院や神社を参拝し，新年を祝い，1年間の無事を祈る。
節分	2月	豆をまきながら災難を追い払う。
盆	7〜9月	僧侶を招いてお経をあげてもらい，合わせて墓参りをする。

▶宗教の役割

　現代は，科学技術が発達して科学が万能であると考えられがちである。しかし，宗教は人間の有限性を自覚し，人間の生き方とともに死に方を示す道しるべとなる。

(2)芸術の役割

　芸術には，美術(絵画，彫刻など)，音楽，文学などがある。また，さまざまな芸術を合わせた演劇や映画などもある。芸術の営みは原始時代からあるが，現代的な役割もある。

▶芸術の発生

① 音楽…宗教・呪術的行事のために生まれたという説，異性をひきつけるために生まれたという説などがある。音楽は心を安らかにするという精神的な価値から始まったといえる。

② 美術…美術の始まりは，旧石器時代の洞窟壁画に見られる。人々は狩りの成功を祈って獲物の絵を描いた。古代・中世において，絵画は宗教画として発達した。

▶現代における芸術の役割

① 美しい生活…有名な芸術作品は美しい。しかし，現代においては，商品のデザインやインテリアデザイン，生活の中の音楽など，日々の暮らしの中にも芸術的なものが浸透してきている。芸術は私たちに美しい生活をもたらす。

② 国際平和…芸術がもたらす美しいものへの感動は，人種や民族を越えて人々の心を結びつける。現代では，芸術家たちが国境を越えて集い，芸術祭などを催している。

くわしく

銅鐸

　弥生時代の銅鐸(釣鐘形の青銅器)は，内部に舌(音を出すための棒)がつるされる構造である。宗教的行事(祝祭)の時に，揺り動かして音を奏でた。

身の回りの美しいデザインを探してみよう。

テストに出る！ ■つまりこういうこと

- ● 世界三大宗教…**仏教，キリスト教，イスラム教**
- ● 日本人の宗教…宗教行事から生まれた**年中行事**が多い。成人式・結婚式・葬式などの**通過儀礼**も宗教的な背景をもつ
- ● 芸術…美術，音楽，文学，演劇，映画など
- ● 音楽…心を安らかにするという精神的な価値から始まったといえる
- ● 美術…旧石器時代➡洞窟壁画　古代・中世➡宗教画

❻ 伝統と文化

日本の文化はどのような特徴を持っているのかな。

Key Word ▶ 外来文化の吸収　大陸文化　西洋文化
伝統文化　わび・さび　琉球文化　アイヌ文化　伝統工芸
伝統文化の継承　文化財保護法

(1) 日本の伝統文化

　日本は，古代から外来の文化を進んで吸収し，それを日本独自の文化として成長させてきた。近代以降，急激に西洋文化を取り入れたが，もう一度，伝統文化を見直して再評価することが大切である。

▶ 日本文化の特徴

① **日本文化の特徴**…日本の人々は自然への感謝とおそれの心を持ちながら，独自の文化を育んできた。

自然・風土と日本文化との関係
〈四季の変化が明瞭〉

豊かな自然　台風・地震などの災害

感謝　　　　　おそれ

日本文化

② **外来文化の吸収**…日本には新しくよいものを進んで取り入れるという気質があり，各時代にすぐれた外来文化を吸収してきた。

▶ 外来文化

① **大陸文化**…古代から近世にかけて，日本は主に**中国**や**朝鮮**の影響を受けながら，独自の伝統文化を形成した。

② **西洋文化**…近代以降は，西洋の**個人主義**や**平等思想**，**科学技術**などを積極的に吸収してきた。

▶ 独自の文化の創造

① **日本独自の文化**…日本は外来文化を受け入れながらも，独自の伝統文化を創り続けてきている。

〈例〉

漢字（外来文化）
↓
平がな・カタカナ
（日本独自の伝統文化）

② **日本人の美意識**…茶道や俳諧（俳句）で大切にされている「**わび**」「**さび**」は日本独自の美意識である。古代からの自然に対する心のあり方に，仏教などの外来の文化の影響を受けて形成されたものである。

くわしく

大陸から伝わってきた文化

　インドで生まれた**仏教**は，中国から朝鮮半島を経て日本に伝わってきた。平安時代の最澄や空海，鎌倉時代の日蓮や法然，親鸞など多くの僧が日本の宗派を開いた。

　中国で生まれた**儒教**も日本に大きな影響をあたえた。江戸時代の儒学者たちが，日本の社会に合わせた思想として取り入れた。

参考

日本文化の移出

　日本は，外国の文化は入ってくるが日本の文化が出て行かないという「文化赤字」の状態が続いてきた。しかし，近年は**漫画**や**アニメーション**が世界で放映されたり，日本語で歌われるロックなどの音楽が世界でヒットしたり，日本文化の評価が高まってきている。また，寿司などの**日本の食文化**も世界に広がっている。

くわしく

わび，さび

　「わび」は「侘しさ」からきた言葉，簡素ななかに美しさを味わう心である。「さび」は「寂しさ」からきた言葉，衰え枯れていくさびしさのなかに安らぎを味わう心である。

(2) 地域独自の文化

　南北に長い日本列島は，地域によって気候が大きく異なり，各地域に独自の文化が生まれている。それは，伝統的な祭りや伝統工芸，生活習慣などにあらわれている。

▶ 独特の伝統文化

① **琉球文化**…沖縄は，海の交易の拠点として発展してきたため，東アジア各地の影響のもとに独自の文化を形成した。伝統芸能の**エイサー**や染め物の**紅型**などがある。

② **アイヌ文化**…北海道や千島列島などの先住民族である**アイヌ民族**は，独自の文化を受け継いでいる。独特の文様の刺繍，木彫り工芸などにその特徴が見られる。

③ **伝統工芸**…各地域には，**織物**や**焼き物**，**和紙**など長い年月をかけて育まれてきた伝統工芸がある。

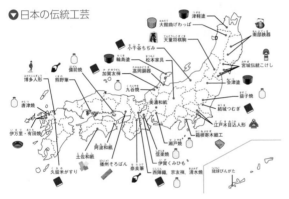

▼日本の伝統工芸

④ **地域文化**…日本は，地域によって独自の方言があり，食文化も異なっている。また，青森のねぶた祭や京都の祇園祭など，各地域独自の祭りがある。

文化の継承

　伝統文化は長い年月をかけて育まれてきたものであり，そこには先人の願いやすぐれた知恵が息づいている。急激に変化する現代においては，その伝統文化が消えていく危険性がある。身近な地域に伝わる文化を体験し，後の世代に伝えていく努力が大切である。

（参考）

文化財保護法

　文化財を保存し，その活用をもって，国民の文化的向上と世界文化の進歩に貢献することを目的として，1950年に制定された。文化財を「有形文化財」，「無形文化財」，「民俗文化財」，「記念物」，「文化的景観」及び「伝統的建造物群」とし，これらのうち，重要なものを国が指定して，重点的に保護している。

身近な地域にどのような伝統文化があるかな。

つまりこういうこと

- ● **日本文化の特徴**…四季の変化が明瞭。豊かな自然と台風や地震などの災害
  - ➡自然への感謝とおそれの心
- ● **外来文化の吸収**…新しくよいものを進んで取り入れるという気質
- ● **日本独自の文化**…外来文化を受け入れながら，独自の伝統文化を創造

3 現代社会をとらえる枠組み

7 社会生活の成り立ち

Key Word　社会集団　法　慣習　道徳　日本国憲法24条　民法

わたしたちは，家族のほかに，どのような社会集団に参加しているのかな。

(1) 社会集団

社会生活は集団生活を営む人々の集まりである**社会集団**によって成り立っている。その中で，**家族**は最も身近な社会集団である。個の集まりである集団をまとめていくためには**ルール**が必要になる。

▶社会集団のルール

① **法**…**日本国憲法**，国会が定める**法律**，地方公共団体が定める**条例**などがある。懲役刑・罰金などの刑罰を科すことができ，**強制力がある**。

② **慣習**…反復して行われるうちに人々の間で認められるようになったならわし。

③ **道徳**…人の内面から善悪を判断し，正しい行いをするための尺度。法と違い，外部からの**強制力はない**。

●法と道徳の関係

| 法 | 道徳 |

自動車は左側通行　高齢者に席を譲る
物を盗んではいけない

▶個人の尊厳と両性の平等

① **憲法24条**…日本国憲法24条は「家族生活における**個人の尊厳と両性の本質的平等**」を定めている。

② **民法**…憲法に基づき，社会生活における市民どうしの関係，財産や家族などについて定めている。

📖 くわしく

家族に関する法律の規定

夫と妻の法律上の地位は平等であり，夫婦の姓は話し合いで決める。父母は未成年の子に対して監督・保護・教育する権利（親権）を持つ。両親の親権は平等である。2022年4月より，結婚できる年齢は男女ともに18歳となる。

（参考）

モラルハザード型事件

近年，倫理観の欠落（モラルハザード）による事件が多く起こっている。2010年には，高齢者の死亡後も家族が届け出ることなく，年金をだましとる事件が続発した。また，大阪地方検察庁の検事が証拠物件を改ざんして逮捕された。

テストに出る！ ▶ つまりこういうこと

- ● **社会集団**…集団生活を営む人々の集まり
- ● **法**…**日本国憲法**，**法律**，**条例**など ➡ 懲役刑・罰金などの刑罰によって**強制力をもつ**
- ● **憲法24条**…「家族生活における個人の尊厳と両性の本質的平等」

⑧ 対立と合意，効率と公正

 Key Word 　社会的存在　対立　交渉　合意　効率　公正

(1) 対立と合意

　人間は，他者とのさまざまな問題を抱えながらも，ともに生きていかなければならない**社会的存在**である。問題を解決するためには，お互いの**交渉**から意見をすり合わせ，妥協を盛り込んでいく過程が必要である。

くわしく

対話による交渉

　下記の例では，Aさんは隣のBさん，Cさんとの「対話による交渉」を通じて，町内の問題を解決することに成功した。

　① **対立**の例：ある社会集団に問題が起こること。

| ある町内会で，通りすがりの通勤者などによるゴミ集積所へのゴミの不法投棄が相次いだ。 | ➡ | 市の清掃局は集積所を廃止して，3戸ごとに話し合って自主的にゴミ捨て場を設けるように求めた。 | ➡ | Aさんは両隣と話し合いをしたが，右隣のBさんは「敷地内にゴミを投げ入れられることも多い」として，集積所の分散化に反対した。 |

　② **合意**の例：望ましい解決への努力を行って，意見を一致させること。

| Aさんは左隣のCさんと話し合い，「半年間は自分の家の前に，次の半年間は左隣のCさんの家の前にゴミ捨て場を設けるという案を出した。 | ⬅ | 新しいゴミ捨て場には看板やネットは設けない。 | ⬅ | 通行人にゴミ捨て場の場所がわからなくなり，ポイ捨てはなくなった。 |
| | | 収集車が来る直前にゴミを捨てるようにする。 | | 半年間，ゴミ捨てが問題なく続いたのを見て，右隣のBさんも3戸の持ち回りでゴミ捨て場を設けることに合意した。 |

(2) 効率と公正

　対立を解決するための交渉の中で，**むだを省く**ことが「**効率**」の考え方である。また，当事者が**機会・手続きについて対等**な成果を得られるようにするのが「**公正**」という考え方である。

　① **効率**：上の例では「新しいゴミ捨て場に看板やネットを設けないようにしたこと」が，これに相当する。

　② **公正**：上の例では「半年ごとに3戸でゴミ捨て場を持ち回りで設けたこと」が，これに相当する。

「効率」と「公正」が，両立しないこともあるよ。両面を考えることが大切だね。

テストに出る！　**つまりこういうこと**

● **対立**…ある社会集団に問題が起こること　　● **交渉**…対立を解決するために話し合うこと
● **合意**…望ましい解決への努力を行って，意見を一致させること　　● **効率**…むだを省くこと
● **公正**…当事者が機会・手続きについて対等な成果を得られるようにすること

1 私たちが生きる現代社会・少子高齢化 ≫p.12～13

右のグラフを見て，次の問いに答えなさい。

(1) 次の①，②の理由にあてはまるものを，下から２つずつ選びなさい。

   ①〔　　〕〔　　〕　②〔　　〕〔　　〕

① 合計特殊出生率が減少している理由
② 平均寿命がのびている理由

ア 結婚する年齢が高まっているから。
イ 栄養水準が上昇したから。
ウ 医療技術が発達したから。
エ 女性が社会で働く機会が増えたから。

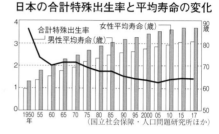

日本の合計特殊出生率と平均寿命の変化

（国立社会保障・人口問題研究所ほか）

(2) 日本では総人口に占める高齢者の割合が増加する，高齢化が進んでいます。高齢者とは何歳以上の人々を指しますか。　　　　　　　　　　　　　　　　〔　　　　　〕

(3) 次の文は，少子高齢化が進行した場合の問題点についてまとめたものです。文中の①～③にあてはまる語句を書きなさい。

　　　　　　　　　　　　①〔　　　　　〕 ②〔　　　　　〕 ③〔　　　　　〕

　少子高齢化が進行すると，高齢者の生活を支える，公的年金，介護，医療などの社会保障に必要なお金が（　①　）。また，それを支える現役世代の数は（　②　）ので，国民一人あたりの経済的な負担は（　③　）。

(4) 現在の日本で，総世帯の約６割を占める家族構成を，次から１つ選びなさい。　〔　　　〕

ア 単独世帯　　イ ３世代家族　　ウ 核家族

2 情報化社会の進展 ≫p.14～15

情報社会について，次の問いに答えなさい。

(1) テレビなど，情報を大量に提供する媒体のことを何といいますか。　　〔　　　　　〕

(2) インターネットなどの情報ネットワークの発達を支えている，「情報通信技術」の略称をアルファベット３字で答えなさい。　　　　　　　　　　　　　　　〔　　　　　〕

(3) 情報社会について説明した次の①・②のうち，正しいものには○を，間違っているものには×を書きなさい。　　　　　　　　　　　　　　①〔　　　〕 ②〔　　　〕

① インターネット上の情報を安易に利用すると，著作権を侵害するおそれがある。
② 情報社会の進展とともに，情報格差（デジタルデバイド）は縮まってきている。

3 グローバル化の進展 >>p.18〜19

次のまとめ図を見て，あとの問いに答えなさい。

交通・通信手段の発達
けいざい
経済・文化などの一体化 → （ A ）化 → ●外国人登録者の急増……………………… B
●ボーダレス・エコノミー……………… C
きんゆう
●投機的資金の金融市場への流入

(1) 図中のAにあてはまる語句を，カタカナ5字で答えなさい。〔　　　　　　　〕

(2) 図中のBによって，日本でもさまざまな民族の文化が共存する社会が成立しつつあります。この社会を何といいますか。〔　　　　　　　〕

(3) 図中のCについて，次の問いに答えなさい。

① 日本の巨額の貿易黒字が原因で，欧米の国々とのあいだで起こった国際問題を何といいますか。〔　　　　　　　〕

② 貿易が盛んになり，外国産の農産物が多く輸入されるようになりました。それにともない，日本では，国内で消費する食料をどれくらい国内の生産でまかなえているかを示す「食料□□□」の低さが問題となっています。□□□にあてはまる語句を漢字3字で書きなさい。〔　　　　　　　〕

(4) 食料を外国産のものに頼っていると，災害などで生産量が減ったときに十分な量を輸入できない可能性があります。(3)②を高めるためには，どのようなことに取り組むとよいですか。

〔　　　　　　　　　　　　　　　　　　　　　　　　　　　　〕

> 💡ヒント
> 国産品の消費が減る→生産者が生産量を減らす→自給率が下がる，という悪循環になっている。まずは，消費者が国産品を選択することが大切。

4 科学技術の発達 >>p.20〜21

右の年表を見て，次の問いに答えなさい。

年代	できごと
1969	初の国産ロボットが生産される……A
1996	遺伝子組み換え作物が認可される…B
2003	人間の遺伝子情報の解析が完了する…C
2010	臓器移植法が改正される……………D

(1) 年表中Aについて，さまざまな分野で人間に代わって問題解決などの知的行動を行わせる技術「人工知能」の略称をアルファベット2字で書きなさい。〔　　　　　　　〕

(2) 年表中Bについて，遺伝子などの機能を利用・応用する技術を何といいますか。〔　　　　　　　〕

(3) 年表中のCについて，人間の遺伝情報のことを何といいますか。〔　　　　　　　〕

(4) 年表中のDについて，この法律では臓器移植に際してどのような状態が人の死として定義
ぞうき
づけられていますか。〔　　　　　　　〕

5　宗教・芸術の役割，伝統と文化 ≫p.22〜25

右の表を見て，次の問いに答えなさい。

行事	時期	内容
A	1月	一年の無事や平安などをいのる。
B	2月	豆をまきながら，邪気（じゃき）を追いはらう。
C	春分・秋分	団子やおはぎを作って供え，先祖を供養（くよう）する。
D	7〜9月	お経をあげて墓参りをし，祖先を供養する。

日本の伝統行事

(1) 右の表のような日本の年中行事に影響をあたえている宗教を2つ答えなさい。
　　　〔　　　　　　　〕〔　　　　　　　〕

(2) 右の表のA〜Dにあてはまる行事を下から1つずつ選びなさい。　　　　A〔　　　〕
　　B〔　　　〕　C〔　　　〕　D〔　　　〕

> ア　彼岸会（ひがんえ）　　イ　盆
> ウ　節分　　　　　　　　エ　初詣（はつもうで）

(3) 北海道や樺太（からふと）（サハリン），千島列島などで暮らしてきた人々で，2008年に国会の可決によって日本の先住民族と認められた民族の名称を答えなさい。　　　〔　　　　　　　　　　〕

6　現代社会をとらえる枠組み ≫p.26〜27

次の問いに答えなさい。

(1) たがいに協力し合って社会生活を営む人々の集まりを何といいますか。〔　　　　　　　〕

(2) 次の①〜③が説明している社会生活の上でのルールの名称を，右から1つずつ選びなさい。　　　①〔　　　〕②〔　　　〕③〔　　　〕

① 長い年月をかけて人々に認められるようになったならわし。

② 人々が善悪を判断し，正しい行いをするための尺度。

③ 社会を統制し維持していくための，強制力を持つ規範（きはん）。

> ア　法
> イ　慣習
> ウ　道徳

(3) 次の図を見て，あとの問いに答えなさい。

| ある町内会でゴミ集積場への不法投棄が相次いだ。 | → | 清掃局は集積場を廃止し，3戸ごとに話し合い，自主的にゴミ捨て場を設けるように求めた。 | → | Aさんは両隣と相談したが，右隣のBさんは「敷地内にゴミを投げ入れられることも多い」と集積場の分散化に反対した。 |

| Aさんは左隣のCさんと話し合い，「半年間は自分の家の前に，次の半年間は左隣のCさんの家の前にゴミ捨て場を設ける」という案を出した。 | a 新しいゴミ捨て場には看板やネットを設けない。 → b 収集車がくる直前にゴミを捨てるようにする。 | 通行人にゴミ捨て場の存在がわからないように，ポイ捨てはなくなった。 | → | 半年間，ゴミ捨てが問題なく続いたのを見て，Bさんも c 3戸のもち回りでゴミ捨て場を設けることに賛成した。 |

① 　　　　のような対立が起こった際に，　　　　　のように人々が話し合い，望ましい解決に向けての努力を行って意見を一致させることを何といいますか。　〔　　　　　　　〕

② 表中のa〜cについて，「効率」の場合はア，「公正」の場合はイと答えなさい。
　　　　a〔　　　〕b〔　　　〕c〔　　　〕

第**2**章

人間の尊重と日本国憲法

1 法に基づく政治 ≫p.34

人権の歴史 ≫p.34	☐ 社会契約説：ロック　モンテスキュー➡三権分立　ルソー➡直接民主制
	☐ 市民革命：**清教徒革命　名誉革命　アメリカ独立戦争　フランス革命**
	☐ ワイマール憲法：初めて**社会権（生存権）**を規定
	☐ 世界人権宣言：国際連合➡人権と民主主義を確立するための国際的基準
	☐ 国際人権規約：世界人権宣言をより効果的に条約として発効させる
法の支配と憲法 ≫p.36	☐ 法の支配：市民革命で「人の支配」を否定➡「**法の支配**」の原理確立
	☐ 立憲君主制：憲法に従って君主（王）が治める政治体制 　　　　　　日本➡**自由民権運動**で明治政府が国会開設を約束
	☐ 明治政府の憲法草案：君主権の強い**ドイツ（プロイセン）**憲法を参考
	☐ 大日本帝国憲法：**欽定憲法**として日本で最初の憲法を発布（1889年）
日本国憲法の 制定 ≫p.38	☐ 大日本帝国憲法の特徴：**天皇主権　天皇の統帥権　臣民の権利**など
	☐ ポツダム宣言：日本は連合国に**無条件降伏**（1945年受諾）
	☐ 民主的な憲法：連合国軍最高司令官総司令部（GHQ）の草案
	☐ 日本国憲法の制定：**1946年11月3日公布➡1947年5月3日施行** 　　　　　　　　➡日本国憲法を「**国の最高法規**」と規定
	☐ 憲法改正：**各議院の総議員の3分の2以上➡国民投票で過半数の賛成**
日本国憲法の 基本原則 ≫p.40	☐ 三大基本原則：**国民主権　平和主義　基本的人権の尊重**
	☐ 民定憲法：国民が制定した憲法
	☐ 象徴天皇制：**日本国の象徴　日本国民統合の象徴** 　　　　　　内閣の助言と承認にもとづき，**国事行為**のみを行う
日本の平和主義 ≫p.42	☐ 憲法前文：**恒久平和の原則**を宣言
	☐ 憲法第9条：**戦争の放棄　戦力の不保持　交戦権の否認**
	☐ 自衛隊の創設：**警察予備隊➡保安隊➡自衛隊**
	☐ 文民統制：軍人でない文民が軍隊の統制権をもつ
	☐ 日米安全保障条約：米軍の日本駐留継続　**在日米軍基地**➡沖縄県に集中
	☐ 非核三原則：核兵器を「**もたず，つくらず，もちこませず**」
	☐ 国連平和維持活動（PKO）協力法：紛争地域に自衛隊などを派遣

2 基本的人権と個人の尊重 >>p.44

基本的人権の種類・国民の義務 >>p.44	□ **基本的人権の種類**：**平等権　自由権　社会権　参政権　請求権**
	□ **基本的人権の制限**：国民の権利は**公共の福祉**に反しない限り尊重される
	□ **国民の義務**：**教育を受けさせる義務　勤労の義務　納税の義務**
平等に生きる権利 >>p.46	□ **法の下の平等**：「**人種，信条，性別，社会的身分又は門地**により，政治的，経済的又は社会的関係において，差別されない」（第14条）
	□ **男女の平等**：「個人の尊厳と両性の本質的平等」（第24条）
	□ **参政権の平等**：選挙権の平等（第44条）
	□ **差別の禁止**：**部落差別，民族差別，障害者差別**など
自由に生きる権利 >>p.50	□ **生命・身体の自由**（人身の自由）：**奴隷的拘束および苦役の禁止**など
	□ **精神活動の自由**：**思想・良心の自由，信教の自由**➡政教分離の原則　**集会・結社の自由，表現の自由，学問の自由**
	□ **経済活動の自由**：**居住・移転および職業選択の自由，財産権の不可侵**➡「**公共の福祉**に反しない限り」という制限がある
豊かに生きる権利 >>p.52	□ **生存権**：憲法第25条「**健康で文化的な最低限度の生活**を営む権利」
	□ **教育を受ける権利**：**義務教育**（保護者の義務・無償）　**教育基本法**
	□ **労働三権**：**団結権　団体交渉権　団体行動権**（争議権）➡**労働三法**…**労働基準法　労働組合法　労働関係調整法**
人権を守るための権利 >>p.54	□ **参政権**：**選挙権　被選挙権　国民投票　国民審査　住民投票**など
	□ **請願権**：人権侵害に対する苦情やその救済，是正などを表明する権利
	□ **請求権**：**裁判請求権**➡**公正，迅速，公開**の裁判を受ける権利など
新しい人権 >>p.56	□ **知る権利**：**情報公開条例　情報公開法　アクセス権**など
	□ **プライバシーの権利**：**個人情報保護関連法　個人情報保護条例**など
	□ **環境権**：**公害対策基本法　環境基本法　環境アセスメント**など
国際社会と人権 >>p.58	□ **国際連合**：人権尊重，差別撤廃を目指す➡国連総会で各種条約を採択
	□ **女子差別撤廃条約**：1979年採択➡**男女雇用機会均等法**➡1985年日本批准
	□ **子どもの権利条約**：1989年採択➡**こどもが権利の主体**➡1994年日本批准

1 法に基づく政治

① 人権の歴史

(1) 人権思想の歩み

　17 ～ 18 世紀のヨーロッパで，人間は**自由**で**平等**な権利をもっているという考え方が生まれた。そして，その権利を守るための政府を**契約**によってつくるという**社会契約説**が登場した。

① **社会契約説**…国家のもつ権力は，人々の契約に基づくものであるという考え方。

② **主な思想家**

ロック（イギリス）1632 ～ 1704 年『統治二論』
人間は自然な状態において，生存権・自由権・財産権などの権利をもっており，それを確保するために契約を結び，国家をつくったと説いた。さらに，人々は**抵抗権**をもつと主張した。

モンテスキュー（フランス）1689 ～ 1755 年『法の精神』
立法・行政・司法の**三権分立**を主張し，互いの**均衡**と**抑制**が大切であると説いた。**アメリカ合衆国憲法**に取り入れられた。

ルソー（フランス）1712 ～ 1778 年『社会契約論』
主権者は人民であり，政府は行政権を契約によって委ねられたにすぎないと説いた。**人民主権**による**直接民主制**を理想とした。

(2) 人権の確立

　欧米では，**市民革命**や独立戦争を通じて，**自由**で**平等**な権利を守る政府がつくられてきた。また，20 世紀になると**社会権**の保障が実現した。

（参考）

啓蒙思想

　18 世紀のフランスを中心に活躍した思想家たちは，人間の**理性**を重んじ，世の中の不合理なものを取り除こうとした。そして，封建的な制度や宗教的な権威に反対し，民衆を無知の状態から解放しようとした。

抵抗権

　人々の権利を国家が侵害する場合，抵抗して政府を変えることができる権利。ロックが主張し，イギリスの名誉革命の根拠となった。また，アメリカの独立宣言にも抵抗権の考え方が見られる。

> アメリカの独立宣言とフランス人権宣言には「自由」「平等」など共通のことばがたくさんもりこまれているよ。

自由権，平等権，社会権

　自由権とは表現の自由や財産の保障などに関わる権利。平等権とは身分制度を否定し，すべての人が平等にあつかわれることを保障する権利。社会権とは人間らしい生活を保障する権利，生存権ともいう。

① **市民革命**…人権思想の発展を背景に，国王の専制政治に反
対し，市民の**自由・権利**を求めて市民革命が起こった。

② **人権確立の歴史**

イギリス	1215年	マグナ＝カルタ	国王の権力の制限を貴族が要求
	↓		
	清教徒（ピューリタン）革命（1640 ～ 1660年）・名誉革命（1688年）		
	1699年	権利章典	議会と国民の権利の確認・議会における言論の自由
アメリカ	アメリカ独立戦争（1775 ～ 1783年）		
	1776年	アメリカ独立宣言	**抵抗権**（ロックの影響）
	1787年	アメリカ合衆国憲法	**三権分立・大統領制・連邦制**
フランス	フランス革命（1789 ～ 1799年）		
	↓		
	1789年	フランス人権宣言	**国民主権・三権分立・近代民主主義の基礎**となった「人は生まれながら，自由で平等な権利をもつ」
ドイツ	1919年	ワイマール憲法	初めて**社会権（生存権）**を規定
国際連合	1948年	世界人権宣言	各国で人権と民主主義を確立するための国際的基準

③ **人権保障の国際化**…第二次世界大戦後，**国際連合**を中心に
人権保障の動きが国際的に広がっていった。1948年には**世
界人権宣言**が採択された。1966年には，その宣言をより効
果的なものにするために，**国際人権規約**が採択され，条約
として発効した。

私たちの人権は，長い
歴史の中で，人々の努
力によって守られるよう
になったんだね。

参考

国際年
　国際連合は特定の問題に対して
重点的に解決をよびかけるための
国際年を設けてきた。

▼ 人権に関する主な国際年

1968年	国際人権年
1970年	国際教育年
1975年	国際女性年
1979年	国際児童年
1981年	国際障害者年
1999年	国際高齢者年

テストに出る！　つまりこういうこと

● **社会契約説**…国家のもつ権力は，人々の契約に基づくものであるという考え

● **市民革命**…市民の自由・権利を求めて，国王の専制政治をたおす革命

● **ドイツ**…ワイマール憲法＝初めて**社会権（生存権）**を規定

● **国際連合**…世界人権宣言＝人権と民主主義を確立するための国際的基準

　　　　　　　国際人権規約＝世界人権宣言をより効果的にするために条約として発効

② 法の支配と憲法

(1) 人の支配から法の支配へ

　ヨーロッパでは，国王や貴族が支配する**人の支配**が行われていたが，**市民革命**を通じて**法の支配**が確立した。

① **専制政治**…中世から近代にかけてのヨーロッパでは，政治権力が国王や貴族などの支配者階級の利益のために利用され，人民の意見を無視した**専制政治**が行われてきた。

② **法の支配**…17〜18世紀のヨーロッパで**市民革命**が起こった。人の支配を否定し，支配者も支配される者も，ともに法によって拘束されるという**法の支配**の原理が確立した。

③ **法治主義**…国の政治は法律に基づいて行われるという考え方。また，国民の意思によって制定された法律に基づいて国の政治が行われることを原則とした国家を**法治国家**という。

④ **立憲主義**…憲法に基づいて政治が行われること。憲法に従って君主（王）が治める政治体制を**立憲君主制**という。また，立憲主義において，権力分立は手段，人権保障は目的である。

🔽 法の構成

命令・規則よりも法律が，法律よりも憲法が強い力を持っているんだね。

立憲主義の憲法
　目的 → 人権保障
　手段 → 権力分立

私たちの人権は，法の支配によって守られているよ。

くわしく

政治権力
　ルールに反する行為を取り締まったり命令したりする力。利害を調整し，強制する働きがある。

（参考）

王権神授説
　国王の権力は神から授けられたものであり，その権力は法に拘束されないという考え。イギリスの**ジェームズ1世**やフランスの**ルイ14世**などの**絶対君主**の専制政治を支えた考え方である。

くわしく

市民革命
　国民の意思に基づいた政治や人権を尊重する政治を求めて，市民が国王の政治をたおす革命のこと。その代表的なものがフランス革命である。

立憲君主制
　イギリスは，名誉革命のときに「国王は君臨すれども統治せず」として，立憲君主制を確立した。大日本帝国憲法下の日本は，君主が大きな権力を持つ立憲君主制であった。

(2) 日本における立憲主義

　日本の立憲主義に基づく政治は，明治時代に始まった。**自由民権運動**が起こり，明治政府は**国会の開設**を約束した。そして，**大日本帝国憲法**が制定された。

① **藩閥政府**…明治の新政府は，明治維新の中心となった薩摩・長州の出身者の**藩閥政府**だった。

② **自由民権運動**…**中江兆民**らによって欧米の**啓蒙思想**（→P34）が紹介され，**国会開設を求める運動**が起こった。明治政府は国会を開設する約束をした。

③ **私擬憲法**…憲法制定に向けて，政党や民間の人々などが，それぞれの憲法案を発表した。

④ **政府の憲法草案**…政府は**伊藤博文**らをヨーロッパに派遣し，君主権の強い**ドイツ（プロイセン）憲法**を参考にして憲法の草案を作成した。

⑤ **大日本帝国憲法**…1889年，明治政府は**欽定憲法**として日本で最初の憲法である**大日本帝国憲法**を発布した。

▶大日本帝国憲法発布の日。お祭りの様子。

参考

天賦人権論

　人は生まれながらにして自由・平等で，幸福を求める権利があるという考え方。自由民権運動の中で主張された。

くわしく

中江兆民

　フランスに留学して，啓蒙思想を学んだ。帰国後，ルソーの『社会契約論』を翻訳した。「東洋のルソー」とよばれる。

私擬憲法

　現在，約50の草案が見つかっている。**植木枝盛**の草案には，国民主権・抵抗権などが定められていた。

欽定憲法

　君主によって制定された憲法のこと。これに対して，国民によって制定された憲法を**民定憲法**という。

明治政府は，日本を近代的な国にするために憲法を制定したんだよ。

テストに出る！　　つまりこういうこと

- ● **法の支配**…**市民革命で人の支配を否定**➡法の支配の原理が確立
- ● **法治主義**…国の政治は法律に基づいて行われるという考え方
- ● **法治国家**…法律に基づいて国の政治が行われることを原則とした国家
- ● **立憲主義**…憲法に基づいて政治が行われること
- ● **立憲君主制**…憲法に従って君主（王）が治める政治体制
- ● **自由民権運動**…中江兆民らによる国会開設などを求める運動➡明治政府は国会開設を約束
- ● **大日本帝国憲法**…1889年，欽定憲法として日本で最初の憲法を発布

③ 日本国憲法の制定

(1) 大日本帝国憲法

　1889年に**大日本帝国憲法**が**欽定憲法**として発布された。**天皇主権**の憲法であるが，大正時代には民主主義を求める運動が高まった。しかし，昭和に入り，日本は**軍国主義**へと突き進んだ。

▶ 大日本帝国憲法の特徴

制定方法	●君主により制定された**欽定憲法**
天皇	●**天皇主権** ●天皇が**統治権を総攬** ●**統帥権**（軍の指揮権）
国民の権利	●**臣民の権利として天皇からあたえられるもの** ●**法律の範囲内で認められ，制限が可能**
帝国議会	●**貴族院**：皇族・華族・勅任議員 ●**衆議院**：一定以上の税金を納める男子による選挙（後に男子のみの普通選挙）

▶ 大日本帝国憲法と政治

① **政党内閣**…1918年，原敬が立憲政友会による本格的な**政党内閣**をつくった。

② **大正デモクラシー**…民主主義を求める運動が高まり，1925年に男子のみの**普通選挙制**が実現した。

③ **治安維持法**…1925年制定。思想・言論が厳しく統制された。

④ **軍国主義**…軍隊に関する天皇の強い権限（**統帥権の独立**）を背景に，軍部の政治干渉が強まり，軍国主義へと突き進んだ。

(2) 日本国憲法の制定

　ポツダム宣言を受諾して**太平洋戦争**で敗れた日本は，連合国軍の占領下に入った。そして，**連合国軍最高司令官総司令部**の草案をもとに**日本国憲法**を制定した。日本国憲法は**国の最高法規**であり，その改正には厳しい手続きが定められている。

日本国憲法が制定されるまでの歴史的な流れを勉強しよう。

総攬
　権力を集めて自分のものとし，治めるという意味。

統帥権
　軍隊の最高指揮権のこと。

臣民
　君主に支配される国民のこと。大日本帝国憲法では，天皇に支配される国民（皇族以外）。

治安維持法
　国体（天皇制をはじめとする国の体制）の変革を目指す反体制運動や社会主義運動を取り締まるための法律。

普通選挙制（男子）の実現と治安維持法の制定は同じ年だよ。

ポツダム宣言
　1945年7月26日，アメリカ・イギリス・中国の首脳によって，日本の降伏条件がベルリン郊外のポツダムで発表（宣言）された。おもな内容は，連合国による日本の占領，軍隊の武装解除，戦争犯罪人の処罰，民主主義の復活強化，基本的人権の確立，軍需産業の廃止などである。

▶ 憲法制定の過程

① **ポツダム宣言**…1945年，日本は**ポツダム宣言**を受諾して**無条件降伏**し，太平洋戦争が終了した。日本はアメリカを中心とする**連合国軍**の占領下に入った。

② **民主的な憲法**…民主化を求める**連合国軍最高司令官総司令部（GHQ）**の草案をもとに，日本政府は大日本帝国憲法を新しい民主的な憲法に改正するための作業を行った。

③ **日本国憲法**…日本政府の憲法草案は，大日本帝国憲法の改正手続きに従って帝国議会の審議を経て，**1946年11月3日**に日本国憲法として**公布**され，**1947年5月3日**に**施行**された。

▶ 日本国憲法の性質

① **最高法規**…第98条において，日本国憲法を「国の最高法規」であると規定している。

② **憲法改正**…第96条において，憲法の改正について定めている。日本国憲法は国の最高法規であるため，**厳しい改正の手続き**を定めている。

くわしく

公布と施行
　公布とは成立した法律などを公表し国民に周知すること。**施行**とは法律などの効力を現実に発生させること。

憲法第98条
　「この憲法は，国の最高法規であつて，その条規に反する法律，命令，詔勅及び国務に関するその他の行為は全部又は一部は，その効力を有しない」と規定している。

（参考）
国民投票法
　2007年に公布された法律。国民投票は憲法改正が発議された日から60日以後，180日以内に実施され，満18歳以上の日本国民が投票権を有することが定められた。

◆ 憲法改正の手続き

| （国会議員） 憲法改正案 | 衆（参）議院 総議員の3分の2以上の賛成 → 満たなければ廃案 | 参（衆）議院 総議員の3分の2以上の賛成 → 満たなければ廃案 | （新聞・テレビでの公報，政党・市民の団体などの公報）国民投票運動 | 国民投票 有効投票の過半数の賛成 → 満たなければ廃案 | 改正案成立 | 天皇が国民の名において公布 |

テストに出る！　つまりこういうこと

● **大日本帝国憲法**…**欽定憲法，天皇主権，天皇の統帥権，臣民の権利，貴族院と衆議院**

● **政党内閣**…1918年，本格的な政党内閣の開始

● **大正デモクラシー**…民主主義を求める運動➡**男子のみ**の**普通選挙制**が実現（1925年）

● **治安維持法**…思想・言論が厳しく統制された（1925年）

● **軍国主義**…天皇の強い権限（**統帥権の独立**）を背景に軍国主義へ

● **日本国憲法の制定**…大日本帝国憲法の改正手続きに従って帝国議会で審議
　　　　　　　　1946年11月3日公布➡**1947年5月3日施行**

● **最高法規**…**憲法第98条**➡日本国憲法を「**国の最高法規**」と規定

● **憲法改正**…**憲法第96条**

④ 日本国憲法の基本原則

Key Word 三大基本原則　国民主権　平和主義
基本的人権の尊重　民定憲法　象徴天皇制　国事行為
内閣の助言と承認　憲法第9条　平等権　自由権　社会権

(1) 日本国憲法の基本原則

　日本国憲法は**前文および11章103条**からなり，**平和で民主的な国**にするための憲法として制定された。また，天皇については**象徴天皇制**という制度になった。

① **三大基本原則**…日本国憲法の基本原則は**国民主権・平和主義・基本的人権の尊重**の3つである。

② **民定憲法**…国民主権の思想に基づき，国民の制定した憲法であることを表明している。

(2) 国民主権と天皇の地位

① **国民主権**…国の政治権力は国民にあり，政治のあり方を最終的に決めるのは国民である。

② **象徴天皇制**…憲法第1条に，「天皇は，日本国の象徴であり日本国民統合の象徴であつて，この地位は，主権の存する日本国民の総意に基く」と規定されている。

③ **天皇の国事行為**…天皇は，形式的・儀礼的な**国事行為**のみを行う。また，天皇の行う国事行為には，**内閣の助言と承認**を必要とし，内閣がその責任を負うことになっている。

(3) 平和主義

　日本は，日中戦争や第二次世界大戦を通じて，アジア諸国を中心に大きな損害をあたえ，国内では原子爆弾や空襲などによって大きな被害を受けた。日本国憲法では**徹底した平和主義**がとられている。

① **憲法前文**…再び戦争を起こさない決意，恒久の平和を願うことなどが宣言されている。

② **第9条**…戦争の放棄，戦力の不保持，交戦権の否認を定めている。

▼平和主義について解説した「あたらしい憲法のはなし」

天皇の地位は，国民主権とともに，憲法の第1条に規定しているよ。

国事行為

　天皇の行う国事行為には，憲法改正・法律・政令・条約の公布，国会の召集，衆議院の解散，国務大臣任免などの認証，栄典の授与，外国の大使・公使の接受，特赦（有罪の効力を失わせること）の認証などがある。また，任命権として国会の指名に基づく内閣総理大臣の任命，内閣の指名に基づく最高裁判所長官の任命をする。以上はすべて，**形式的・儀礼的**なものである。

憲法前文の平和主義（抜粋）

　「政府の行為によつて再び戦争の惨禍が起ることのないやうにすることを決意」

　「日本国民は，恒久の平和を念願し」「平和を愛する諸国民の公正と信義に信頼して，われらの安全と生存を保持しようと決意した」

　「全世界の国民が，ひとしく恐怖と欠乏から免かれ，平和のうちに生存する権利を有することを確認する」

(4) 基本的人権の尊重

日本国憲法は，人間として当然に生まれながらにもっている権利として，平等権，自由権，社会権などの基本的人権を保障している。

① **基本的人権の尊重**…「侵すことのできない永久の権利」（第11条）として保障された。そして，「すべて国民は，個人として尊重される」（第13条）とした。

② **平等権**…人間として平等にあつかわれる権利のこと。

③ **自由権**…自由に生きるための権利のこと。

④ **社会権**…人間らしく豊かに生きるための権利のこと。

◆ 大日本帝国憲法との比較

大日本帝国憲法	制定	日本国憲法
欽定憲法	制定	民定憲法
天皇主権	主権	国民主権
神聖不可侵の元首	天皇	象徴天皇制
臣民の権利（天皇からあたえられたもの）	人権	侵すことのできない永久の権利
軍の指揮権は天皇が持つ（統帥権）	平和・軍事	徹底した平和主義 戦争放棄・戦力不保持

参考

不断の努力

日本国憲法第12条において，基本的人権は「国民の不断の努力によつて，これを保持しなければならない」としている。不断の努力とは，たえず努力し続けることである。

自由権

自由権には，精神の自由・身体の自由・経済活動の自由がある。

社会権

社会権には，生存権・教育を受ける権利・勤労の権利などがある。

日本国憲法と大日本帝国憲法を比較してみよう。

テストに出る！ つまりこういうこと

● **日本国憲法**…前文＋11章103条

● **三大基本原則**…国民主権・平和主義・基本的人権の尊重

● **民定憲法**…国民が制定した憲法

● **国民主権**…国の政治権力は国民にある

● **象徴天皇制**…憲法第1条➡天皇…**日本国の象徴，日本国民統合の象徴**

● **天皇の国事行為**…**形式的・儀礼的**な国事行為のみを行う
➡**内閣の助言と承認が必要 内閣がその責任を負う**

● **憲法前文**…**再び戦争を起こさない決意，恒久の平和**を願うことなど

● **第9条**…**戦争の放棄，戦力の不保持，交戦権の否認**

● **基本的人権の尊重**…「**侵すことのできない永久の権利**」（第11条）
「**すべて国民は，個人として尊重される**」（第13条）

⑤ 日本の平和主義

Key Word 憲法第9条　戦争の放棄　戦力の不保持
交戦権の否認　警察予備隊　保安隊　自衛隊　文民統制
日米安全保障条約　新ガイドライン　有事法制関連3法
在日米軍基地　非核三原則　国連平和協力法

日本国憲法は徹底した平和主義をかかげているよ。

(1)憲法の平和規定

　日本国憲法では，前文で**恒久平和主義**の原則を宣言し，平和のうちに生存する権利をうたっている。その原則を具体化したのが**第9条**である。

▶憲法第9条

① **戦争の放棄**…第9条1項「国権の発動たる戦争と，武力による威嚇又は武力の行使は，国際紛争を解決する手段としては，永久にこれを放棄する」

② **戦力の不保持**…第9条2項「陸海空軍その他の戦力は，これを保持しない」

③ **交戦権の否認**…第9条2項「国の交戦権は，これを認めない」

(2)日本の安全保障

　日本の安全保障を担う組織として，防衛のための自衛隊および日米安全保障条約に基づいて駐留しているアメリカ軍がある。

▶自衛隊の創設

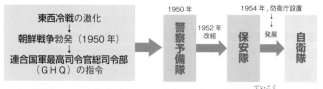

　　文民統制（シビリアン・コントロール）…大日本帝国憲法下で軍部が独走したことを反省して，**文民が軍隊の統制権を持つ**こととした。

▶日米安全保障条約

① **日米安全保障条約**…日本は，1951年の**サンフランシスコ平和条約**の調印と同時に，アメリカとの間で**日米安全保障条約**を締結し，**アメリカ軍の日本駐留**の継続を認めた。

参考

各国の平和規定

イタリア憲法…他国民の自由を侵害する手段として，および国際紛争を解決する方法として，戦争を否認し，他国とたがいに等しい条件の下に，諸国家の間に平和と正義を確保する。

ドイツ基本法…諸国民の平和的共同生活を妨害するおそれがある行為，特に侵略戦争の遂行を準備する行為は違憲である。

くわしく

東西の冷戦

　アメリカを中心とした西側の資本主義国とソ連を中心とした東側の社会主義国との対立。

自衛隊の任務

　自衛隊法により「直接侵略及び間接侵略に対しわが国を防衛することを主たる任務」としている。

憲法第9条と自衛隊

　政府は，自衛隊は国際法で認められている自衛権に基づくものであり，自衛のための必要最小限度の実力は戦力にあたらないとしている。一方で，自衛隊が「戦力の不保持」や「戦争放棄」を定めた第9条に違反するという意見もある。

防衛省

　2007年に防衛庁は防衛省となり，権限も強化された。

文民統制（シビリアン・コントロール）

　文民とは，一般的に軍人でない人，またその経歴を持たない人を指す。内閣総理大臣および国務大臣は文民でなければならず（憲法第66条），自衛隊の最高指揮権は内閣総理大臣にある。

② **有事法制関連3法**…2003年，有事に備えて，**自衛隊法改正，武力攻撃事態対処法，改正安全保障会議設置法**が成立した。

③ **在日米軍基地**…在日アメリカ軍の多くが**沖縄県に集中**している。軍用機による騒音(そうおん)，アメリカ兵による日本人を巻きこむ事件・事故が多発，沖縄県民による基地の整理・縮小を求める声が高まっている。

▶沖縄島のアメリカ軍基地

アメリカ軍の施設

普天間(ふてんま)飛行場の県外移転が要求されてきた。

(3)平和への努力

　世界で唯一の被爆国(ひばく)である日本は，**非核三原則**を決議した。また，自衛隊は世界各地の内戦や地域紛争に対して国際連合が行っている**国連平和維持活動(PKO)**に協力している。

① **非核三原則**…核兵器を「**持たず，作らず，持ちこませず**」という国会の決議。

② **国連平和協力法(PKO協力法)**…1992年制定。紛争地域における医療活動や選挙監視などに，自衛隊や警察官などを派遣(はけん)している。

📖くわしく

新ガイドライン

　日本周辺で起こる紛争などの事態に対応するため，1972年に「**日米防衛協力のための指針(ガイドライン)**」がつくられた。1997年に，東アジアの不安定な状況をふまえて新ガイドラインとして改正された。これを受けて1999年に周辺事態法が成立した。

非核三原則をめぐる問題

　「持ちこませず」に関して，アメリカ軍の核搭載艦(かくとうさいかん)が日本に寄港したのではないかとの疑惑がもたれている。

第2章 人間の尊重と日本国憲法

🔵自衛隊の海外派遣先

年	派遣先
2001	インド洋，アフガニスタン
2002	東ティモール
2003	イラク
2004	イラク
2007	ネパール
2008	スーダン，インド洋
2010	ハイチ
2011	南スーダン

※2000年以降(国際緊急援助隊を除く)

テストに出る！　**つまりこういうこと**

● **憲法第9条**…**戦争の放棄，戦力の不保持，交戦権の否認**

● **自衛隊の創設**

　警察予備隊…東西冷戦の激化➡**朝鮮戦争**勃発(1950年)

　　　　　　　　　　　➡連合国軍最高司令官総司令部(GHQ)の指令により設置

　保安隊…警察予備隊を保安隊に改組(1952年)

　自衛隊…**防衛庁**設置，保安隊が自衛隊に発展(1954年)

● **日米安全保障条約**…**サンフランシスコ平和条約**調印(1951年)

　　　　　　　　　日米安全保障条約締結(1951年)➡米軍の日本駐留継続を認める

● **在日米軍基地**…在日米軍の多くが**沖縄県**に集中

● **非核三原則**…核兵器を「**持たず，作らず，持ちこませず**」

● **国連平和協力法(PKO協力法)**

❷ 基本的人権と個人の尊重

❻ 基本的人権の種類・国民の義務

Key Word　平等権　自由権　社会権　参政権（さんせいけん）　請求権（せいきゅうけん）
公共の福祉（ふくし）　普通教育を受けさせる義務　勤労（きんろう）の義務
納税（のうぜい）の義務

(1) 基本的人権の種類

　日本国憲法（けんぽう）は基本的人権の尊重（そんちょう）を基本原則としている。その種類は，平等権，自由権，社会権，参政権，請求権である。また，人権は「公共の福祉」によって制限されることがある。

① **平等権**…個人が等しくあつかわれることを要求する権利のこと。**法の下の平等**の原則が憲法**第14条**に定められている。

② **自由権**…人が生まれながらにもっている権利で，国家権力などの不当な介入（かいにゅう）・干渉（かんしょう）を受けずに，自由を保障（ほしょう）する権利である。身体の自由，精神の自由，経済活動（けいざい）の自由がある。

③ **社会権**…人間らしく生きるための権利。生存権，教育を受ける権利，労働基本権などが保障されている。

④ **参政権**…国民が政治に参加することができる権利。選挙権や被選挙権，地方公共団体の住民投票などがある。

⑤ **請求権**…基本的人権を確保するための権利であり，基本的人権の侵害（しんがい）を救済（きゅうさい）するための権利である。

(2) 基本的人権の制限

　憲法第12条で「自由及び権利は，（略）国民は，これを濫用（らんよう）してはならない」「常に公共の福祉のためにこれを利用する責任を負ふ」，第13条で「国民の権利については，公共の福祉に反しない限り，（略）最大の尊重を必要とする」と規定している。

① **公共の福祉**…社会全体の幸福と利益のこと。個人間で人権が衝突（しょうとつ）・矛盾（むじゅん）する場合，それを調整する原理となる。

② **人権保障の範囲**…人権は他人の人権を侵害しない範囲で保障されるものである。

くわしく

社会権
　19世紀に**産業革命**（かくめい）が欧米（おうべい）各国に広がり，急速に**資本主義経済**が発達した。貧富の差が拡大し，失業，貧困，劣悪な労働条件などの社会的・経済的な問題が深刻化した。20世紀になると，すべての人に**人間らしい生活を営むことができる権利**があると考えられるようになり，憲法で**社会権**が保障されるようになった。

（参考）

ワイマール憲法
　1919年にドイツで制定された。この憲法は「経済生活の秩序は，すべての者に**人間たるに値する生活を保障する目的**を持つ正義の原則に適合しなければならない。」「所有権は　憲法によって保障される。（略）所有権は義務をともなう。その行使は同時に公共の福祉に役立つべきである。」として，世界で初めて社会権（生存権）を規定するとともに，社会権を確保するために，財産権を制限することができるようにした。

人権が個人間で衝突する例を考えてみよう。

◆公共の福祉により人権が制限される場合

人権	具体例	根拠となる法律
集会・結社・表現の自由	デモの規制 他人の名誉を傷つけることの禁止	公安条例 刑法・民法
居住・移転の自由	感染症患者の入院措置	感染症予防法
職業選択の自由	資格を持たない者の営業禁止（医師など）	医師法など
経済活動の自由	大企業など経済的に強いものに対する制限	独占禁止法
労働基本権	公務員のストライキの禁止	国家(地方)公務員法
財産権の保障	公共の施設建設のための土地利用など	土地収用法

(3) 国民の義務

　日本国憲法は基本的人権の保障を確実なものにするために，国民の義務を定めている。

① **普通教育を受けさせる義務**…憲法第26条で，国民の**教育を受ける権利**と同時に，保護者はその子女に**普通教育を受けさせる義務**を負うことを規定している。

② **勤労の義務**…憲法第27条で，国民に**勤労の権利と義務**があることを規定している。

③ **納税の義務**…憲法第30条で，「国民は，法律の定めるところにより，**納税の義務を負ふ**」と規定されている。

普通教育
　すべての人が共通に必要とする一般的で基礎的な教育のこと。小学校，中学校の**義務教育**の内容は普通教育である。

権利を主張するには，きちんと義務を果たさなければいけないということだね。

テストに出る！　**つまりこういうこと**

● **基本的人権の種類**
　　平等権，自由権，社会権，参政権，請求権
● **基本的人権の制限**
　　公共の福祉に反しない限り尊重される。
● **国民の義務**
　　普通教育を受けさせる義務，勤労の義務，納税の義務

❼ 平等に生きる権利

Key Word 華族・貴族制度　両性の本質的平等　参政権の平等
部落差別　解放令　全国水平社　同和対策審議会答申
在日韓国・朝鮮人への差別　国籍条項　アイヌ文化振興法
障害者基本法　障害者差別解消法　バリアフリー

(1) 平等権

　日本国憲法では，個人が尊重されるために人間が平等な存在であるとした。**第14条**において「**すべて国民は，法の下に平等で**あつて，**人種，信条，性別，社会的身分**又は**門地**により，政治的，経済的又は社会的関係において，差別されない」と定めている。

① **華族・貴族制度の否定**…憲法第14条2項で，大日本帝国憲法下で認められていた華族・貴族制度を否定した。

② **家族生活における男女の平等**…憲法第24条は「**個人の尊厳と両性の本質的平等**」を定めている。

③ **参政権の平等**…憲法第44条で**選挙権の平等**について定めている。

(2) 差別の禁止

　日本国憲法で差別が禁止されたが，現実的には**部落差別**や**民族差別**，**障害者差別**などさまざまな差別があり，差別克服のための取り組みがなされている。

▶ 部落差別

① **被差別部落**…江戸時代の封建制度の中で，体制維持のための身分制度として分断支配された。

② **解放令**…1871年に出され，身分制度が廃止された。

③ **全国水平社**…1922年，被差別部落の人々が創立し，全国的な**解放運動**を展開して，国民の**偏見**，差別の打破に努めた。

④ **同和対策審議会答申**…1965年に出された。この答申に基づいて，さまざまな法律を制定して差別の解消を図った。しかし，インターネット上の差別表現が増加傾向にあり，結婚や就職などの差別がすべて解消されているとはいえない。

日本国憲法は，社会生活上のあらゆる差別を禁止しているよ。

くわしく

門地
　家柄のこと。生まれた境遇によって決定される社会的な地位。華族・貴族などがその例である。

華族制度
　明治政府は，天皇制を支える制度として華族制度を定めた。公爵・侯爵・伯爵・子爵・男爵の五爵を設け，政治・経済上の特権があたえられた。

参政権の平等
　憲法第44条で「両議院の議員及びその選挙人の資格は，法律でこれを定める。但し，人種，信条，性別，社会的身分，門地，教育，財産又は収入によつて差別してはならない」と定めている。

◆ **水平社宣言**

　全国に散在する部落の人々よ，団結せよ。ここにわれわれが人間を尊敬することによって，みずからを解放しようとする運動をおこしたのは当然である。われわれは，心から人生の熱と光を求めるものである。水平社はこうして生まれた。

　人の世に熱あれ，人間に光あれ。

46

▶民族差別

① **在日韓国・朝鮮人への差別**…1910年，日本が朝鮮半島を併合し植民地支配を行ったことに始まる。近年，在日外国人に対する公務員の**国籍条項**を廃止する地方公共団体も現れている。

② **アイヌ民族への差別**…1997年にアイヌ文化が尊重される社会の実現を目的に，**アイヌ文化振興法**が制定された。しかし，差別の克服はいまだに十分とはいえない。

▶障害者差別

① **障害者基本法**…1970年，障害のある人の自立と社会参加を支援する目的で制定された。障害者の福祉政策の基本方針が示されている。

② **障害者差別解消法**…2013年制定。障害の有無によって分けへだてられることなく，すべての国民がたがいに人格と個性を尊重して共生する社会の実現を目指す。

③ **バリアフリー**…公共の交通機関や建物などで，障害のある人が利用しやすいように，**障害となるものを取り除く**こと。

④ **インクルージョン**…性，障害の有無，人種，民族，宗教など，さまざまな**ちがいをおたがいに認め合い**，すべての人が参加して支え合うこと。

参考
指紋押捺制度
　1999年に全面廃止されたが，在日外国人が外国人登録証明書の公布を申請するとき，および5年ごとの切替え申請をするときに，指紋を押さなければならない制度があった。

くわしく
アイヌ民族
　北海道，千島列島，サハリン（樺太）など，オホーツク海沿岸に居住する民族で，独自の言語・文化を形成していた。明治時代に同化政策がとられ，次第に固有の習慣や文化は失われ，人口も激減した。

参考
障がい者，障碍者
　障害者の「害」という漢字には，マイナスのイメージがあるとして，障がい者，障がいのある人，障碍者という表記も使われる。

バリアフリーの工夫がされている設備を探してみよう。

テストに出る！ **つまりこういうこと**

- ● **憲法第14条**…「すべて国民は，法の下に平等であつて，**人種，信条，性別，社会的身分又は門地**により，政治的，経済的又は社会的関係において，差別されない」
- ● **華族・貴族制度**…憲法第14条2項で否定された
- ● **男女の平等**…憲法第24条「**個人の尊厳と両性の本質的平等**」
- ● **参政権の平等**…憲法第44条➡選挙権の平等
- ● **在日韓国・朝鮮人への差別**…1910年に日本が朝鮮半島を併合，差別が始まる
- ● **アイヌ民族**…1997年，**アイヌ文化振興法**制定
- ● **障害者基本法**…1970年，障害者の福祉政策の基本方針を示す
- ● **障害者差別解消法**…2013年，障害の有無によらず，たがいに人格と個性を尊重して共生する社会の実現を目指して制定

バリアフリーとは

> おうちの中にも
> あぶない所は
> ないかな？

● バリアフリー

　「バリア」とは，英語でかべ（障壁）という意味である。すべての人が，社会生活を営むうえで感じるかべ（不便さ）をなくすことを「バリアフリー」という。もともとは建築用語で，道路や建築物の入口の段差など物理的なバリアの除去という意味で使われていたが，現在では，障がいのある人や高齢者だけでなく，「あらゆる人の社会参加を困難にしているバリアをなくすこと」という意味で用いられている。

● 4つのバリア

> バリアフリーの例
> 多目的トイレは，アイコンでわかりやすく案内

（1）物理的なバリア

　　公共交通機関，道路，建物などにおいて，利用者の移動が困難となる。
　　例…狭い通路，建物の段差，滑りやすい床，車いすでは届かない位置にあるものなど…

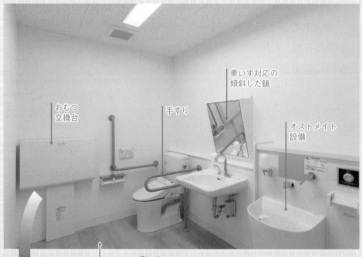

おむつ
交換台

手すり

車いす対応の
傾斜した鏡

オストメイト
設備

広さ

自動ドア

アイコン

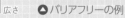
🔺 バリアフリーの例
　多機能トイレ（多目的トイレ）の中には，障がいのある人や妊婦の人，乳幼児づれの人，高齢者などが利用するための，さまざまな工夫がされている

（2）制度的なバリア

社会のルール，制度などによって機会の均等が奪われる。

例…盲導犬を連れてお店に入れない，障がい者への対応がない入学試験など…

バリアフリーの例
1973年に国鉄（現JR），1978年にバス・タクシーの盲導犬同伴の乗車が認められた。

（3）文化・情報面でのバリア

情報の伝え方の不十分さが原因で，情報を得ることができない。

例…音声のみによるアナウンス，点字・手話通訳のない講演会，町の中の分かりにくい案内など…

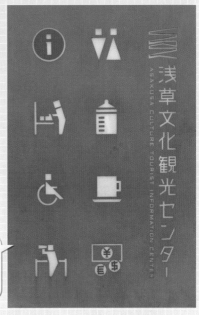

バリアフリーの例
ピクトグラム（図記号）…文字が分からない人にも分かりやすく場所を案内する。

（4）意識上のバリア

無関心，偏見，差別，無知などが原因で生じる。

例…点字ブロックの上に自転車をとめる，高齢者がいるのに優先座席に座っている，障害者用の駐車場スペースに自動車を駐車するなど…

バリアフリーの例
高齢者に席をゆずる。

● バリアフリーに関するサイン

例…ヘルプマーク

　義足を使用している人，難病の人，妊娠初期の人など，外見からはわからない（わかりにくい）が，周囲の人の配慮が必要であること知らせるサイン。

　このようなバリアフリーに関する様々なサインやシンボルマークがいろいろな場所で使われている。多くの人が，それぞれのサインやシンボルマークの意味を理解して，心のバリアフリーを広げていくことが求められている。

⑧ 自由に生きる権利

Key Word 　身体の自由　法定手続きの保障　令状主義
精神の自由　経済活動の自由　財産権の不可侵

(1) 自由権

　日本国憲法に規定される自由権は，身体の自由，精神の自由，経済活動の自由の３種類に分けられる。

▶身体の自由

① **身体の自由**…人が生きていくうえで基盤となる自由。正当な理由なしに身体を拘束されないことは，個人の尊厳にとって欠くことのできないものである。

② **奴隷的拘束および苦役の禁止**…奴隷のような拘束を受けず，犯罪をおかして処罰される場合を除き，意に反する苦役に服させられない。

③ **法定手続きの保障**…法律の定める手続きによらなければ，生命や自由をうばうなどの刑罰を科せられない。

④ **令状主義**…令状によらない逮捕や侵入・捜索および押収はできない。**現行犯**以外は，裁判所の令状が必要である。

⑤ **拷問および残虐な刑罰の禁止**…残虐な刑罰を禁止し，拷問などによる強要された自白は証拠にならないと規定している。

⑥ **刑事被告人の権利**…公平な裁判所の迅速な公開裁判を受ける権利があるとしている。

くわしく

日本国憲法における身体の自由

　多くの条文で定めている。具体的には，第18条および第31〜39条までである。

第18条	奴隷的拘束・苦役からの自由
第31条	法定手続きの保障
第33〜35条	逮捕・拘禁・捜索などに関する規定
第36〜39条	拷問・残虐刑の禁止，刑事被告人の権利など

（参考）

罪刑法定主義

　どの行いが犯罪で，どのような刑罰を科するかは，あらかじめ法律で定めていなければならないとする考え方。

黙秘権

　憲法では，自己に不利益な供述を強要されないとして黙秘権を保障している。

遡及処罰，二重処罰の禁止

　遡及処罰とは，事後に定めた法令によってさかのぼって処罰すること，二重処罰とは１つの事件について何度も刑事責任を問い処罰すること，いずれも憲法で禁止されている。

死刑制度について

　死刑は究極の刑罰である。日本国憲法では，第36条で残虐な刑罰を禁止しているが，日本では死刑制度が存在している。2019年現在，死刑制度があり執行している国は54か国ある。一方，死刑を廃止している国は106か国，事実上廃止している国（死刑制度はあるが長年死刑を執行していないなど）を入れると142か国になる。このように国際的には死刑を廃止している国が多く，1989年の国連総会では，死刑廃止条約が採択されている。

　犯罪をおさえる力，犯罪被害者（遺族）の感情を考えて死刑制度は必要であるという意見がある一方，無実の人を死刑にしてしまう可能性，国家による殺人を合法化するのはおかしい，犯罪をおさえる力があるかどうか疑問である，などの考えから死刑制度に反対する意見もある。

▶精神の自由

精神の自由は，人の**内心**の自由やそれを**外部に表す表現の自由**などからなる基本的権利である。

① **思想・良心の自由**…物事を自分で考えて判断する内心の自由，精神の自由の中で中心となる規定である。

② **信教の自由**…宗教を信仰（しんこう）するかどうか，どの宗教を信仰するかを自分で決める自由。**政教分離（ぶんり）の原則**を規定している。

③ **集会・結社・表現の自由**…集会をすること，団体をつくること，意見や感情などを表現する自由。**検閲（けんえつ）を禁止**し，**通信の秘密**を保障している。

④ **学問の自由**…あらゆる学問を自由に研究し，発表する自由。

▶経済活動の自由

自由な生活を送るには経済的に安定することが必要である。資本主義経済の発展は，経済活動の自由によってもたらされたといえる。

① **居住・移転・職業選択の自由**…住居を構えること，引っ越しすること，職業を選んで働くことの自由。

② **財産権の不可侵**…お金や土地などの財産をかってに取り上げられたりすることがない権利。

自由権は基本的人権の中でも，最も大切な人権だよ。

政教分離の原則

戦前は，神社神道が国の宗教とされて軍国主義に利用された。その反省から，日本国憲法では政治と宗教を切り離すことを原則とした。憲法第20条は「いかなる宗教団体も，国から特権を受け，又は政治上の権力を行使してはならない」「国及びその機関は，宗教教育その他いかなる宗教的活動もしてはならない」と規定している。

多くの人がインターネットを通じて発言できる時代の表現の自由について考えてみよう。

経済活動の自由の制限

経済活動の自由を無制限に認めると，貧富の差が拡大するなどの弊害もある。経済活動の自由に対しては「**公共の福祉に反しない限り**」という制限が加えられやすい。

テストに出る！　**つまりこういうこと**

● **身体の自由**…人が生きていくうえで基盤となる自由➡**個人の尊厳**

　罪刑法定主義…犯罪や刑罰は，あらかじめ法律で定めていなければならない

　令状主義…令状によらない逮捕や侵入・捜索および押収はできない➡**現行犯**は例外

　拷問および残虐な刑罰…残虐な刑罰，拷問を禁止

　　　　　　　　　　強要された自白は証拠にならない

　刑事被告人…**公平な裁判所の迅速な公開裁判**を受ける権利がある

● **精神の自由**…人の内心の自由やそれを外部に表す表現の自由などからなる

　思想・良心の自由，**信教の自由**，**集会・結社・表現の自由**，**学問の自由**

● **経済活動の自由**…資本主義経済の発展を支える

　居住・移転・職業選択の自由，**財産権の不可侵**➡**公共の福祉**による**自由の制限**

⑨ 豊かに生きる権利

🔑 Key Word　生存権　憲法第25条　社会保障制度

教育を受ける権利　義務教育　教育基本法　労働三権　労働三法

「人間らしい生活」を送るために，何が必要か考えてみよう。

(1) 人間らしく生きるための権利

　20世紀に入って，すべての人が「**人間らしい生活**」を営む権利があるとして，社会権の保障が求められるようになった。日本国憲法で保障されている社会権には，生存権・教育を受ける権利・労働基本権がある。

▶ **社会権**

① **積極的な権利**…**自由権**が，国民生活への国家の干渉を排除するといういわば**消極的な権利**であるのに対して，**社会権**は，国家に対して**積極的に保障**を求める権利である。

② **日本の社会権**…大日本帝国憲法には社会権に関する規定はなく，日本国憲法において初めて社会権を取り入れた。

▶ **生存権**

① **憲法第25条**…「すべて国民は，**健康で文化的な最低限度の生活を営む権利を有する**」と定めている。

② **国の責務**…憲法は，**社会福祉**，**社会保障及び公衆衛生**の向上及び増進に努めることは国の責務（責任と義務）であると定めている。

③ **社会保障制度**…政府は**公的扶助**（生活保護），**社会保険**，**社会福祉**，**公衆衛生**などの社会保障制度の充実に取り組んでいる。

◆日本国憲法の社会権

生存権	第25条1項
教育を受ける権利	第26条1項
勤労の権利	第27条1項
労働三権	第28条

参考
朝日訴訟
　生存権をめぐる訴訟。ある人物に対する生活保護の給付内容が不十分であるとして，憲法第25条の生存権の保障に違反すると提訴された。最終的に国の対応は合憲となったが，その後の生存権保障の改善に影響をあたえた裁判である。

プログラム規定説
　憲法第25条は，**努力目標**であり，権利を保障したものではないとする考え方。これに対し，法的な権利を認めたものであるとする**法的権利説**がある。

くわしく
生涯学習
　高齢化にともない，いつでも自由に学習機会を得ることができる生涯学習の充実が国や民間のレベルで進められている。

(2) 教育を受ける権利

　教育は，人間らしく生きるために必要な知識や判断力を付けるために欠かせないものであり，日本国憲法は**教育を受ける権利**を保障している。

① **教育を受ける権利**…「すべて国民は（略），その能力に応じて，**ひとしく教育を受ける権利を有する**」（第26条）

② **義務教育**…憲法は，子女に普通教育を受けさせる保護者の義務を規定し，**義務教育を無償**とすることを定めている。

国・公・私立すべての義務教育（小・中学校）の教科書は無償だよ。

③ **教育基本法**…日本国憲法の精神に沿って，**個人の尊厳**，**真理と平和を希求する人間の育成**などの教育目的を定め，教育の**機会均等**，**男女共学**，**義務教育制**，**義務教育費の無償**などを規定している。

(3) 労働基本権

日本国憲法は，労働者が人間らしい生活を営むことができるように，**勤労権**と**労働三権**からなる**労働基本権**を保障している。また，労働三権に基づいて**労働三法**を制定している。

▶ 労働三権

① **団結権**…労働者は使用者に対して弱い立場にあるので，憲法は，労働者が団結して**労働組合をつくる権利**を保障している。

② **団体交渉権**…労働条件や待遇の改善などを労働組合が使用者と交渉する権利。

③ **団体行動権（争議権）**…労働組合が要求の実現のために，ストライキなどの**争議行為**を行う権利。

▶ 労働三法

① **労働基準法**…賃金・労働時間・休日・有給休暇・解雇など，労働条件に関する**最低基準**が定められている。

② **労働組合法**…団結権・団体交渉権を保障するための法律。

③ **労働関係調整法**…労働争議の解決を図る法律。

くわしく

教育基本法の改正

2006年には，近年の科学技術の進歩，情報化，国際化，少子高齢化などの変化に対応するため，教育基本法が改正された。

きみは将来どんな職業に就きたいと思っているかな。

参考

不当労働行為の禁止

使用者が労働組合の活動を妨害したり，正当な理由なしに団体交渉を拒絶したりすることは**不当労働行為**として労働組合法で禁止されている。

最低賃金法

労働者の安定した生活や労働力の向上を目的として，使用者が労働者に支払う賃金の最低額を定めた法律。都道府県ごとにその額が定められている。

団体行動権の制限

国家公務員や地方公務員は，**国民全体の奉仕者**であることなどから団体行動権（争議権）が否認されている。

第**2**章 人間の尊重と日本国憲法

テストに出る！ **つまりこういうこと**

- ● 日本国憲法の社会権…生存権・教育を受ける権利・労働基本権
- ● 憲法第25条…すべて国民は，健康で文化的な最低限度の生活を営む権利を有する
- ● 国の責務…社会福祉，社会保障及び公衆衛生の向上及び増進に努める
- ● 教育を受ける権利…能力に応じて，ひとしく教育を受ける権利
- ● 義務教育…子女に普通教育を受けさせる**保護者の義務**を規定，**義務教育は無償**
- ● 教育基本法…教育の目的，教育の機会均等，男女共学，義務教育制などを規定
- ● 労働三権…団結権，団体交渉権，団体行動権（争議権）
- ● 労働三法…労働基準法，労働組合法，労働関係調整法

⑩ 人権を守るための権利

Key Word 参政権　選挙権　被選挙権^{ひせんきょけん}　国民投票
国民審査^{しんさ}　住民投票　請願権^{せいがんけん}　国家賠償請求権^{ばいしょう}
刑事補償請求権^{けいじほしょう}　人権擁護局^{ようご}　人権擁護委員

(1) 人権を守るための権利

　人権を守るための権利が日本国憲法で保障^{ほしょう}されている。国民が**政治に参加する権利**として参政権，人権が侵害^{しんがい}された場合に**救済^{きゅうさい}を求め，基本的人権を確保する権利**としての請求権がある。

▶参政権

① **選挙権**…国民が代表を選挙する権利で，**満18歳以上の国民**にあたえられる。**国会議員，地方公共団体の長**（知事や市町村長），**地方議会の議員**などがその対象である。

② **被選挙権**…代表者として**立候補**し選挙される権利。**衆議院^{しゅうぎいん}議員・市町村長・地方議会議員は満25歳以上，参議院議員・都道府県知事は満30歳以上**に被選挙権がある。

③ **国民投票**…憲法^{けんぽう}改正の際に行われる。

④ **国民審査**…最高裁判所の裁判官に対して行われる。

⑤ **住民投票**…特定の地方公共団体にのみ適用される**特別法**の制定に際して行われる。

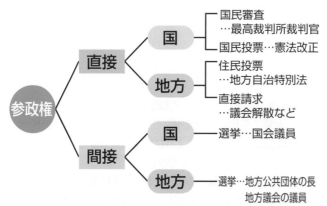

⑥ **請願権**…国や地方公共団体に対して，人権侵害に対する苦情やその救済，是正^{ぜせい}などを表明する権利。

人権は，常に守られるように努力し続けることが大切なんだ。

（参考）

公務員の選定と罷免の権利

　憲法第15条に「公務員を選定し，及びこれを罷免^{ひめん}することは，国民固有の権利である。(略) 選挙については，成年者による普通選挙を保障する」と定められている。

くわしく

国民審査

　最高裁判所の裁判官は，内閣による任命後の最初の**衆議院議員総選挙**の際に，国民の直接投票によって審査され（その後は**10年ごと**），多数が不信任の場合には罷免される。

（参考）

請願権と参政権

　請願権を参政権にふくめる場合もある。

直接請求権

　日本は，選挙で代表者を選び，政治について議会で決定するという**代表民主制**の形をとっている。しかし，直接国民が政治に参加する**直接民主制**の制度も，一部で行っている。

　地方においては，議会の解散や知事や議員などの解職を求める制度（**リコール**）もある。

▶ **請求権**

① **裁判請求権**…権利や自己の利益を不当に侵害された場合などに**裁判を受ける権利**。被告人には，**公正な裁判，迅速な裁判，公開の裁判**を受ける権利が保障されている。

② **国家賠償請求権**…公務員の**不法行為**によって損害を受けた場合に，国または地方公共団体にその賠償を求めることができる権利。

③ **刑事補償請求権**…抑留・拘禁された後，無罪になったときに，国にその補償を金銭の形で求めることができる権利。

(2) 人権の啓発

国民に保障されている人権が侵害されるのを監視し，また人権の考え方を啓発するための機関が国や地方に置かれている。

① **人権擁護局**…**法務省**に設置されている。人権が侵害されたときの相談や救済手続きに関することを行う。また，国民が人権への理解を深めるための**人権啓発活動**を行う。

② **人権擁護委員**…人権相談を受けたり，人権の考えを広めたりする活動をしている民間の委員，無報酬である。1989年現在，約14,000人が法務大臣から委嘱されて，各市町村，東京都の区に配置されている。

くわしく

不法行為
　憲法や法律などに定めてある条文に違反して他人の権利を侵害し，これによって他人に損害をあたえる行為。

それぞれの年齢と深く関わっている法律があるよ。

▼ 人生と法律

歳	法律
0	出生届(戸籍法)
6	小学校入学＝義務教育開始(教育基本法)
14	刑法上の処罰対象(刑法)
18	成人になる(民法)
18	結婚可能(民法)
18	選挙権(公職選挙法)
25	衆議院議員などの被選挙権(公職選挙法)
30	参議院議員・知事の被選挙権(公職選挙法)
65	老齢年金支給開始(厚生年金保険法など)

※上記は2022年4月時点。

テストに出る！ ● **つまりこういうこと**

● **参政権**…選挙権，被選挙権，国民投票，国民審査，住民投票

● **請願権**…国や地方公共団体に対して，人権侵害に対する苦情やその救済，是正などを表明

● **請求権**…裁判請求権，国家賠償請求権，刑事補償請求権

● **人権の啓発**…人権擁護局，人権擁護委員

⑪ 新しい人権

 Key Word 知る権利 情報公開法 アクセス権
プライバシーの権利 幸福追求権 個人情報保護関連法
環境権 自己決定権

科学技術の進歩は，新しい人権問題を起こしているよ。

(1) 新しい人権

　科学技術の高度化にともなう社会生活の変化や，人権に対する考え方の深まりなどから，**新しい人権**が主張されている。憲法には明記されていないが，その条文の精神を援用して，**知る権利**，**プライバシーの権利**，**環境権**などが求められている。

▶知る権利

① **知る権利**…主権者である国民には，国や地方公共団体などが保有する情報について，提供を求め，それを知ることができる権利がある。

② **情報公開条例**…地方公共団体は，国にさきがけて**情報公開条例**を制定し情報を開示してきた。

③ **情報公開法**…国民の**開示請求権**を認め，国の行政文書の公開を義務付けた（1999年制定）。

④ **アクセス権**…公文書の閲覧など，公の情報を入手して利用する権利。また，マスメディア（→P.14）に対して，市民が参加して自分の意見を反映させる権利のことを指す場合もある。

▶プライバシーの権利

① **プライバシー**…他人の干渉を許さない，各個人の**私生活上の自由**のことで，自分が**他人に知られたくない情報**のことともいえる。情報社会の進展によって，意に反して公にされる危険性が高まっている。

② **幸福追求権**…憲法第13条で保障されている権利，プライバシーの権利は幸福追求権を根拠として主張される。

③ **個人情報保護関連法**…行政機関の保有する個人情報の取りあつかいについて定めている（2003年制定）。地方公共団体では**個人情報保護条例**を制定している。

くわしく

プライバシーの権利と表現の自由

　小説が個人のプライバシーを侵害したということで，作家が訴えられる裁判が行われたことがある。これらの裁判では，**プライバシー保護のために，表現の自由が制限されることもある**とされた。

　近年は，インターネットが普及し，多くの人が自由に情報を発信できる時代となった。しかし，他人のプライバシーを公開して，人を傷つけたりする危険性が高くなっている。

参考

個人情報の流出

　突然のダイレクトメールや知らない業者からの電話での営業などの背景には，業者によって個人情報が売買されている可能性がある。情報化の進展とともに，その危険性が高まっている。

監視カメラ

　近年，商店街や一般道路，公共施設，さらに個人の家などに監視カメラが多く設置されるようになっている。監視カメラは，防犯や安全な生活のために設置されるのであるが，一方で，プライバシーの権利を侵害する可能性がある。

◆ネット上の人権侵犯事件数の推移

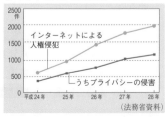

（法務省資料）

▶ 環境権

① **公害対策基本法**…高度経済成長によって**四大公害**をはじめとする公害問題が深刻となる中で，企業や国・地方公共団体の責任と義務が明らかにされた（1967年制定）。

② **環境権**…人間の生存にとって，必要で良好な生活環境を享受する権利。公害などの環境破壊から人の健康や生活環境を保護するために主張された。

③ **環境基本法**…環境保全の基本的な考え方や施策の枠組みを規定している（1993年制定）。

④ **環境アセスメント**…地域開発にあたって，事前に環境への影響を調査する制度。**環境影響評価**ともいう。

▶ 自己法定権

① **自己決定権**…自己の生き方や生活の仕方などについて，ほかの人の干渉を受けずに自分で決定する権利のこと。

② **医療現場での自己決定権**…インフォームド・コンセント（情報をあたえられたうえでの決定）や尊厳死の問題などが課題となっている。

くわしく

四大公害
水俣病，新潟水俣病，イタイイタイ病，四日市ぜんそく。

環境権の法的根拠
　憲法第25条の「健康で文化的な最低限度の生活を営む権利（生存権）」，第13条の「幸福追求の権利」がその主張の根拠となっている。

日照権
　建物の日当たりを確保する権利。環境権のひとつといえる。

● 階段状のマンション

テストに出る！　つまりこういうこと

● **知る権利**…国や地方公共団体などが保有する情報の提供を求め，それを知ることができる権利。**情報公開条例，情報公開法，アクセス権**

● **プライバシーの権利**
　　プライバシー，幸福追求権，個人情報保護関連法

● **環境権**…人間の生存にとって，必要で良好な生活環境を享受する権利
　　公害対策基本法
　　環境基本法
　　環境アセスメント（環境影響評価）

● **自己法定権**…**医療現場での課題**…**インフォームド・コンセント，尊厳死の問題など**

⑫ 国際社会と人権

Key Word 国際連合　批准（ひじゅん）　女子差別撤廃条約（てっぱい）
男女雇用機会均等法（こよう）　男女共同参画社会基本法　子どもの権利条約
ＮＧＯ（非政府組織）　アムネスティ・インターナショナル

(1) 人権をめぐる動きと日本

国際連合は，人権を尊重しさまざまな差別をなくす目的で，総会でいろいろな**条約を採択**（そんちょう）（さいたく）している。日本は，それらの条約を**批准**（国の最終的な確認・同意）するために，国内の法を整備。

① **女子差別撤廃条約**…1979年，国連総会において採択された。日本は1985年に批准した。

② **子どもの権利条約**…1989年，国連総会において採択された。子どもを保護するだけでなく，**権利の主体**であることを認めるものとなっている。日本は1994年に批准した。

(2) ＮＧＯの取り組み

人権問題に対する取り組みは，国連，国家その他の公共機関だけでなく，ＮＧＯ（非政府組織）によっても行われている。

① **ＮＧＯ（非政府組織）**…貧困・飢餓・環境など，世界的な問題（きが）に対して，**利益を目的とせず**に民間の立場からこれらの問題に取り組む団体。Non-Governmental Organization の略語。

② **アムネスティ・インターナショナル**…思想・信条によって拘束されている人々の釈放や死刑の廃止などを訴えている。（しゃくほう）（しけい）（はいし）（しんじょう）

くわしく

女子差別撤廃条約の批准

日本は，1985年に**男女雇用機会均等法**を制定し，職場における女性に不利な制度や仕組みを禁止するとともに，**女子差別撤廃条約**に批准した。さらに，1999年に，性別に関わらず個性と能力を発揮することができる社会の実現を目指すことを目的とした**男女共同参画社会基本法**を制定した。

子どもの意見表明権

子どもの権利条約では，子どもを権利の主体であると位置付けている。特に**第12条**では，自分で意見をまとめる力のあるすべての子どもは，自分に関係のあることについて自由に意見を表明する権利があるとしている。また，子どもが，自分に影響をあたえる司法や行政（えいきょう）の手続きにおいても，意見を聴かれる権利があると規定している。

子どもの権利条約では，子どもは18歳未満とされているよ。

テストに出る！　つまりこういうこと

● **女子差別撤廃条約**…1979年，国連総会で採択➡日本は1985年に批准

● **男女雇用機会均等法**…職場における女性に不利な制度や仕組みを禁止
　　　　　　　　　　　➡1985年制定➡同年，女子差別撤廃条約に批准

● **男女共同参画社会基本法**…性別に関わらず個性と能力を発揮することができる社会の実現を目指す。1999年制定

● **子どもの権利条約**…1989年，国連総会で採択➡子どもを**権利の主体**とする

● **ＮＧＯ（非政府組織）**…利益を目的とせずに民間の立場から諸問題に取り組む団体

定期試験対策問題② 解答➡p.196

1 人権の歴史，法の支配 >>p.34〜37

右の年表を見て，次の問いに答えなさい。

(1) 年表中の①〜④にあてはまる意義を，次から1つ
ずつ選びなさい。

①〔　　　〕 ②〔　　　〕 ③〔　　　〕 ④〔　　　〕

ア　社会権の確立

イ　議会と国民の権利の確認

ウ　連邦制・三権分立・大統領制

エ　国民主権・三権分立・近代民主主義の基礎

年	文書	意義
1689	権利章典…………A	①
1776	アメリカ独立宣言…B	②
1789	フランス人権宣言	③
1919	ワイマール憲法	④

(2) 年表中Aのころから確立した，統治者も被統治者も法によって拘束(こうそく)される，という考えを
何といいますか。　　　　　　　　　　　　　　　　　　　　　　〔　　　　　　　〕

(3) 「国家が人権を侵害する場合は，人々は抵抗して政府を変えることができる」として年表中
のBに影響をあたえた思想家を，次から1つ選びなさい。　　　　〔　　　　　　　〕

ア　ロック　　　イ　ルソー　　　ウ　モンテスキュー　　　エ　リンカーン

2 日本国憲法の制定 >>p.38〜39

右の表を見て，次の問いに答えなさい。

(1) 表中のAに共通してあて
はまる語句を書きなさい。
〔　　　　　　　〕

(2) 表中の下線部について，
人権を永久不可侵の権利と
して尊重する日本国憲法の
原則を何といいますか。
〔　　　　　　　〕

(3) 日本国憲法は，日本にあ
るさまざまな法の中で，ど

大日本帝国憲法		日本国憲法
1890 年	制定	1946 年
（　A　）	主権	国民
法律で制限できる	人権	自由権の拡大，社会権の保障
兵役・納税	国民の義務	普通教育を受けさせる，納税，勤労
（　A　）が陸海軍を統帥	軍隊	戦力の不保持，交戦権の否認

のような位置づけとなっていますか。漢字4字で書きなさい。　　　　〔　　　　　　　〕

(4) 1946年に日本国憲法が公布されたのち，1947年からは実際に憲法として効力が発生する
ようになりました。この効力を発生させることを何といいますか。　〔　　　　　　　〕

3 日本国憲法と天皇の地位 >>p.40〜41

右の文章を読んで，次の問いに答えなさい。

(1) 文中の①・②にあてはまる語句を答えなさい。
①〔　　　　　　　〕②〔　　　　　　　〕

(2) 文中の下線部Aについて，日本国憲法を改正する発議を行うためには，衆議院と参議院でそれぞれどのくらいの賛成が必要ですか。次から1つ選びなさい。　〔　　　〕

ア　出席議員の過半数

イ　総議員の過半数

ウ　出席議員の3分の2以上

エ　総議員の3分の2以上

> A日本国憲法には，（　①　）・平和主義・基本的人権の尊重という3つの原則がある。大日本帝国憲法のもとで主権者とされていた天皇は，日本国憲法では（　②　）と位置付けられており，政治上の権力は一切持たず，憲法に定められたB国事行為のみを行う。

(3) 文中の下線部Bについて，次の問いに答えなさい。

① 天皇の国事行為に助言と承認をあたえる機関を，次から1つ選びなさい。　〔　　　〕

ア　国会　　イ　内閣　　ウ　裁判所

② 天皇の国事行為にあたるものを，次から2つ選びなさい。　〔　　　〕〔　　　〕

ア　国会を召集する　　イ　条約を締結する　　ウ　裁判で判決を出す

エ　法律を制定する　　オ　栄典を授与する

③ 天皇によって任命される役職は，最高裁判所の長官とあともう1つは何ですか。
〔　　　　　　　　　　〕

4 日本の平和主義 >>p.42〜43

右の資料を見て，次の問いに答えなさい。

(1) 右の資料は，日本国憲法の何条を示したものですか。　〔　　　〕

(2) 資料中の（　）に共通してあてはまる語句を書きなさい。　〔　　　〕

> 日本国民は，正義と秩序を基調とする国際平和を誠実に希求し，国権の発動たる戦争と，（　　）による威嚇又は（　　）の行使は，国際紛争を解決する手段としては，永久にこれを放棄する。

(3) 日本の安全保障について述べた①〜③の文の下線部が正しければ○，間違っている場合は正しい語句に書き換えなさい。

①〔　　　　　　　〕②〔　　　　　　　〕③〔　　　　　　　〕

① 自衛隊の前身となる警察予備隊は，ベトナム戦争をきっかけに創設された。

② 日米安全保障条約により，日本の各地にはアメリカ軍基地が置かれている。

③ 自衛隊はWTO（国連平和維持活動）で紛争地域の治安維持などに貢献している。

5　基本的人権の種類・国民の義務 ≫p.44〜45

右の表を見て，次の問いに答えなさい。

(1)　次の①〜③の文にあてはまる権利を，表中
のア〜エから1つずつ選びなさい。

①〔　　　　〕 ②〔　　　　〕 ③〔　　　　〕

平等権…ア	自由権…イ
	社会権…ウ
	基本的人権を守るための権利…エ
	新しい権利

① 労働者を守るための権利

② 国政選挙や地方選挙で投票する権利

③ 思想や学問などを制限されない権利

(2)　次の基本的人権に関する憲法条文の，①・②にあてはまる語句を答えなさい。

①〔　　　　　　　　〕 ②〔　　　　　　　　〕

第13条　すべて国民は，（　①　）として尊重される。生命，自由及び幸福追求に対する国民の権利については，（　②　）に反しない限り，立法その他の国政の上で，最大の尊重を必要とする。

(3)　社会生活を支えるため，日本国憲法に規定されている国民の果たすべき義務は3つあります。子どもに普通教育を受けさせる義務と，あと2つは何か答えなさい。

〔　　　　　　　　〕〔　　　　　　　　〕

6　平等に生きる権利・自由に生きる権利 ≫p.46〜47, 50〜51

平等権と自由権について，次の問いに答えなさい。

(1)　次の憲法条文を読んで，あとの問いに答えなさい。

第14条① すべて国民は，法の下に平等であつて，人種，信条，A性別，社会的身分又はB門地により，政治的，経済的又は社会的関係において，差別されない。

① 下線部Aについて，職場での性別による差別をなくすために制定された法律を何といいますか。 〔　　　　　　　　〕

② 下線部Bについて，1922年に創設され，部落差別解放運動の中心的な存在となった組織は何ですか。 〔　　　　　　　　〕

(2)　次の①〜④は，右の表のア〜ウのどの自由にあてはまりますか。1つずつ選びなさい。

①〔　　　〕 ②〔　　　〕 ③〔　　　〕 ④〔　　　〕

① 自分の好きな職業に就くことができる。

② 自分の意見を自由に発表できる。

③ 信仰する宗教を自由に選べる。

④ 正当な理由なく逮捕されることはない。

自由権	生命・身体の自由…ア
	精神活動の自由……イ
	経済活動の自由……ウ

7 豊かに生きる権利・人権を守るための権利 ≫p.52〜55

次のまとめ図を見て，あとの問いに答えなさい。

| 社会権 | ・生存権…健康で文化的な（ ① ）の生活を営む権利
・（ ② ）を受ける権利
・A労働基本権…勤労の権利，B団結権，団体交渉権，団体行動権 |

| 基本的人権を守るための権利 | ・参政権…C選挙権，被選挙権，最高裁判所裁判官の国民（ ③ ），
地方公共団体の住民投票，憲法改正の国民（ ④ ），請願権
・救済を求める権利…裁判を受ける権利，D国家賠償請求権，刑事補償請求権 |

(1) 表中の①にあてはまる語句を書きなさい。　　　　　　　　　　　〔　　　　　　　　〕

(2) 表中の②は，人間らしく生きるのに必要な知識や判断力をつけるために欠かせないものです。②にあてはまる語句を答えなさい。　　　　　　　　　　　〔　　　　　　　　〕

(3) 表中の③・④にあてはまる語句を，次から1つずつ選びなさい。③〔　　　〕　④〔　　　〕

　　ア　調査　　　イ　請求　　　ウ　審査　　　エ　投票

(4) 下線部Aについて，賃金や就業時間，休息など，労働条件を定めた法律を，次から1つ選びなさい。　　　　　　　　　　　　　　　　　　　　　　　　　　〔　　　　　　〕

　　ア　労働基準法　　　　イ　労働関係調整法　　　　ウ　労働組合法

(5) 下線部Bについて，団体行動権を行使できない人々を，次から1つ選びなさい。〔　　　　〕

　　ア　プロ野球選手　　　イ　公務員　　　ウ　女性　　　エ　鉄道会社の職員

(6) 公職選挙法において，下線部Cがあたえられる年齢を答えなさい。　〔　　　　　　〕

(7) 下線部Dは，公務員の▭▭▭行為によって損害を受けた場合，国や地方公共団体にその賠償を求める権利です。▭▭▭にあてはまる語句を答えなさい。　　〔　　　　　　〕

8 新しい人権・国際社会と人権 ≫p.56〜58

新しい人権や，国際社会での人権に対する取り組みについて，次の問いに答えなさい。

(1) 近年認められるようになった「新しい権利」について，次の①〜③の権利の名前を右から1つずつ選びなさい。　　　　　①〔　　　〕　②〔　　　〕　③〔　　　〕

　① きれいな空気や日照などを求める権利

　② 個人情報をみだりに公表されない権利

　③ 国や地方公共団体に対して，情報の公開を
　　求めることができる権利

> ア　知る権利　　イ　環境権
> ウ　プライバシーの権利

(2) 思想，信条によって拘束されている人々の釈放や，死刑の廃止を訴えるなど，人権問題に取り組んでいる非政府組織（NGO）を答えなさい。

　　　　　　　　　　　　　　　　　　　　　　　　〔　　　　　　　　　　　　〕

暮らしと結びついた政治

1 現代の民主政治 >>p.66

<table>
<tr><td rowspan="3">民主主義の
しくみ
>>p.66</td><td>☐ 民主主義の政治：直接民主制　間接民主制（代表民主制，代議制）</td></tr>
<tr><td>☐ 権力分立制：三権分立➡立法権　行政権　司法権➡相互の抑制と均衡</td></tr>
<tr><td>☐ 多数決の原理：多数によって議論の決着をつける</td></tr>
<tr><td rowspan="4">選挙のしくみ
>>p.68</td><td>☐ 民主的な選挙：普通選挙　平等選挙　直接選挙　秘密選挙
　　　　1945年に男女普通選挙が実現（日本）</td></tr>
<tr><td>☐ 選挙区制：大選挙区制　小選挙区制　比例代表制</td></tr>
<tr><td>☐ 国会議員：衆議院議員➡小選挙区比例代表並立制（拘束名簿式）
　　　参議院議員➡都道府県別選挙区＋非拘束名簿式比例代表制</td></tr>
<tr><td>☐ 公職選挙法：選挙の方法，選挙運動などについて定めた法律</td></tr>
<tr><td rowspan="4">政党と世論
>>p.70</td><td>☐ 政党政治：与党（政権を獲得した政党），野党（与党以外の政党）</td></tr>
<tr><td>☐ 政党制：二大政党制（イギリスなど）　小党分立制（フランスなど）</td></tr>
<tr><td>☐ 日本の政党政治：55年体制➡非自民連立政権➡自民党・公明党連立政権</td></tr>
<tr><td>☐ 世論と政治：第四の権力（マスメディアのこと）　圧力団体</td></tr>
</table>

2 国の政治 >>p.74

<table>
<tr><td rowspan="4">国会の地位
・種類
>>p.74</td><td>☐ 国会の地位：国民の代表機関➡「国権の最高機関」「唯一の立法機関」</td></tr>
<tr><td>☐ 二院制：衆議院…4年（解散がある）　参議院…6年（3年で半数改選）</td></tr>
<tr><td>☐ 衆議院の優越：予算の先議権　内閣不信任決議権　法律案の議決など</td></tr>
<tr><td>☐ 国会の種類：常会　臨時会　特別会</td></tr>
<tr><td rowspan="3">国会の運営
・仕事
>>p.76</td><td>☐ 本会議：衆議院・参議院の議員全体の会議，公開が原則</td></tr>
<tr><td>☐ 委員会：常任委員会　特別委員会</td></tr>
<tr><td>☐ 国会の仕事：法律の制定　予算の審議・議決　行政監督権　弾劾裁判所</td></tr>
<tr><td rowspan="4">内閣のしくみ
・議院内閣制
>>p.78</td><td>☐ 内閣：内閣総理大臣と国務大臣から構成される</td></tr>
<tr><td>☐ 議院内閣制：第一党の党首が内閣総理大臣に選ばれる➡政党内閣
　　　　内閣が議会に対して連帯責任を負う➡責任内閣制</td></tr>
<tr><td>☐ 大臣：内閣総理大臣➡行政の最高責任者　国務大臣➡過半数は国会議員</td></tr>
<tr><td>☐ 行政機関：内閣府　省（行政を分担・管理）　外局（庁や行政委員会）</td></tr>
</table>

内閣の仕事・ 行政の課題 ≫p.80	☐ 内閣の仕事：**法律案の提出　予算の作成と執行　条約の締結**など
	☐ 内閣総理大臣の仕事：行政機関の指揮・監督，国務大臣の任免など
	☐ 行政改革：行政組織のスリム化➡**小さな政府**を目指す
	☐ 公務員：公務員は**全体の奉仕者**（第15条）
司法権と 裁判所のしくみ ≫p.82	☐ 裁判所：司法権は，**最高裁判所**および**下級裁判所，高等裁判所，地方裁判所，家庭裁判所，簡易裁判所**に属している
	☐ 司法権の独立：裁判所が独立して公平で公正な裁判ができる原則
	☐ 裁判官の独立：裁判官は良心に従い独立して職権を行う
裁判の種類と 人権・違憲審査 権 ≫p.84	☐ 裁判の種類：**民事裁判　刑事裁判**
	☐ 司法制度改革：法科大学院設置　被害者参加制度　**裁判員制度**
	☐ 違憲審査権：法律などの合憲性を審査　最高裁判所➡「**憲法の番人**」 　　　　　　具体的な事件の裁判の中で行われる
三権の抑制と 均衡 ≫p.88	☐ 大統領制：厳格な三権分立（アメリカなど）⇔議院内閣制（日本など）
	☐ 議院内閣制：国会の信任➡内閣成立　内閣は国家に対し**連帯責任**を負う
	☐ 国会中心主義：日本では，三権は厳密には対等とはいえない

3 地方の政治 ≫p.90

地方自治 しくみ ≫p.90	☐ 地方自治の本旨：**団体自治**➡国から独立　**住民自治**➡住民の意思による
	☐ 地方公共団体：都道府県　市町村　特別区（東京23区）など
	☐ 地方公共団体の仕事：教育・福祉の向上　警察・消防　法定受託業務
地方分権と 住民参加 ≫p.92	☐ 地方分権：統治権力を地方に分散⇔中央集権
	☐ 地方分権の推進：地方分権推進法（1995年）　地方分権一括法（1999年）
	☐ 住民の権利：**住民投票権**➡特別法制定の際，住民投票条例など 　　　　　　**直接請求権**➡条例の制定・改廃，議会の解散請求など
地方財政の課題 とこれからの まちづくり ≫p.94	☐ 地方財政の課題：自主財源の不足
	☐ 三位一体の改革：地方交付税制度見直し，国庫支出金削減，税源移譲
	☐ 広域行政：市町村合併への財政優遇措置➡「**平成の大合併**」
	☐ 住民参加：地域の特色を生かしたまちづくり➡まちづくり条例など

1 現代の民主政治

① 民主主義のしくみ

Key Word 直接民主制　間接民主制　権力分立制　三権分立
議会の原理　審議の原理　多数決の原理　少数意見の尊重
代表の原理

(1) 国民が主役の政治

民主主義とは，国民が主権者として自分たちの意思で政治を行うという考え方である。

① **政治**…意見のちがいや利害の対立などを調整し，よりよい秩序や人々全体の利益をつくり出すための努力や工夫のこと。典型的なものが，国家や地方公共団体における政治である。

② **民主主義の語源**…民主主義（democracy）の語源は，ギリシャ語のdemos（人民・民衆）とkratia（権力・支配）を結合したもの。古代ギリシャのポリス（都市国家）で行われた古代民主制に由来する。

(2) 民主主義の種類

民主政治には，直接民主制と間接民主制がある。ほとんどの国は間接民主制であるが，一部で直接民主制の原理を導入している。

① **直接民主制**…国民全員が政治の場でそれぞれの意思を表明し，直接に政治の運営に参加するしくみ。

② **間接民主制**…国民が自ら選んだ代表者を通じて，間接的に国民の意思を政策の決定などに反映させるしくみ。**代表民主制，議会制民主主義（代議制）**ともいわれる。

③ **直接民主制の原理の導入**…日本では，**国民投票や国民審査，住民投票**，および地方自治における**国民発案（イニシアティブ），国民解職（リコール）**などがあり，間接民主制を補っている。

リンカーンのゲティスバーグ演説

アメリカのリンカーン大統領が，南北戦争中の1863年にゲティスバーグで演説した際，「**人民の，人民による，人民のための政治**」と述べた。これは民主主義の原理を述べたものとして有名である。

直接民主制の具体例

古代ギリシャのアテネでは，成年男子の市民全員による民会が開かれ，挙手によって決議を行っていた。

スイスでは，集まった人々による話し合いと挙手による州民集会を行っている州がある。

間接民主制が行われる理由

広い国土と多くの国民を有する場合，国民全員が集まることは困難であるから。

日本では，直接民主制の原理を導入することで，国民の意見を政治に反映させているよ。

(3) 民主政治の原理

現代の民主政治は，権力分立制，議会の原理，代表の原理などを基本的な原理としている。

▶ 権力分立制

① **三権分立**…国家の政治権力を**立法権・行政権・司法権**に分け，三権相互の**抑制**と**均衡**によって，権力の絶対化を防ぐ。

② **議会の原理**…議決は公開の討論を経たあとに行うとする**審議の原理**や，数的な多数によって議論の決着をつける**多数決の原理**がとられている。

③ **代表の原理**…議会政治における議員は，それぞれの選挙区や選挙人に拘束されず，全体の代表であり，議会は全体の代表機関であるとする原理。

少数意見の尊重

民主政治の議論では，少数意見が尊重されなければならず，多数による圧制は民主政治としては許されない。

(参考)

世界各国の政治制度の特徴
・イギリス…立憲君主制，議院内閣制，二院制，不文憲法，二大政党制など
・アメリカ…大統領制 (大統領に強い権限)，連邦制，厳格な三権分立，二大政党制など
・中国‥社会主義，民主集中制，権力分立の否定，全国人民代表大会 (議会) にすべての権力が集中，一党制など

 コラム

古代のアテネの民主政治

古代ギリシャのアテネでは，実際に政治を担当する権力者をアルコンとよんだ。当初は有力貴族がその地位についていたが，やがて民主政治が発展すると，9名のアルコンが抽選で選ばれることになり，ポリスの運営は，選ばれた9人の話し合いで進められた。アルコンの任期は1年で，再任は認められなかった。このため，アルコンは毎年どんどん入れ替わっていった。多くの人が順番に権力を握って政治を運営するという考え方である。裁判も，裁判官は抽選で市民から選ばれた。これを陪審制という。そして，選ばれた大人数による多数決で判決を下した。刑事裁判の場合は，有罪か無罪か，さらに有罪の場合は刑罰の量も多数決で決めていた。また，貧しい人でも，アルコンや裁判官になれるように，選ばれた人には日当が支払われていたのである。

古代のアテネのような抽選で選ぶ制度について，きみはどう考えるかな。

テストに出る！ **つまりこういうこと**

● **民主主義**…国民の意思に従って政治を行うという考え方

● **直接民主制**…国民全員が直接に政治の運営に参加するしくみ

● **間接民主制**…代表者を通じて，国民の意思を政策の決定などに反映させるしくみ
　　　　　　　代表民主制，議会制民主主義 (代議制) ともいわれる

● **権力分立制**…**三権分立**➡**立法権・行政権・司法権**に分ける➡**三権相互の抑制と均衡**

② 選挙のしくみ

民主主義の選挙には、いろいろな方法があり、それぞれに長所と短所があるよ。

> **Key Word** 制限選挙　普通選挙　平等選挙　直接選挙
> 秘密選挙　大選挙区制　小選挙区制　小選挙区比例代表並立制
> 非拘束名簿式比例代表制　ドント式　公職選挙法

(1) 民主政治と選挙権の拡大

　選挙は、政権・政治勢力および今後の政治の方向性を形成する基礎であり、民主政治にとってきわめて重要な意味をもつ。

▶ 制限選挙と普通選挙

① **制限選挙**…選挙権と被選挙権を性別や財産、身分などで制限する選挙のこと。

② **普通選挙**…一定の年齢に達した者に選挙権と被選挙権をあたえる選挙のこと。

(2) 選挙の原則

日本国憲法第15条で、国民の参政権を保障している。

▶ 民主的な選挙

① **普通選挙**…年齢制限以外の区別をしない選挙。

② **平等選挙**…一人一票の投票による選挙。

③ **直接選挙**…国民が直接候補者を選出する選挙。

④ **秘密選挙**…投票内容が秘密となる方法での選挙。

▶ 選挙区制

① **大選挙区制**…一選挙区から複数の代表を選出する方法。死票は減り、多様な意見を反映させやすいが、小党分立となり政局が不安定となる傾向がある。

② **小選挙区制**…一選挙区から一人の代表を選出する方法。選挙費用が少なくてすみ、有権者が候補者をよく知ることができる。しかし、死票を生みやすいという欠点がある。

③ **比例代表制**…各政党の得票数に応じて議席を配分する方法。死票を少なくし、国民の意思を比較的忠実に反映するが、小党分立を招きやすい。

▼ 日本の選挙権の拡大

公布年	性別・年齢 （直接国税）
1889年	男・満25歳以上 （15円以上）
1900年	男・満25歳以上 （10円以上）
1919年	男・満25歳以上 （3円以上）
1925年	男・満25歳以上
1945年	男女・満20歳以上
2015年	男女・満18歳以上

（参考）

総選挙
　衆議院議員の任期満了・解散にともなう定数全員について行われる選挙のこと。

間接選挙
　有権者が選んだ選挙人によって候補者への投票が行われる選挙制度。アメリカ大統領選挙が間接選挙である。

中選挙区
　大選挙区の中で、一選挙区から数名の代表を選出する方法を中選挙区制という。

 くわしく

死票
　落選者に投じられた票のこと。投票者の意思が議席に反映されないことから死票という。死票が無駄にならないように、議員は自分に投票しなかった人々の意見にも耳を傾けながら政治を行うことが求められる。

(3) 日本の選挙

日本の選挙には，国会議員の選挙と地方選挙がある。

① **公職選挙法**…選挙の方法，選挙区，投票・開票の手続き，選挙運動などについて定めた法律。公明適正な選挙を目指す。

② **選挙管理委員会**…選挙に関する事務を管理し，公正な選挙が行われるよう，都道府県および市区町村に置かれている。

③ **国会議員の選挙**（2021年1月現在）

	衆議院議員選挙	参議院議員選挙
任期	4年（ただし解散がある）	6年（3年ごとに半数改選）
被選挙権	満25歳以上	満30歳以上
定員	465名	248名（2022年時点）
選挙区制	※小選挙区比例代表並立制 ・小選挙区で289名 ・11選挙区で176名	・選挙区（都道府県別）147名 ・全国一選挙区の比例代表で98名 （※非拘束名簿式比例代表制）

④ **地方公共団体（地方自治体）の選挙**

選挙対象	被選挙権
都道府県知事	満30歳以上
市町村長	満25歳以上
地方議会議員（都道府県議会議員・市町村議会議員）	満25歳以上

(4) 選挙の問題点

日本では，選挙におけるさまざまな問題点がある。

① **政治的無関心**…日本では若い世代ほど投票率が低くなる傾向がある。また，**無党派層**が拡大している。

② **一票の格差**…各選挙区における有権者数と議員定数との比率に不均衡が生じている。

③ **選挙運動の変化**…公職選挙法によって**戸別訪問は禁止**され，文書配布も制限されている。また，2013年に，**インターネットを利用した選挙運動**が認められた。

連座制

選挙運動の責任者や秘書が買収などの違反をした場合，候補者の当選が無効になること。

中央選挙管理員会（総務省）

衆議院と参議院の比例代表選挙，最高裁判所裁判官の国民審査に関する事務などを管理する。

比例代表制（衆議院と参議院）

衆議院は**拘束名簿式比例代表制**。有権者は政党名で投票し，得票数に応じて各政党の登録名簿順に当選者が決まる。候補者は選挙区と比例区の両方に立候補できる。

参議院は**非拘束名簿式比例代表制**。有権者は政党名または候補者個人名で投票し，両方の得票数の合計を各政党の総得票数として議席を配分する。得票数の多い候補者から順に当選者を決める。

議席の配分は，衆議院，参議院ともにドント式による。

ドント式とは，各政党の得票数を1・2・3…と整数で割っていき，割った結果（商）の大きい順に議席を定数まで配分していく方式。

第3章 暮らしと結びついた政治

テストに出る！ つまりこういうこと

● 民主的な選挙…**普通選挙，平等選挙，直接選挙，秘密選挙**

● 選挙区制…**大選挙区制，小選挙区制，比例代表制**

● 国会議員の選挙…衆議院議員…**小選挙区比例代表並立制**（拘束名簿式）

　　　　　　　　　参議院議員…**都道府県別選挙区＋非拘束名簿式比例代表制**

議会政治において，政党のはたす役割はとても大きいよ。

③ 政党と世論

> Key Word 政党政治　二大政党制　多党制　与党　野党
> 55年体制　多党化　連立政権　世論　第四の権力　利益団体

(1) 政党政治

現代の議会政治は，政党を中心として行われており（**政党政治**），**議会制民主主義**を支えている。政党政治にはいろいろな形があり，国によってそれぞれの特徴がある。

▶政党

① **政党**…政治上の主義や主張，政策を同じくする者が，政権の獲得や政策の実現のために形成した政治集団のこと。

② **政党の役割**…国民の多様な意見や要求を政策にまとめ，国や地方の政治に反映させる。また，他の政党との討論や広報活動などを通して，政治の動きや問題点を国民に対して示している。

▶政党政治

① **政党政治**…選挙で議会の多数を占めた政党が政権を獲得し，内閣を組織する政治のこと。

② **与党**…政権を獲得した政党，および内閣に参加する政党。政権を支え政策を実現する。

③ **野党**…与党以外の政党。与党の案に対して別の案を提出したり，与党の行動を監視して行きすぎをおさえたりする。

▶政党制

① **二大政党制**… 2 つの大政党が政権を獲得し合う状態。イギリスやアメリカが代表的である。

② **多党制（小党分立制）**…小さな政党が分立している状態。フランスやイタリアが代表的である。複数の政党が協力して連立内閣を形成することが多い。

▶日本の政党政治

① **55年体制**…1955年に，分裂していた**日本社会党**が統一されると，**日本民主党**と**自由党**が団結して**自由民主党（自民党）**が結成され，長期にわたり単独政権を維持してきた。

くわしく

単独政権

選挙で多数党となった政党が単独で政権を担当すること。これに対して，複数の政党が協力して政権を担当することを**連立政権**という。

政策

政治を進める方向や，そのためにとられる具体的な手段のこと。

参考

マニフェスト

人々に対して，方針などを知らせるための文書や演説のことで，政党政治においては，政権公約・選挙公約のこと。政治への信頼，選挙への関心を高めるために，各政党が政策目標を公表し，その実現を約束することが多くなってきた。

くわしく

二大政党制

政権が比較的安定し，責任の所在が明らかになる長所をもつ。ただし，国民の多様な意見は反映されにくくなる。

イギリスは**労働党と保守党**，アメリカは**民主党と共和党**が政権を争っている。イギリスでは，野党が「**影の内閣**」を組織して，つねに対案を国民に示している。

小選挙区制は二大政党制になりやすいように，各国の政党制は選挙制度と深く結びついているよ。

② **非自民連立政権**…野党の**多党化**が進み，1993年に政権交代がおこり，非自民8党派の**連立政権**が生まれた。その後も政党の離合集散と政権交代が続き，2009年には民主党を中心とする連立政権が成立した。

③ **自民党・公明党連立政権**…2012年の総選挙で自由民主党が勝利し，公明党との連立政権となった。

(2) 世論と政治

政治や社会に関わる世論は，政治を動かす重要な力となり，現代民主政治は「**世論による政治**」といわれる。

▶ **世論とマスメディア**

① **世論**…社会一般の人々に共通する意見を世論という。

② **第四の権力**…新聞や雑誌，テレビなどの**マスメディア**は，世論の形成に大きな影響力をもっており，立法・司法・行政につぐ「**第四の権力**」とよばれる。

▶ **利益団体**

① **利益団体（圧力団体）**…政府や議会，政党などに圧力をかけ，自分たちの固有の利益追求のために，政治的要求を実現させようとする団体。労働組合，宗教団体，農業団体，経営者団体などがある。

② **利益団体の影響力**…利益団体は政権の獲得を目指すものではないが，かたよった法律や政策を策定させてしまう可能性が指摘されている。

マスメディアの問題点

マスメディアから送られる情報が，常に客観的で公正であるとは限らず，営利重視のためにかたよった情報が流される可能性もある。近年は，インターネットの拡大が権力によるマスメディアの統制をむずかしくし，世論の形成に大きな変化をもたらしている。

世論調査

社会のさまざまな問題に対して，国民がどのように考えているのかを調査すること。統計的な方法での調査・集計・分析が必要である。

世論操作

マスコミなどを利用して，世論を意図的にある目的に合致するよう誘導すること。国民は世論操作に惑わされないよう注意する必要がある。

政党と利益団体のちがいは何だろう。

テストに出る！　**つまりこういうこと**

● **政党の役割**…国民の意見や要求を政策にまとめ，国や地方の政治に反映させる。政治の動きや問題点を国民に対して示す

● **政党政治**…選挙で議会の多数を占めた政党が政権を獲得して内閣を組織する➡**与党と野党**

● **政党制**…二大政党制，多党制（小党分立制）

● **世論**…社会一般の人々に共通する意見

● **第四の権力**…新聞や雑誌，テレビなどのマスメディアのこと➡世論の形成に影響

● **利益団体**…政治的要求を実現させようとする団体

消費者としての私たち

大人になるって
どういうことな
のかな?

● 成人年齢18歳への引下げ

2018年に民法が改正され, 法律上の成人年齢が現行の「20歳以上」から「18歳以上」に引き下げられることになった。今回の民法の改正は明治以来の大改革で, 若者の積極的な社会参加を促すことを目的として行われた。

2022年4月からは, 法律上, 18歳になったら高校生でも「成人」とみなされるよ。

これにより, 18歳以上20歳未満の若者は, 可能になることが増える一方で, 消費者トラブルが増加することが懸念されている。

● 18歳成人ができることとできないこと

	2022年3月まで	2022年4月以降
 ローンやクレジットカードの契約	20歳未満は親の同意が必要	18歳でも親の同意なく契約可能に
 民事裁判を起こせる年齢	20歳未満は保護者などの代理人が必要	18歳から自分で裁判を起こせる
 パスポート	20歳未満は「5年有効」のパスポートのみ取得可能	「10年有効」も取得できる
 結婚できる年齢	男性は18歳以上,女性は16歳以上	男女とも「18歳以上」に統一
 飲酒, 喫煙,公営ギャンブル	20歳未満は禁止	健康への影響などを考慮し,「20歳未満禁止」を維持

ほかにも, 公認会計士や司法書士の資格も18歳以上から取得できるようになったよ。

◯ 婚姻届を出す
カップル。

● 消費者としての18歳成人

口約束でも，契約は
成立するよ。

（1）契約

消費者と事業者とが，おたがいに契約内容（商品の内容・価格・引き渡し時期など）について合意をすれば，契約は成立する。ただし，社会経験の少ない未成年者が保護者の同意を得ずに契約した場合には，契約を取り消す（未成年者取消権）ことができることになっている。

現在でも，未成年者取消権を行使できなくなる20歳になると，マルチ商法などの苦情相談が激増（げきぞう）する。そのため，18歳成人になると，このような問題がさらに増えることが懸念されている。

（2）クーリング・オフ制度

「契約は守らなければならない」のが原則であるが，消費者トラブルになりやすい取引については契約をやめることができる特別な制度として，クーリング・オフがある。

■若者がトラブルにあいやすい販売方法とクーリング・オフ期間

販売方法	特徴	期間
訪問販売，キャッチセールス，アポイントメントセールス	不意打ち的に勧誘される（突然路上で呼び止められる，突然電話がありよび出される）。	8日
マルチ商法（連鎖販売取引）	先輩、友人、知人から「すぐに利益が出る」，「人を紹介することでバックマージンが入る」などと誘われる。最初の名目はさまざまだが金銭的負担を求められる。	20日
継続的なサービス	語学教室・エステ・家庭教師・塾など7業種。自分から店へ行って契約した場合も可能。	8日

（消費者庁資料）

（3）クレジットカード

クレジットカードを利用すると，手元に現金がなくても，銀行口座に預金がなくても買い物ができる。しかし，クレジットカードで収入を考えずに多額の商品を買い込み，返済に困る若者が多くいる。

クレジットカードは便利だけど，慎重に計画的に使う必要があるね。

2 国の政治

4 国会の地位・種類

Key Word 国権の最高機関　唯一の立法機関　二院制
両院協議会　衆議院の優越　不逮捕特権　免責特権　常会
臨時会　特別会

(1) 国会の地位

憲法第41条で，国会は「**国権の最高機関**」であり「**唯一の立法機関**」であると定めている。日本では，衆議院と参議院の**二院制**がとられている。

▶ **国会**

① **国民の代表機関**…憲法第43条で，両議院（国会）は「全国民を代表する選挙された議員でこれを組織する」とし，国会が国民の代表機関であるとしている。

② **国権の最高機関**…国会は，主権者である国民の意思を最もよく反映する機関である。したがって，国権の最高機関と定められている。

③ **唯一の立法機関**…主権者である国民を代表する国会は，国民を拘束する法律を制定できる唯一の機関と定められている。

▶ **二院制（両院制）**

① **二院制**…議会が2つの議院から構成されている制度。日本は**衆議院**と**参議院**の二院制である。

	任期	特徴
衆議院	4年 （解散がある）	両院の中で，より新しい国民の意見を代表している
参議院	6年 （3年ごとに半数改選）	衆議院の行きすぎを抑制し均衡を保つ「**良識の府**」としての役割が期待される

② **二院制の長所**…国民の意思を問う機会を多くするとともに，政策・法律案などが慎重に審議される。

▶ **衆議院の優越**

① **衆議院のみの権限**…**予算の先議権**や**内閣不信任決議権**。

くわしく

立法
　法律を制定すること。その権限である立法権は，多くの国で議会にあたえられている。

国会中心主義
　国民の選挙によって選ばれた全国民を代表する議員により構成される国会が，国政の最高で中心的な地位を占めるという，憲法で定められた日本の体制をさす言葉。

選挙制度の異なる二つの議院をおくことで，国民の幅広い意見が国会に反映できるよ。

くわしく

両院協議会
　衆議院と参議院の議決が異なるときに開かれる。案件が予算の議決，条約の承認，内閣総理大臣の指名のときには必ず開かれる。

議決の優越（衆議院）
・法律案の議決
　両院の議決が異なる場合，衆議院で審議をやり直し，出席議員の3分の2以上の賛成で再び可決した場合，法律として成立する。衆議院が可決した後，60日以内に参議院が議決を行わないと，参議院は否決したものとみなされる。

・内閣総理大臣の指名
　両院の指名が異なり，両院協議会でも調整ができないとき，および衆議院の指名後10日以内に参議院で指名が行われないときには，衆議院の指名が国会の議決となる。

・予算の議決および条約の承認
　両院の議決が異なり，両院協議会で調整ができない場合，衆議院の議決が国会の議決となる。

② **議決の優越**…法律案・内閣総理大臣の指名・予算の議決・条約の承認の議決において，衆議院が優越する。

▶ **国会議員の特権**

① **不逮捕特権**…国会議員は，国会の会期中は議院の許可なく逮捕されないという特権をもつ。

② **免責特権**…国会議員は，議会で行った演説・討論・表決について，院外で責任を問われない特権をもつ。

(2) 国会の種類

国会には，基本的には３つの種類があり，それぞれ審議する内容や召集の形が異なっている。また，衆議院解散時に参議院の緊急集会が開かれることがある。

① **常会（通常国会）**…**予算審議**を中心に毎年１月に召集され，**会期は150日**である。両院一致の議決により，１回に限り延長することができる。

② **臨時会（臨時国会）**…国政や外交上の緊急の問題が発生した場合に，必要に応じて召集される。内閣が召集を決めるが，いずれかの議院の総議員の４分の１以上の要求があったときには，内閣は臨時会を召集しなければならない。

③ **特別会（特別国会）**…衆議院の解散による総選挙の日から30日以内に召集される国会で，**内閣総理大臣の指名**が主な議題である。

● 衆議院本会議の様子

参議院の緊急集会

　衆議院が解散されると参議院は同時に閉会となり，国会の活動が停止する。その際，緊急に国会を召集する必要が生じた場合に，内閣は参議院の緊急集会を召集することができる。緊急集会でとられた措置は，次の国会開会後，10日以内に衆議院の同意を得られなければその効力を失うことになる。

テストに出る！　つまりこういうこと

● **国会の地位**…**国民の代表機関**➡「**国権の最高機関**」「**唯一の立法機関**」

● **二院制（両院制）**…選挙制度の異なる２つの議院をおく➡国民の幅広い意見を反映

● **衆議院**…任期４年，解散がある➡より新しい国民の意見を代表している

● **参議院**…任期６年➡衆議院の行きすぎを抑制し均衡を保つ➡「**良識の府**」としての役割

● **衆議院の優越**

　衆議院のみの権限…**予算の先議権・内閣不信任決議権**

　議決の優越…**法律案・内閣総理大臣の指名・予算の議決・条約の承認**の議決

● **国会議員の特権**…**不逮捕特権・免責特権**

● **国会の種類**…**常会（通常国会），臨時会（臨時国会），特別会（特別国会），参議院の緊急集会**

本会議や予算委員会はテレビで中継されることが多いので，見てみよう。

Key Word 本会議　委員会　法律の制定　予算の議決　衆議院の予算先議権　条約の承認　憲法改正の発議　内閣総理大臣の指名　内閣不信任　国政調査権　弾劾裁判所

(1) 国会の運営

　法案などの実質的な審議は，両院に設置された委員会で行われ，委員会で採決されたのちに本会議で議決される。

▶本会議

① **本会議**…各議院の議員全体の会議，それぞれ衆議院本会議・参議院本会議とよばれる。

② **定足数**…総議員の**3分の1以上の出席**で成立（定足数）し，**公開が原則**となっている。

③ **議決**…本会議の議決は，**出席議員の過半数**の多数決をもって行われ，可否同数の場合には議長が決する。特別な場合の議決は別の定めがある。

④ **秘密会**…国会は公開が原則であるが，特に必要がある場合に，傍聴を禁じて非公開で開く場合がある。

▶委員会

① **委員会**…国会での審議が慎重に，また能率的に行われるように，両議院に少数の議員で構成される委員会がおかれ，詳細な調査や審議が行われる。

② **常任委員会**…予算委員会や法務委員会など，衆参両議院にそれぞれ17の委員会がある。すべての議員がいずれかの委員会に所属している。

③ **特別委員会**…会期ごとに必要に応じて設けられる。

④ **公聴会**…学識経験者や参考人から意見をきく。

(2) 国会の仕事

　国会は「**国権の最高機関**」であり，「**国の唯一の立法機関**」である。**立法権**を中心に**行政監督権**や**司法への権限**，**財政監督権**など，多くの権限があたえられている。

くわしく

本会議の議決の特例

　衆議院における**法律案の再議決**や**秘密会の開催**，**議員の除名**など特別な場合の議決には，出席議員の**3分の2以上**の賛成が必要である。

　また，**憲法改正の発議**のためには，**各議院の総議員の3分の2以上**の賛成が必要である。

▼ 国会の機関

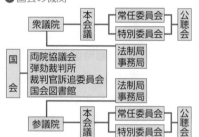

◆ 常任委員会

衆　議　院	人数	参　議　院	人数
内閣委員会	40	〃	20
総務委員会	40	〃	25
法務委員会	35	〃	20
外務委員会	30	外交防衛委員会	21
安全保障委員会	30	－	－
財務金融委員会	40	財政金融委員会	25
文部科学委員会	40	文教科学委員会	20
厚生労働委員会	40	〃	25
農林水産委員会	40	〃	20
経済産業委員会	40	〃	21
国土交通委員会	45	〃	25
環境委員会	30	〃	20
国家基本政策委員会	30	〃	20
予算委員会	50	〃	45
決算行政監視委員会	40	決算委員会	30
－	－	行政監視委員会	30
議院運営委員会	25	〃	25
懲罰委員会	20	〃	10

〃はその左欄の衆議院と同名の委員会，「－」はなし

▶ 法律の制定

① **法律案（法案）の提出**…**内閣**もしくは**議員**は，法律案を衆参いずれかの議長に提出できる。

② **審議と採決**…委員会で審議され可決された法律案は，本会議で審議，採決される。

▶ 予算の議決

① **予算案**…**内閣府**の方針をもとに**財務省**が予算原案を作成，閣議の検討，修正を経て，内閣の予算案となる。

② **衆議院の予算先議権**…予算案は，先に衆議院で審議される。その後，参議院で審議される。両議院の議決が異なる場合には，**衆議院の優越**が認められる。

▶ 行政監督権

① **内閣総理大臣の指名権**…両議院の議決が異なるときは，**衆議院の優越**が認められる。**任命は天皇の国事行為**である。

② **内閣不信任決議権**…衆議院は，内閣を不信任とすることができる。衆議院だけにあたえられる権限である。

③ **国政調査権**…国会は，内閣の行う国政について調査を行い，証人の出頭および証言・記録の提出を要求することができる。

▶ 司法に対する権限

① **弾劾裁判所**…国会は，弾劾裁判所（～P.82）を設置し，その結果により裁判官を罷免することができる。

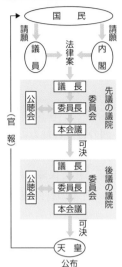

▼法律の制定

 くわしく

条約の承認

　国会は，内閣の締結した条約について，事前または事後に承認する権限を有している。両議院の議決により条約は承認され，内閣の**批准**によって条約が確定する。

憲法改正の発議（～P.39）

　各議院の総議員の3分の2以上の多数の賛成で憲法改正を発議できる。どちらかの議院が，賛成3分の2以上に満たない場合には，憲法改正は発議できない（**両院対等**）。

内閣不信任

　内閣は，衆議院で不信任とされたとき，10日以内に衆議院を解散するか，総辞職をしなければならず，衆議院解散の日から40日以内に総選挙を行い，総選挙の日から30日以内に特別会を召集しなければならない。

財政監督権

　国会は，予算の議決，予備費の議決，皇室経費の議決，決算の審査など財政に対する権限をもつ。

衆参両院は，議院内部の組織や規律について，自主的に決定する権限(議院の自立権)をもっているよ。

テストに出る！ **つまりこういうこと**

● **本会議**…公開が原則，定足数…**総議員の3分の1以上の出席で成立**

● **委員会**…常任委員会，特別委員会，**公聴会**

● **国会の仕事**…法律の制定，予算の議決…**衆議院に予算先議権**がある
　行政監督権…内閣総理大臣の指名権，内閣不信任決議権，国政調査権
　司法に対する権限…弾劾裁判所➡国会は弾劾裁判の結果により裁判官を罷免できる

⑥ 内閣のしくみ・議院内閣制

Key Word 行政権 議院内閣制 下院 内閣総理大臣
国務大臣 文民 内閣府 省 外局 庁 行政委員会

(1) 行政権と議院内閣制

行政権は，国会によって制定された法律や予算を具体的に執行していく権限のことであり，国の行政と地方の行政がある。

▶ **行政権**

① **国の行政**…外交や経済政策，社会保障，教育，公共事業，環境保全などの仕事がある。日本の行政権は内閣に属している（憲法第65条）。

② **内閣**…内閣は，**内閣総理大臣と国務大臣**から構成され，行政に関する多くの機関を指揮・監督し，国政を行っている。

▶ **議院内閣制**

① **議院内閣制の始まり**…18世紀のイギリスで，議会の信任を得られなくなった内閣が，総辞職したことから議院内閣制が始まった。

② **議院内閣制**…議会の信任によって内閣が成立する制度である。内閣が議会に対して**連帯責任**を負うことから，**責任内閣制**ともいう。

③ **下院**…議院内閣制では，通常，下院の第一党の党首が議会において内閣総理大臣に選ばれ，**政党内閣**が形成される。

▶ **日本の議院内閣制**

① **連帯責任**…憲法第66条に「内閣は，行政権の行使について，国会に対し連帯して責任を負ふ」と規定されている。

② **内閣不信任**…内閣不信任案を国会（衆議院）が議決したときには，内閣は**10日以内に衆議院を解散**するか，総辞職をしなければならない（憲法第69条）。

(2) 内閣のしくみ

内閣は**内閣総理大臣**と**国務大臣**で構成され，**内閣府や省，外局**（庁・行政委員会など）が仕事を分担して担当している。

くわしく

下院

イギリスでは，貴族など選挙によらない議員で構成される**上院（貴族院）**に対して，選挙で選ばれた議員で構成される議会を**下院（庶民院）**とよぶ。民主主義の進展とともに，下院の権限が強められてきた。

両院の議員とも選挙で選出する日本では，任期が短く解散がある衆議院が下院に相当するよ。

● 議院内閣制

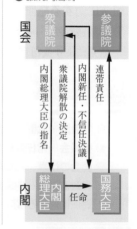

▶大臣

① **内閣総理大臣**…内閣の首長で，行政の最高責任者であり，首相または総理ともよばれる。文民(非軍人)の国会議員の中から，国会の議決によって指名され，天皇によって任命される。

② **国務大臣**…内閣総理大臣によって任命されるが，全員**文民**であり，**過半数は国会議員**でなければならない。民間から大臣が選ばれることもある。

▶行政機関

① **内閣府**…各省より一段高い立場から企画立案，総合調整を行う。

② **省**…財務省や外務省など，それぞれの行政を分担管理する。各省には，政治主導の政策決定を補助するため，副大臣および大臣政務官がおかれている。

③ **外局**…府省のもとに**庁**や**行政委員会**などの外局がある。独立性の高い分野や専門的な分野，政治的中立が必要な分野，事務量の多い分野などを担当している。

▼内閣の主な行政機関

```
内閣 ─┬─ 内閣府 ─┬─ 防衛省
      │  ・特命担当大臣 ├─ 国家公安委員会 ─ 警察庁
      │  ・少子化社会対策会議 ├─ 金融庁
      │  ・消費者政策会議 など ├─ 宮内庁
      │                      ├─ 公正取引委員会
      ├─ 内閣官房           ├─ 総務省 ─┬─ 消防庁
      │                      │         └─ 中央選挙管理会
      ├─ 安全保障会議       ├─ 法務省
      │                      ├─ 外務省
      ├─ 内閣法制局         ├─ 財務省 ─ 国税庁
      │                      ├─ 文部科学省 ─ 文化庁
      └─ 人事院             ├─ 厚生労働省 ─ 中央労働委員会
                             ├─ 農林水産省
   会計検査院               ├─ 経済産業省 ─┬─ 特許庁
                             │             └─ 中小企業庁
                             ├─ 国土交通省 ─┬─ 気象庁
                             │             ├─ 海上保安庁
                             │             ├─ 観光庁
                             │             └─ 国土地理院
                             └─ 環境省
```

くわしく

国務大臣の人数

国務大臣は，内閣総理大臣をのぞき，14人以内(特別に必要がある場合は17人以内)とされている。ただし，復興庁および東京オリンピック競技大会・東京パラリンピック競技大会推進本部がおかれている間は19人以内となっている。

内閣官房

内閣を補助する機関で，重要政策に対する情報の収集・調査や閣議の案件の整理などを行う。

行政委員会

特に政治的な中立性が求められる分野に設置される。人事院，公正取引委員会，中央労働委員会などがある。

(**参考**)

復興庁

東日本大震災からの復興を目的として，内閣のもとに2012年に設置された。設置期間は2021年までであったが，10年間延長されることになり2031年までとなった。

第**3**章
暮らしと結びついた政治

テストに出る！ **つまりこういうこと**

● **内閣**…内閣は，内閣総理大臣と国務大臣から構成される

● **議院内閣制**…内閣が議会に対して**連帯責任**を負う➡**責任内閣制**

衆議院(下院)…**第一党の党首**が内閣総理大臣に選ばれる➡**政党内閣**

● **内閣総理大臣**…内閣の首長，行政の最高責任者➡**首相または総理**ともよばれる

● **国務大臣**…内閣総理大臣が任命(全員**文民**)，**過半数は国会議員**

● **行政機関**

内閣府…各省より一段高い立場から企画立案，総合調整を行う

省…それぞれの行政を分担管理する。各省副大臣および大臣政務官がおかれる

❼ 内閣の仕事・行政の課題

🔑 Key Word 法律の執行　予算作成と執行　法律案の提出
政令の制定　小さな政府　行政国家　行政改革　規制緩和

(1) 内閣の権限と仕事

　内閣には広範な行政権があり，行政の最高責任者である内閣総理大臣は，各行政機関の指揮・監督や国務大臣の任免などの権限をもっている。

▶ 内閣の権限

① **内閣の仕事**…一般行政事務，**法律の執行**，**法律案の提出**，**予算の作成**，国会が議決した**予算の執行**，条約の締結など。

② **内閣の権限**…恩赦の決定，**天皇の国事行為に対する助言と承認**，参議員の緊急集会の召集，政令の制定など。

③ **国会の召集**…天皇の国事行為だが「内閣の助言と承認」によるので，実質的には決定する権限が内閣にある。

④ **衆議院の解散の決定**…天皇の国事行為だが，「内閣の助言と承認」によるので，実質的には決定する権限が内閣にある。重大な国政問題で国民の意思を問うときに解散することがある。

▶ 内閣総理大臣の仕事

① **行政機関の指揮・監督**…行政の最高責任者として，各行政機関を指揮・監督し，**国務大臣の任免**（任命と罷免）を行う。

② **議案の提出**…内閣を代表して議案を国会へ提出する。

③ **国会への報告**…国務，外交関係について国会に報告する。

④ **閣議の主宰**…国務大臣を集めて**閣議**を主宰する。

(2) 行政と公務員

　現代の国家は，社会問題の複雑化・多様化に対応して，**行政機関が肥大化**してきた。このような**大きな政府**は，効率や財政面で問題があるだけでなく，民主政治の機能が働きにくくなる。そこで，**行政改革**や**規制緩和**が行われてきた。

🔽 閣議の様子

 くわしく

閣議

　内閣総理大臣が主宰し，すべての国務大臣の出席で開かれる会議で，全員一致をもって決定される。閣議の種類には，週1～2回，日を定めて開かれる定例閣議，必要に応じて総理大臣が召集する臨時閣議などがある。

衆議院の解散

　内閣不信任案を衆議院が可決したときは，内閣は10日以内に衆議院を解散するか，総辞職する。衆議院を解散したときは，解散の日から40日以内に総選挙を行い，総選挙の日から30日以内に特別会を召集しなければならない。

衆議院が解散される場合，憲法第7条（天皇の国事行為）に基づいて行われる場合が多いんだよ。

▶ 小さな政府と大きな政府

	背景	仕事	税金	別のよび方
小さな政府 (消極国家)	個人の尊重 自由への要求	国防・治安維持 に限定	少ない	夜警国家
大きな政府 (積極国家)	さまざまな社会 問題への対応	社会保障・公共 事業など	多い	福祉国家 行政国家

▶ 行政改革

① **スリム化**…行政組織をスリム化し，国民の負担を軽減するよ
うな**小さな政府**を目指す。

② **中央省庁の再編**…1府22省庁あった中央省庁が，2001年の
再編で**1府12省庁体制**となった（2012年から**復興庁**新設に
より1府13省庁）。

③ **規制緩和**…民間の活力を生かすとともに，行政の規模の拡
大をおさえ，効率を高める。

▶ 公務員

① **公務員**…国または地方公共団体の仕事を実際に行う職員の
こと。**国家公務員**と**地方公務員**がある。

② **全体の奉仕者**…憲法**第15条**で「すべて公務員は，**全体の奉
仕者**であつて，一部の奉仕者ではない」と定めており，**政治
的に中立**な立場で職務を行うことが求められている。

③ **行政権の優越**…行政権が拡大すると，内閣や**官僚**（公務員）
の権限が強まり，国会に優越する危険性が生じてくる。こ
れを立法権に対する**行政権の優越**という。

くわしく

規制緩和

　行政機関がもっている，さまざまな許可や認可を行う権限（許認可権）を廃止したり，ゆるめたりすること。

おもな規制緩和
・タクシー台数の制限撤廃
・電力自由化
・電気通信事業の開放
・農業への株式会社参入
・郵便事業の民間開放
・労働者派遣法の緩和
・建築基準検査機関の民間開放
・医療機関の広告規制の緩和
・幼稚園と保育所の連携の推進

行政権の優越

　内閣提案立法の増加，許認可権行使，行政裁量の量・範囲の拡大などにより引き起こされる。

（参考）
人事院

　国家公務員の人事行政の公正かつ能率的な運用事務を行う行政委員会。人事院は国家公務員の給与・労働条件などの改善に関して国会や内閣に勧告を出す（**人事院勧告**）。これは，公務員の団体交渉や争議行為の制約に対する代償の措置とされる。

テストに出る！ **つまりこういうこと**

● **内閣の仕事**…行政事務，法律の執行，法律案の提出，予算の作成と執行，条約の締結

● **内閣の権限**…恩赦の決定，天皇の国事行為に対する助言と承認，
　　　　　　　　参議員の緊急集会の召集，政令の制定，国会の召集・衆議院の解散の決定

● **内閣総理大臣の仕事**…行政機関の指揮・監督，国務大臣の任免，議案の提出

● **行政改革**…行政組織のスリム化➡**小さな政府**を目指す
　　　中央省庁の再編（2001年）➡ 1府12省庁（2012年から1府13省庁）

● **規制緩和**…民間の活力を生かし，効率を高める

● **公務員**…公務員は**全体の奉仕者**（憲法第15条）➡政治的に中立な立場

⑧ 司法権と裁判所のしくみ

Key Word 司法権の独立　三審制　最高裁判所　高等裁判所
地方裁判所　家庭裁判所　簡易裁判所　違憲審査権

裁判は，予約なしにだれでも（中学生でも）傍聴することができるよ。

(1) 司法権と裁判所

▶司法権

① **法**…社会の決まり（社会規範）の一つで，社会を維持し発展させるために一定の強制力をもつもの。現代では，国民の生命，自由，財産などの権利を守る大切な役割をはたしている。

② **司法権**…公平な立場で，法に照らして事件や紛争を解決し，基本的人権や利益の侵害を救済・回復し，損害を補償させ，罪を罰していく権限のこと。

③ **裁判所**…憲法第76条は「すべて司法権は，**最高裁判所**及び法律の定めるところにより設置する**下級裁判所**に属する」と規定し，司法権が裁判所に属することを明記している。

▶司法権の独立

① **司法権の独立**…裁判所が，国会や内閣などからの干渉や圧力を受けずに，独立して公平で公正な裁判ができる原則のこと。

② **裁判官の独立**…司法権の独立を守るために，「すべて裁判官は，その良心に従ひ独立してその職権を行ひ，この憲法及び法律にのみ拘束される」（憲法第76条）と規定されている。

③ **裁判官の身分保障**…裁判官の独立を保障するために，裁判官は心身の故障や**公の弾劾**による場合を除いて辞めさせられることはない（憲法第78条）。

(2) 裁判所のしくみ

日本は**三審制**をとっている。裁判は，通常第一審の**地方裁判所**，**家庭裁判所**，**簡易裁判所**で行われ，不服がある場合に控訴，上告が行われ，**高等裁判所**や**最高裁判所**で争われる。

参考

裁判の公開

「裁判の対審及び判決は，公開法廷でこれを行ふ」（憲法第82条）。国民の監視のもとで公平な裁判が行われ，裁判に対する国民の信頼を高めようとするものである。

くわしく

裁判官が罷免される場合
(1)**公の弾劾**…国民または国会が，裁判官の憲法違反や重大な非行を追及し，弾劾によって罷免される場合。
(2)**最高裁判所の裁判官の国民審査**…任命後初めて行われる衆議院総選挙の際に行われる国民審査（その後は10年ごと）で多数が不信任とした場合。

三審制
　裁判を原則3回まで受けることを認める制度であり，裁判を慎重に行い，誤りを防ぎ，国民の権利や自由を守ることを目的とした制度である。

▼三審制のしくみ

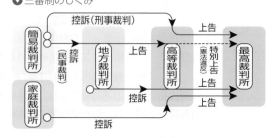

▶ 最高裁判所

① **最高裁判所**…司法権の最高機関であり，最終的な判断を下す**終審裁判所**。

② **憲法の番人**…裁判所には，**違憲審査権**があたえられており，終審裁判所である最高裁判所は，「**憲法の番人**」とよばれる。

▶ 下級裁判所

① **高等裁判所**…地方裁判所，家庭裁判所，簡易裁判所から**上訴**された事件を扱う**第二審裁判所**である。内乱罪のような政治的な刑事事件などについては第一審となる。

② **地方裁判所**…通常の**第一審裁判所**である。

③ **家庭裁判所**…家族間の争いの調停・審判，少年事件の保護措置などを行う。

④ **簡易裁判所**…請求額が少ない民事事件や罪の軽い事件を扱う。話し合いで解決する民事調停の制度もある。

くわしく

最高裁判所の構成
　最高裁判所は**15名**（長官１名と裁判官14名）で構成されている。

違憲審査権（違憲立法審査権，法令審査権）
　国会の立法や内閣の行為が憲法に違反していないかどうかを審査する裁判所の権限。

上訴
　裁判の判決に不服の場合，さらに上級の裁判所に訴えること。

控訴
　第一審裁判所の判決に不服の場合，第二審裁判所に上訴すること。

上告
　第二審裁判所の判決に不服の場合，第三審裁判所に上訴すること。

❷ 裁判所の組織

		裁判所	裁判所数	性格	合議の裁判官数および特徴
国民審査 天皇（任命・任命）→ 長官(1名) 裁判官(14名)		最高裁判所	1か所（東京）	終審裁判所	大法廷（15名全員）小法廷（通常5名：3名以上）
指名	裁判官名簿 指名	下級裁判所			
		高等裁判所	8か所	第二審裁判所（原則）	3名の裁判官の合議制　特別の場合は5名
		地方裁判所	50か所	第一審裁判所（原則）	単独裁判官　特別の場合は3名
内閣（任命）→ 裁判官		家庭裁判所	50か所	家事事件少年事件　など	単独裁判官 家事審判・家事調停・少年保護，円満解決・将来を展望した解決
		簡易裁判所	438か所	少額・軽い罪の訴訟事件	単独裁判官　調停制度もある

テストに出る！ **つまりこういうこと**

● 裁判所…司法権は，**最高裁判所**および**下級裁判所**に属している（憲法第76条）

● 司法権の独立…裁判所は，国会や内閣などから干渉や圧力を受けない

● 裁判官の独立…「すべて裁判官は，その良心に従ひ独立してその職権を行ひ，この憲法及び法律にのみ拘束される」（憲法第76条）

● 裁判官の身分保障…裁判官は心身の故障や公の弾劾による場合を除いて辞めさせられることはない（憲法第78条）

● 裁判所の構成
　　最高裁判所…司法権の最高機関であり，最終的な判断を下す**終審裁判所**
　　下級裁判所…高等裁判所，地方裁判所，家庭裁判所，簡易裁判所

● 違憲審査権…終審裁判所である最高裁判所➡「**憲法の番人**」

9 裁判の種類と人権・違憲審査権

🔑 **Key Word** 　民事裁判（みんじさいばん）　刑事裁判（けいじさいばん）　司法制度改革（しほうせいどかいかく）

裁判員制度（さいばんいんせいど）　違憲審査権（いけんしんさけん）

(1) 裁判の種類

　裁判には個人や団体の争いを扱う**民事裁判**と，刑事事件を扱う**刑事裁判**がある。また，**行政裁判**（ぎょうせい）は民事裁判の一種である。

① **民事裁判**…お金の貸し借り，土地の売買，相続など家族関係や経済的関係（けいざい）の争いについての裁判。

② **刑事裁判**…窃盗（せっとう）・詐欺（さぎ）・強盗（ごうとう）・放火・殺人・傷害など刑法（けいほう）に定める犯罪行為についての裁判。

(2) 司法制度改革

　日本の裁判は時間と費用が多くかかり，利用しづらいといわれてきた。そこで，司法制度改革が行われた。

① **法科大学院（ロースクール）**…法律家を育成する大学院。法学部出身者以外の人や社会人も入学可能とする。

② **被害者参加制度**（ひがいしゃ）…犯罪被害者や家族が裁判に参加できる制度。

③ **裁判員制度**…国民が裁判に参加する制度（2009年から実施（じっし））。**重大な刑事事件**について，国民から選ばれた**裁判員**が裁判官とともに審理（しんり）し，無罪か有罪か，有罪のときは刑罰（けいばつ）の内容を決める。

🔻 裁判員制度のしくみ

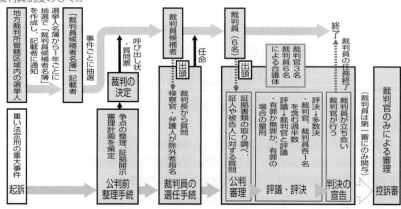

📖 **くわしく**

行政裁判（ぎょうせい）
　国や地方公共団体によって国民の権利が侵害（しんがい）されたときに，その取り消しなどを請求する裁判。

原告と被告（げんこく）（ひこく）
　裁判所に訴えた者を原告，訴えられた者を被告という。

調停（ちょうてい）
　民事裁判を仲裁（ちゅうさい）して解決する方法。調停は話し合いでの双方歩み寄りによる解決を目指すもので，強制力をともなう判決ではない。

刑事裁判の流れ
　犯罪が起こると警察は犯罪の疑いのある者（**被疑者**（ひぎしゃ））を逮捕（たいほ）する。**検察官（検事）**（けんさつかん）（けんじ）は，被疑者を取り調べたうえで，犯罪者であると判断したときは，裁判所に**起訴**する。起訴された被疑者は**被告人**（ひこくにん）となり，裁判官は，被告人・検察官・弁護人（べんごにん）・証人の申し立てをよく聞いたうえで，真実を見きわめて判決を下す。

裁判官・弁護士・検察官のほとんどは司法試験の合格者だよ。

(3) 裁判と人権

　裁判は基本的人権を守る重要な役割をはたしている。一方，裁判によって人権が侵害されることがないように，さまざまな制度がある。

① **弁護人**…裁判において，当事者の主張を代弁し，被告人の人権を守るなどの役割をはたす。通常は**弁護士**に依頼する。

② **国選弁護人**…刑事裁判において，費用が払えないなどで弁護士を依頼できない場合に国選弁護人を依頼できる。

③ **法律扶助制度**…民事裁判において，弁護士などの裁判費用の立て替え，無料の法律相談を受けることができる制度。

④ **冤罪（無実の罪）の防止**…**令状主義**，**黙秘権**，**法定手続きの保障**など（→P.50）が憲法に明記されており，基本的人権を守るとともに冤罪（無実の罪）を防止している。

(4) 違憲審査権

　憲法は**国の最高法規**であるので，法律・命令・規則・処分などは憲法の内容に反してはならない。

① **違憲審査権**…国会の立法や内閣などの行政の行為が，憲法違反でないかどうか審査し判断する裁判所の権限。**違憲立法審査権**，**法令審査権**ともいう。**具体的な事件**の裁判の中で行われ，違憲であればその法律や規則などは無効となる。

② **統治行為論**…自衛隊や日米安全保障条約に関する裁判では，**高度な政治性**をもつ内容なので司法審査の対象から除外するという考え方が採用されてきた。

参考
再審
　判決が確定し上訴できなくなった後に，判決の重大な欠陥などから裁判のやり直しをすること。

> 戦後も，多くの冤罪事件が起っているよ。

● 最高裁判所の下した
　主な違憲判決

年	事例
1973	尊属殺人の重罰規定
1985	衆議院議員定数配分規定
2005	在外日本人選挙権制限規定
2008	婚外子の国籍取得規定

テストに出る！　**つまりこういうこと**

● **民事裁判**…個人や団体の争いを扱う　　● **刑事裁判**…殺人や傷害などの刑事事件を扱う

● **司法制度改革**…法科大学院（ロースクール），被害者参加制度，裁判員制度

● **国選弁護人**…刑事裁判➡弁護士を依頼できない場合に**国選弁護人**を依頼できる

● **法律扶助制度**…民事裁判➡裁判費用の立て替え，無料の法律相談など

● **冤罪の防止**…令状主義，黙秘権，法定手続きの保障などを憲法に明記

● **違憲審査権**…違憲であればその法律や規則などは無効

図解で確認

裁判員制度とは

いつか自分も裁判員に選ばれるかもしれないよ

● 裁判員制度の概要

司法制度改革により，2009年から裁判員制度が始まった。これは，一般の市民が殺人や強盗致死傷といった重大な事件の刑事裁判に参加し，被告人が有罪か無罪か，有罪だとしたらどのような刑罰がいいのかを，裁判官とともに決める制度である。

国民が刑事裁判に参加することにより，裁判が身近で分かりやすいものとなり，司法に対する信頼の向上につながることが期待されているよ。

● 裁判員制度による裁判の流れ

起訴

↓

公判前整理手続	裁判官，検察官，弁護人が集まって話し合い，公判での争点を明確にしたり，証拠をしぼりこんだりする。

裁判員の選任

20歳以上の選挙権をもつ国民の中からくじと面接によって選ばれる。

↓

裁判員の参加する過程

公判	通常，6人の裁判員と3人の裁判官によって行われる。被告人や証人の話を聞いたり，証拠を調べたりし，必要があれば質問する。

↓

評議	裁判員と裁判官が，被告人が有罪か無罪か，有罪だとしたらどんな刑にするべきかを話し合い決定する。意見がまとまらない場合，多数決で決定するが，多数の側に1人の裁判官がふくまれる必要がある。

↓

判決	裁判員と裁判官が法廷に戻り，裁判長が被告人に判決を言い渡す。

●裁判員が選ばれるまで

前年の秋ごろ，くじで選ばれた「裁判員候補者」の名簿が作成され，候補者へ通知票が送付される。候補者になってもすぐに裁判に参加するわけではなく，さらに，事件ごとにくじで選出される。

裁判員に選ばれたら，70歳以上の人，重い病気や家族の介護，重要な仕事などでどうしても都合がつかない場合を除いて辞退できないことになっているよ。

●裁判員の守秘義務

裁判員には評議の内容を話してはいけない守秘義務があり，違反した場合には「6か月以下の懲役あるいは50万円以下の罰金(ばっきん)」が科される。罰則(ばっそく)が重い，国民の「知る権利」やマスコミなどの「表現の自由」に反するのではという意見もある。

対象外	●裁判員としての感想 ●判決の内容 ●公開の法廷で見聞きしたこと
対象	●評議の秘密 ●評議の過程 ●評議での意見の内容 ●評決での多数決の内訳 ●その他職務上知り得た秘密 ●事件関係者のプライバシー ●裁判員の名前

●裁判員制度に参加した人の感想

次の図は，裁判員に選ばれた人の，選ばれる前の気持ちと裁判に参加した後の感想を示したものである。

裁判員に選ばれる前の気持ち

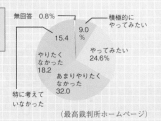

（最高裁判所ホームページ）

裁判員が選ばれるまで

●前年秋ごろ

裁判員候補者名簿の作成

20歳以上，選挙権のある人の中からくじで毎年，無作為に選ばれ，「翌年の裁判員候補者」になる

●前年11月ごろ

候補者への通知・調査票の送付

 辞退申し立て(可)

事件ごとにくじ引き

 当選 ハズレ 候補期間中は別の事件で選ばれる可能性がある。

●選任手続期日の6〜8週間前

呼出状（選任手続期日のお知らせ）の送付

 辞退申し立て(可)

裁判所

候補者から裁判員を選ぶための選任手続

くじ引き 辞退申し立て(可)

当選 ハズレ この時点で辞退した人とハズレた人は候補名簿から除外＝別の事件で選ばれる可能性はない。

選任手続期日

裁判員6名＋補充裁判員が決定!!

やりたくなかった人の多くが，裁判参加後によい経験と感じていることが読み取れるね。

裁判員として裁判に参加した感想

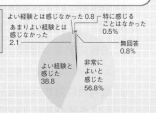

（最高裁判所ホームページ）

⑩ 三権の抑制と均衡

🔑 Key Word 権力分立 三権分立 立法権 行政権
司法権 大統領制 議院内閣制 抑制と均衡

(1) 三権分立

国家の政治権力を，独立した複数の機関に分散させ，権力の集中と濫用を防止する考えを権力分立論という（→P.34）。

① **三権分立**…**立法権・行政権・司法権**を分立させ，相互の抑制と均衡により権力の絶対化を防ぐ。**モンテスキュー**が唱えた。

② **大統領制**…アメリカは厳格な三権分立制度をとっている。**大統領（行政権）**は，**連邦議会（立法権）**から完全に独立しており，議会への法案提出権や解散権をもっていない。

(2) 日本の三権分立

日本の政治制度は**議院内閣制**をとっており，立法権は国会，行政権は内閣，司法権は裁判所がそれぞれ担当している。

① **議院内閣制**…**国権の最高機関**である国会の信任に基づいて内閣が成立し，内閣は国会に対して**連帯責任**を負う。また，日本は**国会中心主義**であり，厳密には三権は対等ではない。

② **司法権**…裁判所は国会からも内閣からも独立し，国会が制定した法律や内閣の行政に対する違憲審査権をもっている。

(3) 国会・内閣・裁判所

▶ **国会**
① **内閣に対する権限**…内閣総理大臣の指名（任命は天皇の国事行為），内閣不信任決議権，国政調査権。
② **裁判所に対する権限**…弾劾裁判所の設置。

▶ **内閣**
① **国会に対する権限**…国会の召集の決定，衆議院の解散の決定，参議院の緊急集会の召集。
② **裁判所に対する権限**…最高裁判所長官の指名，最高裁判所長官以外の裁判官の任命，下級裁判所裁判官の任命。

三権分立は，民主政治の安定のためには欠かすことのできない制度だよ。

📖 くわしく

アメリカの大統領
法案への署名拒否権（議会の可決した法案を拒否する権利）や，**教書**（国政全般にわたる報告と必要な法案や予算の審議を勧告する文書）を議会へ送付する権利をもつ。

三権分立制の比較
日本の三権分立制を欧米と比べると，イギリス型とアメリカ型の中間型といえる。議会と政府の関係はイギリス型の議院内閣制で，裁判所についてはアメリカ型の司法権の独立と違憲立法審査権をもつしくみである。

日本の三権分立の現状
議員が提出する法律案より内閣が提出する法律案の数が多く，また，裁判所が違憲審査を出すことに消極的な姿勢を示すなど，均衡がくずれているという指摘がある。

日本では，内閣総理大臣は国会議員から選ばれ，国務大臣も過半数が国会議員だよ。

▶裁判所

① **国会に対する権限**…立法（法律）に関する違憲審査権。

② **内閣に対する権限**…行政（命令・規則・処分_{しょぶん}など）に関する違憲・違法審査権（違憲立法審査権，法令審査権）。

❤日本の三権分立

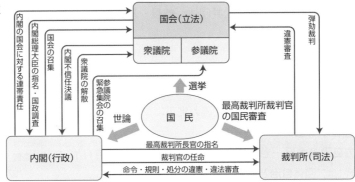

チェック アンド バランス（"checks and balances"）

　三権分立で重要なのが，立法・司法・行政の「抑制と均衡」です。「抑制と均衡」のもととなる英語は，チェック アンド バランス（"checks and balances"）です。バランス（balance）が「均衡」と訳されていることには，ほとんど疑問はないと思います。では，チェック（check）が「抑制」と訳されていることについてはどうでしょうか。日本語で「チェックする」といえば，普通「点検する」「確認する」という意味で使います。「抑制」という訳語には，少々違和感_{いわかん}をもつのではないでしょうか。しかし，英語の"check"

には，「阻止_{そし}する」「抑制する」という意味もあります。この意味で，三権分立で使うチェック（check）は「抑制」と訳されているのです。

　三権がおたがいをチェック（抑制）し，特定の権力が突出しないようにすることは，民主政治を進める上で大切な原則です。ただし，裁判所が違憲審査を出すことに消極的な姿勢を示す傾向が指摘されています。司法権が自らをチェック（抑制）してしまってはバランス（均衡）がくずれてしまうのではないでしょうか。

テストに出る！　**つまりこういうこと**

● **三権分立**…**立法権・行政権・司法権**の三権➡相互の**抑制と均衡**

● **大統領制**…アメリカは厳格な三権分立制度

● **日本の三権分立**

　　議院内閣制…国会の信任に基づいて内閣が成立。内閣は国会に対して**連帯責任**を負う

　　国会中心主義…厳密には三権は対等ではない

3 地方の政治

⑪ 地方自治のしくみ

🔑 Key Word ▶ 地方自治法　地方公共団体　首長　地方議会

(1) 地方自治

地域の住民が，自らの意思と責任で自主的に政治を行うことを**地方自治**という。地方自治への住民の参加は，民主主義の基本を知ることであり，国全体の民主主義の実現につながる。

▶地方自治の本旨

① **地方自治の本旨**…憲法第92条に記されている「地方自治の本旨」は，**団体自治**と**住民自治**の2つの原理からなる。

② **団体自治**…地方公共団体は，国から**独立して行政を行う**とする原理。地方公共団体は**条例**を制定することができる。

③ **住民自治**…地方公共団体の運営が，**その住民の意思に基づき，住民の直接参加で民主的に行われる**という原理。

▶地方公共団体 (地方自治体)

① **普通地方公共団体**…**都道府県**および**市町村**のこと。

② **特別地方公共団体**…**特別区** (東京23区)，地方公共団体の組合，および**地方開発事業団**などのこと。

(2) 地方公共団体の仕事

全国的な仕事を国が担当するのに対し，**住民に身近な仕事**は地方公共団体が担当する。また，利便性・効率性を考えて，国の仕事を地方公共団体が行っている**法定受託事務**がある。

① **地域住民の教育・福祉の向上**…学校教育・社会教育の事務，**学校や図書館**，**病院や診療所**，**ごみ処理施設**などの設置と管理，**道路・公園・住宅・上下水道**などの土木工事と管理。

② **地域の秩序維持・安全対策**…**警察**と**消防**の仕事。

③ **法定受託業務**…**国政選挙の事務**，**戸籍・住民登録**などの事務，**旅券の交付**など，国から委任された仕事。

④ **地方税の徴収**…**住民税**や**事業税**などの徴収。

イギリスの政治学者ブライスは「地方自治は民主主義の学校」といったよ。

憲法第92条

「地方公共団体の組織及び運営に関する事項は，地方自治の本旨に基いて，法律でこれを定める」

条例

地方公共団体には，自主的な行政権と立法権がある。条例は，地方議会の議決により制定される地方公共団体の法規。憲法第94条で「法律の範囲内」で制定が認められている。適用範囲はその地方公共団体の中に限られる。

参考

市町村 (特別区) と都道府県

地方公共団体の多くの仕事は，住民に最も身近な市町村 (特別区) が担当する。一方，大きな河川の管理や高等学校の設置，警察など，いくつかの市町村 (特別区) にまたがる仕事は都道府県が担当する。

地方自治法

地方自治の本旨に基づいて1947年に制定された。地方公共団体の組織や運営について定めている。

地方公共団体ができない仕事

国が行っている裁判などの司法，国全体の運輸・通信，外交，防衛などについての仕事は地方公共団体ではできない。

(3) 地方公共団体の組織

地方公共団体は**首長(知事, 市(区)町村長)**と**地方行政委員会**で組織されている。また, 議決機関として**地方議会**があり, 住民の選挙で議員が選出される。

▶ 執行機関

① **首長**…都道府県知事および**市(区)町村長**のこと。住民の直接選挙で選出され, 地方公共団体を統括し代表する。

② **地方行政委員会**…行政の民主的運営や能率的運営などを目的に, 他の行政機関から独立して設置される。合議制による決定機関である。

▶ 議決機関

① **地方議会**…都道府県議会と市区町村議会がある。議会には, 定例会と臨時会がある。

② **議員**…住民の直接選挙によって選ばれる。被選挙権は満25歳以上で, 任期は4年である。

🔷 地方公共団体の組織

( )内は市町村の場合

執行機関		議決機関

不信任決議権

首長 — 知事(市町村長)

議会 — 都道府県議会(市町村議会)

解散権・拒否権(再議請求)

補助機関
- 副知事(副市町村長)
- 一般職員(地方公務員)

行政委員会
- 選挙管理委員会
- 教育委員会
- 人事委員会
- 公安委員会(都道府県のみ)
- 地方労働委員会(都道府県のみ)
- 監査委員

常任委員会 / 特別委員会

直接選挙(リコール)・直接請求(イニシアティブ)

直接選挙

直接請求(議会の解散・リコール・監査)

地 域 住 民

1999年に地方自治法が大幅に改正されて, 地方公共団体の独自性がより高められたよ。

第3章 暮らしと結びついた政治

くわしく

首長の仕事

予算案の編成, 条例案の策定および行政事務全般の指揮と監督, 議会の召集と解散など。

地方議会

地方自治の進め方の審議・議決, 条例の制定と改廃, 予算の議決, 決算の承認, 行政の監視, さらには地方税率, 上下水道料金の議決などを行う。

参考

首長と地方議会の関係

首長と議会は, 対等な関係にあり, たがいに抑制と均衡を図るようなしくみとなっている。首長は, 議会の議決を拒否(拒否権)し, 審議のやり直し(再議)を請求できる。議会は, 首長を失職させるために, 首長の不信任決議権を行使できる。

テストに出る！ つまりこういうこと

- ● **地方自治の本旨**…団体自治, 住民自治
- ● **地方公共団体(地方自治体)**…**都道府県・市町村, 特別区(東京23区)**など
- ● **地方公共団体の仕事**…地域住民の教育・福祉の向上, 地域の秩序維持・安全対策➡警察・消防
  法定受託業務➡国から委任された仕事
- ● **地方公共団体の組織**…執行機関➡首長(都道府県知事, 市(区)町村長)・地方行政委員会
  議決機関➡地方議会

⑫ 地方分権と住民参加

Key Word 地方分権　地方分権推進法　地方分権一括法
機関委任事務　自治事務　住民投票条例　直接請求権
オンブズマン制度

中央集権的な政府のもとでは，多様な住民の要望にこたえていくことはむずかしいよ。

(1) 地方分権

　国の政治には**中央集権**と**地方分権**の2つの考え方がある。日本では，国の指導のもとに地方の政治が行われてきたが，中央集権と地方分権の調和が必要であるとされている。

▶ 中央集権と地方分権

① **中央集権**…国が統治権力を掌握する。全国に同水準の行政サービスを提供でき，また，課題を一律に解決できる。

② **地方分権**…統治権力を地方に分散する。住民の意思を直接政治に反映させやすい。

▶ 地方分権への取り組み

　日本国憲法において地方自治が位置づけられてからも，国からの**財政的な補助**を受けてきた地方は，独自の自治を実現できていなかった。そこで，地方分権への取り組みが行われている。

① **地方分権推進法**…国と地方公共団体の間の**対等・協力関係**の構築を目的として，国および地方公共団体の分担すべき役割の明確化を図った（1995年制定）。

② **地方分権一括法**…地方を国の下請けと位置づけていた**機関委任事務**を廃止した（1999年制定）。

③ **自治事務**…自治体が主体的に行う事務。

④ **法定受託事務**…法令に基づいて国が自治体に委託する事務。

(2) 住民の参加

　地方自治は，基本的には代表民主制となっているが，住民の意思がより反映できるように**直接民主制的な制度**を取り入れている。また，住みよい地域社会をつくるために行われる**住民運動**も重要である。

機関委任事務
　国から法令・政令によって地方公共団体に委任された事務のこと。委任された地方公共団体の機関は国の下部機関と位置づけられ，国の指揮監督のもとにおかれた。地方分権一括法の制定により廃止された。

条例制定権の拡大
　機関委任事務の廃止によって再分類された自治事務や法定受託事務に対して，従来およばなかった条例制定権を認めた。この結果，国から委託される仕事を担うだけでなく，地方公共団体が独自の判断で行うことのできる行政サービスが増えている。

特別法
　特定の地方公共団体にのみ適用される特別法の制定の際，住民投票で過半数の同意が必要である（憲法第95条）。

住民投票条例
　それぞれの案件ごとに住民投票条例が設定される。直接，住民の意思を確認するために行われる。法的な拘束力はないが，より民主的な自治のために，確認された住民の意見を尊重することが大切である。

▶住民の権利

① **住民投票権**…地方自治特別法制定の際，地方自治法に定められた議会の解散請求，首長・議員の解職請求のあった際，地方公共団体が定める**住民投票条例**によるものがある。

🔻住民投票条例による住民投票の例

実施年	地方公共団体	案件
1996	新潟県巻町	原子力発電所の建設
1996	沖縄県	日米地位協定見直し，米軍基地縮小
1997	岐阜県御嵩町	産業廃棄物処理施設の建設
1997	沖縄県名護市	在日米軍のヘリポート建設
2002	滋賀県米原町	市町村合併
2003	長野県平谷村	市町村合併

② **直接請求権**…住民が地方自治に参加し，直接意思を反映させる権利。

🔻直接請求権

直接請求の種類	必要署名数	請求先	請求後の取り扱い
条例の制定・改廃(イニシアティブ)	有権者の1/50以上	首長	議会の招集⇒決議⇒結果の公表
議会の解散	有権者の1/3以上	選挙管理委員会	住民投票(レファレンダム)⇒過半数の賛成⇒議会の解散
首長・議員の解職(リコール)	有権者の1/3以上	選挙管理委員会	住民投票(レファレンダム)⇒過半数の賛成⇒解職
主要公務員の解職(リコール)	有権者の1/3以上	首長	議会(2/3以上出席3/4以上賛成)⇒解職
監査	有権者の1/50以上	監査委員	監査の実施⇒結果の公表

▶住民参加

① **住民運動**…特定の地域の具体的な問題に対して，その地域の住民が行う運動。1960年代後半ごろより，公害や環境破壊に対する運動として起こった。

② **オンブズマン(オンブズパーソン)制度**…住民の立場から，地方公共団体の行政に対する苦情の申し立てを処理し，行政を監察・評価する制度。

第3章　暮らしと結びついた政治

テストに出る！　つまりこういうこと

- ● **地方分権**…統治権力を地方に分散➡住民の意思を直接政治に反映
- ● **地方分権推進法**…国および地方公共団体の役割分担を明確化(1995年)
- ● **地方分権一括法**…**機関委任事務を廃止**(1999年)
- ● **住民投票権**…**特別法**制定の際(憲法第95条)➡**住民投票条例**による住民投票

　　　　　ほかにも**議会の解散請求，首長・議員の解職請求**のあった時(地方自治法)

⑬ 地方財政の課題とこれからのまちづくり

🔑 Key Word 　地方税　地方交付税交付金　国庫支出金
地方債　市町村合併

(1)地方財政のしくみ

　地方財政とは，地方公共団体の経費の出入（歳入・歳出）のことで，地方議会の議決によって執行される。

▶地方財政

地方財政の構成

《2018年度決算》

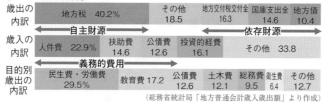

歳出の内訳	地方税 40.2%		その他 18.5	地方交付税交付金 16.3	国庫支出金 14.6	地方債 10.4
	◀自主財源▶		**◀**	**依存財源**		**▶**
歳入の内訳	人件費 22.9%	扶助費 14.6 ・ 公債費 12.6 ・ 投資的経費 16.1		その他 33.8		
	◀義務的費用▶					
目的別歳出の内訳	民生費・労働費 29.5%	教育費 17.2	公債費 12.6	土木費 12.1	総務費 9.5	衛生費 6.4 ・ その他 12.7

（総務省統計局「地方普通会計歳入歳出額」より作成）

▶自主財源

① **地方税**…地方公共団体の経費にあてるため，地方公共団体が徴収する租税であり，地方財政の本来の財源である。

② **都道府県税**…都道府県民税・事業税・不動産取得税・自動車税・軽油引取税などからなっている。

③ **市町村税**…市町村民税・固定資産税・軽自動車税・都市計画税などからなっている。

▶依存財源

① **地方交付税交付金**…国税の一部を国が地方公共団体へ交付金として支給する。所得税・法人税・酒税・消費税，たばこ税の一部を財源としている。

② **国庫支出金**…地方公共団体が行う公共事業，および特定の事業・事務に要する経費（一部または全部）を国が**使途を指定**して支給する補助金である。

③ **地方債**…地方公共団体が**財政収入の不足を補い**，交通・ガス・水道などの公営事業，災害復旧事業，学校・港湾などの公共施設建設事業など，特定の事業の財源にあてるための

ほとんどの地域の地方財政は，危機的な状況におちいっているよ。

くわしく

歳入のグラフ
　自主財源（地方税）より依存財源（地方交付税交付金・国庫支出金・地方債）の方が多いことが読み取れる。

目的別歳出
　歳出を目的別で見ると，主に民生費・労働費，教育費，公債費，土木費などに支出されていることがわかる。

くわしく

地方交付税交付金
　地方公共団体間の**財政力の格差を是正・調整し**，一定の行政水準を確保するために交付される。**その使途に制限はない。**

国庫支出金
　道路・港湾などの公共事業，社会保障および義務教育などの特定の事業・事務に要する経費など，使途が特定されることから，**地方の国への依存を高めるおそれがある。**

くわしく

地方債残高
　地方債の発行残高（地方公共団体の国や銀行からの借金の残高）は，2016年度に約145兆円にのぼっている。地方財政の悪化は，危機的状況にあるといえる。

長期の借入金である。国や市中銀行から借り入れている。

(2) 地方財政の課題

　地方財政は，バブル経済のころの大規模開発や，不景気(不況)による税収の減少などから，歳入と歳出の不均衡が生じ，**地方財政は危機的な状況**におちいっている。

① **自主財源の不足**…地方財政本来の財源であり，自主財源である地方税は，**歳入の4割前後**で，財源の多くが国に左右されることから，**陳情政治**などの弊害も生んでいる。

② **三位一体の改革**…地方交付税制度の見直し，国庫支出金の削減，**税源移譲**を同時に進めるという改革の方針。

(3) これからのまちづくり

　住民の生活エリアの拡大(交通の進歩)，高齢化などによる行政サービスの質・量の増大によって，従来の地方公共団体の狭い区分けでは対応できない課題が生じつつある。

① **広域行政**…より広い地域区分で効率的な行政を行う必要が生じている。

② **市町村合併**…地方分権一括法により市町村合併への財政優遇措置が打ち出された結果，2000年代に急速に進んだ。

③ **住民参加のまちづくり**…地域住民の積極的な参加のもとで，地域の特色を生かした新しいまちづくりを進める。**まちづくり条例**を制定する地方公共団体や**NPO(非営利組織)**を組織してまちの活性化に向けて活動する人などが増えている。

📖 **くわしく**

税源移譲
　2007年に「三位一体の改革」の一環として，所得税(国税)から住民税(地方税)への税源の差し替え(税源移譲)が実施された。

市町村合併
　財政を効率化して地方財政を改善して行政サービスを高度化し，さらに住民の多様な要望に対応するなどの観点から進められた。

「平成の大合併」
　地方分権一括法の制定以後進んだ市町村の合併は，1889年の明治の大合併(7万あまりの市町村を5分の1に)，1950年代の昭和の大合併(1万弱の市町村を3分の1に)と並ぶ大きな動きとして「平成の大合併」とよばれた。

参考

「まちづくり条例」
　地域の特性に合わせたまちづくりを推進するために，地方公共団体が定める条例のこと。

NPO(非営利組織)
　利益を目的にせず，公共の利益のために活動する団体。

テストに出る!　つまりこういうこと

● **自主財源**…地方税➡都道府県税・市町村税がある
● **依存財源**…地方交付税交付金，国庫支出金，地方債
● **地方財政の課題**…自主財源の不足，三位一体の改革
● **市町村合併**…2000年代に急速に進む**「平成の大合併」**
● **住民参加**…**「まちづくり条例」**など

定期試験対策問題③ 解答 ➡ p.196

1 現代の民主政治・選挙の歴史と原則 ≫p.66〜69

右の表を見て，次の問いに答えなさい。

(1) 表中のア〜オのうち，「男女」があて
はまるものをすべて選びなさい。
〔　　　　　　　　　　　　〕

(2) 1925年の有権者率が1919年と比べ
て大幅に上がっている理由を，表の内
容を参考にして，簡単に答えなさい。
〔　　　　　　　　　　　　　　　　〕

日本の選挙権拡大

公布年	選挙権年齢	性別	直接国税	有権者率
1889	満25歳以上	男子	15円以上	1.1%
1900	満25歳以上	ア	10円以上	2.2%
1919	満25歳以上	イ	3円以上	5.5%
1925	満25歳以上	ウ	なし	20.0%
1945	満20歳以上	エ	なし	48.7%
2015	満18歳以上	オ	なし	83.6%

(3) 国民が選挙によって代表者を選び，その代表者が政治を行う
形式を何というか書きなさい。　〔　　　　　　　　　〕

(4) 日本の選挙制度には4つの原則がある。次の①・②にあては
まる原則を，1つずつ選びなさい。　①〔　　　〕②〔　　　〕

① 年齢以外の制限をしない。

② 無記名で投票を行う。

💡ヒント
民主的な政治を求める大正デモ
クラシーの中，普通選挙運動が
さかんになり，1925年に普通選
挙法が制定された。

ア	平等選挙	イ	直接選挙
ウ	普通選挙	エ	秘密選挙

2 選挙のしくみ ≫p.68〜69

右の表を見て，次の問いに答えなさい。

(1) 表中のAについて，参議院議員選挙
は何年ごとに行われるか書きなさい。
〔　　　　　　　〕

(2) 表中のBにあてはまる数字を答えな
さい。　〔　　　　　　　〕

(3) 表中のCに共通してあてはまる語句
を答えなさい。　〔　　　　　　　〕

(4) 国会で多数を占め，内閣を組織する
政党を何というか書きなさい。

衆議院議員		参議院議員
4年（任期途中で解散あり）	任期	A 6年（選挙ごとに半数改選）
465名	定員	248名（2022年時点）
満25歳以上	被選挙権	満（ B ）歳以上
小選挙区（ C ）並立制	選挙区制	・各都道府県選挙区・（ C ）制

〔　　　　　　　〕

(5) 近年は，各選挙区における有権者数と議員定数との比率に著しい不均衡が生じ，法の下の
　　　　に反するとして問題になっています。　　　　にあてはまる語句を答えなさい。
〔　　　　　　　〕

3 立法権を司る国会 〉〉p.74〜77

国会について，次の問いに答えなさい。

(1) 右の憲法条文の（　　）にあてはまる語句を
書きなさい。　　　　　　〔　　　　　　　〕

> 第41条　国会は，国権の（　　　）機
> 関であつて，国の唯一の立法機関
> である。

(2) 次の①〜③の国会についての説明を，下から
1つずつ選びなさい。

① 常会〔　　　〕　　②臨時会〔　　　〕　　③特別会〔　　　　〕

ア　衆議院解散による総選挙後に開かれ，内閣総理大臣を指名する。

イ　毎年1回1月に召集され，会期は150日間である。予算の審議などを行う。

ウ　内閣またはいずれかの議院の総議員の4分の1以上の要求があれば召集される。

(3) 衆議院と参議院で同等の権限が認められているものを，右
の表中のア〜エから1つ選びなさい。　　　　〔　　　　〕

(4) 参議院と比べて，衆議院に強い権限が認められている理由
を答えなさい。〔
　　　　　　　　　　　　　　　　　　　　　　　　　　　　〕

国会の仕事
法律の制定や改廃
予算の議決……………ア
条約の承認……………イ
憲法改正の発議………ウ
内閣総理大臣の指名…エ

(5) 表中のア・イについて，予算案の提出や条約の締結を行う
のはどこ（誰）ですか。次から1つ選びなさい。　　〔　　　　〕

ア　衆議院　　　イ　内閣　　　ウ　天皇　　　エ　裁判所

(6) 表中のエについて，国会によって指名された内閣総理大臣
は，その後，誰によって任命されますか。〔　　　　　　　〕

💡ヒント

任期について，衆議院は4年，参議
院は6年。また，参議院は解散がな
いが，衆議院は解散があり，任期
中でもその資格を失うことがある。

(7) 表中の下線部について，次の図は法律ができるまでの流れを表したものです。図中の①・②
にそれぞれ共通してあてはまる語句を書きなさい。

①〔　　　　　　　〕
②〔　　　　　　　〕

(8) 図中の③にあてはまる内容
を次から1つ選びなさい。
　　　　　　　　〔　　　　〕

ア　過半数
イ　3分の1以上
ウ　3分の2以上

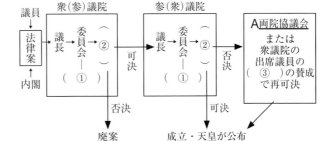

(9) 図中の下線部Aについて，衆参両院の意見が違うとき，必ず両院協議会が開かれる場合を，
次から1つ選びなさい。　　　　　　　　　　　　　　　　　　　　　〔　　　　〕

ア　予算の議決　　　イ　決算の承認　　　ウ　弾劾裁判　　　エ　国政調査

4 国会・内閣 >>p.78〜81

右の図を見て，次の問いに答えなさい。

(1) 図のように，国会の信任によって内閣が成立する制度を何というか書きなさい。 〔　　　　　〕

(2) (1)を採用している国を，次から1つ選びなさい。 〔　　　　〕

　　ア　アメリカ　　イ　イギリス　　ウ　中国　　エ　韓国

(3) 図中のA〜Dの関係について，次の①〜⑥の文が，それぞれ正しい場合は○，間違っている場合は×と答えなさい。 ①〔　　　〕
②〔　　　〕 ③〔　　　〕 ④〔　　　〕 ⑤〔　　　〕 ⑥〔　　　〕

　　① AとBの議決が異なる場合は，緊急集会が開かれる。

　　② 予算は，必ずAがBより先に審議する。

　　③ Cは必ずAの議員から指名される。

　　④ Dは全員がAの議員，またはBの議員から選ばれる。

　　⑤ CとDの全員によって閣議が開かれる。

　　⑥ CはDを罷免する権限を持つ。

(4) 図中の内閣について，次の①〜④の説明にあたる省を，それぞれ1つずつ選びなさい。

　　　　　　　①〔　　　〕 ②〔　　　〕 ③〔　　　〕 ④〔　　　〕

　　① 内閣総理大臣を首長とし，重要政策の立案などを行う。

　　② 道路・河川などの建設や管理，災害の予防や復旧を行う。

　　③ 社会保障制度の充実や，労働条件の監視などを行う。

　　④ 予算の作成，税務，通貨や国有財産の管理などを行う。

ア	財務省
イ	内閣府
ウ	国土交通省
エ	厚生労働省

(5) 国会が内閣の行う国政について調査を行い，証人の出頭や証言，記録の提出などを求めることができる権限を何というか書きなさい。 〔　　　　　〕

(6) 天皇の行う国事行為に対して，内閣が行うことは何ですか。 〔　　　　　〕

(7) 図中のEについて，衆議院の解散による総選挙後30日以内に開かれる会議を次から1つ選びなさい。 〔　　　　〕

　　ア　常会　　　イ　臨時会　　　ウ　特別会　　　エ　委員会

(8) 図中のFについて説明した次の文中の①・②にあてはまる数字や語句を答えなさい。

　　　　　　　　　　　①〔　　　　　〕 ②〔　　　　　〕

　　内閣不信任案が国会で議決されたとき，内閣は（　①　）日以内に衆議院を解散するか，または（　②　）をしなければならない。

(9) 日本国憲法で「全体の奉仕者であって，一部の奉仕者ではない」とされ，国または地方公共団体の行政機関の仕事を行う人々のことを何といいますか。 〔　　　　　〕

5 裁判所 >>p.82〜85

右の図を見て，次の問いに答えなさい。

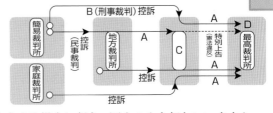

(1) この図は，1つの事案について3回まで裁判を受けられる制度を示しています。この制度を何といいますか。

〔　　　　　　　　〕

(2) 2回目の判決に不服で，3回目の裁判を求める場合に行う，図中のAを何といいますか。

〔　　　　　　　　〕

(3) 図中のBについて，次の問いに答えなさい。

① Bの裁判において，犯罪の疑いのある者を取り調べ，裁判所に起訴するのはだれですか。次から1つ選びなさい。

〔　　　　　　〕

ア 警察官　　イ 検察官（検事）　　ウ 裁判官（判事）　　エ 弁護人

② Bの裁判では，国民が裁判官といっしょに審理する制度が取り入れられています。この制度を何といいますか。　　　　　　　　　　　　　　　〔　　　　　　〕

(4) 図中のCにあてはまる裁判所名を答えなさい。　　　　　　〔　　　　　　〕

(5) Cの裁判所が置かれている都市として正しくないものを次から1つ選びなさい。〔　　　〕

ア 東京　　イ 横浜　　ウ 名古屋　　エ 大阪　　オ 福岡

(6) 図中のDは，法律が□□□に違反していないか最終的に判断する権利を持ち，「□□□の番人」とよばれます。□□□にあてはまる語句を書きなさい。　　〔　　　　　　〕

6 三権分立 >>p.88〜89

右の図を見て，次の問いに答えなさい。

(1) 「法の精神」を著し，図のような三権分立を唱えたフランス人思想家はだれですか。

〔　　　　　　　　〕

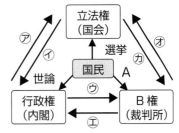

(2) 図中のA・Bにあてはまる語句を書きなさい。

A最高裁判所長官の〔　　　　　　〕

B〔　　　　　　〕

(3) 次の①〜⑥は，図中のア〜カのどれにあてはまりますか。1つずつ選びなさい。（同じ記号を複数回使用してもよい。）

①〔　　〕 ②〔　　〕 ③〔　　〕 ④〔　　〕 ⑤〔　　〕 ⑥〔　　〕

① 弾劾裁判　　　　　　　　② 違憲立法審査権の行使
③ 最高裁判所長官の指名　　④ 内閣総理大臣の指名
⑤ 衆議院の解散　　　　　　⑥ 内閣不信任の決議

7 　地方自治 　>>p.90〜95

地方自治について，次の問いに答えなさい。

(1) 地方公共団体の行う仕事として正しくないものを，次から1つ選びなさい。　〔　　　〕

　　ア　上下水道の管理　　イ　ごみの収集　　ウ　図書館の運営　　エ　郵便局の運営

(2) 次のうち，立候補できる年齢が満30歳以上であるものを，1つ選びなさい。　〔　　　〕

　　ア　都道府県知事　　イ　都道府県議会議員　　ウ　市町村長　　エ　市町村議会議員

(3) 右の表中のＡにあてはまる，地方公共団体において制定されるきまりを何といいますか。

　　　　〔　　　　　　　　　〕

(4) 表中のＢに共通してあてはまる請求先を答えなさい。

　　　　〔　　　　　　　　　〕

直接請求の種類	必要署名数	請求先
（　Ａ　）の制定・改廃	有権者の 50分の1以上	首長
監査請求		監査委員
議会の解散	有権者の （　Ｃ　）	（　Ｂ　）
首長・議員の解職（リコール）		（　Ｂ　）
主要公務員の解職（リコール）		首長

(5) 表中のＣにあてはまる内容を次から1つ選びなさい。　〔　　　〕

　　ア　2分の1以上　　イ　3分の1以上　　ウ　3分の2以上　　エ　過半数

(6) ある地方公共団体において，総人口が4万人で，満18歳以上の人口割合が80％である場合，監査請求を行うために必要な署名数を，次から1つ選びなさい。　〔　　　〕

　　ア　160以上　　イ　640以上　　ウ　10667以上　　エ　32000以上

(7) 議決機関である地方議会の説明として正しいものを，次から1つ選びなさい。　〔　　　〕

　　ア　議会は二院制となっている。

　　イ　地方議会議員の任期は6年である。

　　ウ　議会は首長の不信任を議決できる。

　　エ　首長が議会を解散することはできない。

(8) 次の資料は，ある都道府県で行われた住民投票の名称です。この住民投票が行われた都道府県名を答えなさい。　〔　　　　　　　　　〕

> 普天間飛行場の代替施設として国が名護市辺野古に計画している米軍基地建設のための埋め立てに対する賛否についての県民による投票

(9) 国が地方公共団体に支給する，次の①・②の名称を答えなさい。

　　　　①〔　　　　　　　　　〕　②〔　　　　　　　　　〕

　　①　地方公共団体間の財政力の格差を縮め，調整するために交付される。

　　②　国が地方公共団体に委託する仕事にかかる費用の一部，または全額を支給する。

(10) 地方自治は，人々の暮らしに身近な民主主義の場であるため，「民主主義の□□□□」とよばれています。□□□□にあてはまる語句を書きなさい。　〔　　　　　　　　　〕

私たちの暮らしと経済

第4章

1 消費生活と経済のしくみ >>p.106

経済と家計
>>p.106

- [ ] 経済の循環：**政府**（国・地方公共団体），**企業**，**家計**の間で循環
- [ ] 国民経済：一つの国を単位とした経済のまとまり
- [ ] 家計の所得：**勤労所得　事業所得　財産所得**　その他（国民年金など）
- [ ] 家計の支出：**消費支出**　将来のための**貯蓄**　税金

消費者の権利と保護・責任
>>p.108

- [ ] 消費者問題：商品の安全性，サービス分野でのトラブル，悪徳商法など
- [ ] 消費者運動：**消費者主権**，**消費者保護**の観点から消費者を守る
- [ ] 消費者の保護：**消費者保護基本法**，**国民生活センター**，**消費者庁**の設置
  クーリング・オフ制度，**製造物責任法**（PL法）など
- [ ] 消費者の責任：環境に及ぼす影響を考えた消費行動など

流通のしくみ
>>p.110

- [ ] 流通の業種：卸売業，小売業，運輸業，倉庫業，広告業，金融業など
- [ ] 流通の問題点：偽装表示，リコール隠しなど
- [ ] 商業：**卸売業**➡産地市場，中央卸売市場，総合商社など
  小売業➡専門店，デパート，スーパーマーケット，コンビニなど
- [ ] 流通の合理化：直接買い付け，一括仕入れなど

物価の動き
>>p.112

- [ ] 物価：さまざまな商品（財・サービス）の価格の全体的な平均
- [ ] 物価指数：基準となる年を100として，それぞれの年の物価を示す
  消費者物価指数　企業物価指数➡景気判断に活用される
- [ ] インフレーション：物価が継続的に上昇➡労働者・年金生活者の生活苦
- [ ] デフレーション：物価が継続的に下落➡景気悪化➡倒産や失業者の増加
- [ ] デフレスパイラル：不況と物価下落が悪循環する現象

2 生産と企業 >>p.114

生産のしくみ
>>p114

- [ ] **資本主義経済の原則**：私有財産制，経済活動の自由，市場経済
- [ ] **社会主義経済の原則**：生産手段の公有，計画経済
- [ ] **生産の三要素**：**労働　土地**（自然）　**資本**
- [ ] **拡大再生産**：得られた利潤を新たに投資して生産規模を拡大➡経済成長

さまざまな企業 ≫p.116	☐ **私企業**：個人企業　法人企業（会社企業，組合企業）
	☐ **私企業以外**：**公企業**（地方公営企業，独立行政法人，公私合同企業）
	☐ **株式会社**：**資本**…資本を分割し，**株式**として発行➡多額の資金調達
	株主…出資者➡利潤の一部を**配当**（金）として受け取る
	株主総会…株式会社の最高議決機関➡議決権は一株＝一票
企業競争と独占 ・中小企業 ≫p.120	☐ **資本の蓄積**：生産活動で得た利潤を蓄積➡生産規模を拡大
	☐ **資本の集中**：企業の倒産，吸収・合併➡大企業が規模を拡大
	☐ **生産の集中**：少数の大企業が市場での生産比率を高める➡**寡占市場**
	☐ **独占の形態**：**カルテル（企業連合）**➡同一業種・複数企業の協定
	トラスト（企業合同）➡同一業種・複数企業の合併
	コンツェルン（企業連携）➡異業種・複数企業の企業集団
	☐ **四大財閥**：三井　三菱　住友　安田➡戦後の経済民主化により**財閥解体**
	☐ **中小企業**：下請け，伝統技術を生かす分野，商業やサービス業など
	ベンチャー企業➡新分野で創造性を発揮

3 働く人をめぐる問題 ≫p.122

労働者の保護 ≫p.122	☐ **働くことの意味**：所得獲得，自己実現，社会の中での役割分担
	☐ **働く権利の保障**：勤労の権利と義務，職業選択の自由
	☐ **労働三権**：**団結権　団体交渉権　団体行動権（争議権）**
	☐ **労働三法**：**労働組合法　労働関係調整法　労働基準法**
	☐ **労働組合**：団結権に基づいて結成➡**不当労働行為**の禁止（労働組合法）
変わる雇用 ≫p.124	☐ **日本的雇用慣行**：**年功序列賃金　終身雇用制　企業別労働組合**
	☐ **リストラクチャリング**：会社の再構築➡中高年齢層の解雇・退職
	☐ **過労死**：長時間残業や極度の緊張，ストレス➡過労死
	☐ **非正規雇用**：パートタイム労働者　派遣労働者
	☐ **女性の雇用**：男女雇用機会均等法　育児・介護休業法（男女とも対象）

4 市場経済のしくみ >>p.126

市場で決まる価格 >>p.126	□ **価格**：商品の価値を貨幣の量によって表したもの。
	□ **市場**：税やサービスが取引される市場，労働市場，金融市場など
	□ **市場経済**：価格に応じて生産量（生産者），購入量（消費者）を決定
	□ **需要・供給の法則**：価格の下落➡需要増加，供給減少
	価格の上昇➡需要減少，供給増加
	□ **価格の自動調節機能**：価格➡需要・供給を一致させる方向に導く
	➡社会全体の利益と幸福をもたらす（**アダム＝スミス**）
さまざまな価格 >>p.128	□ **価格の種類**：**生産者価格　卸売価格　小売価格**
	□ **寡占市場の価格**：少数の供給者が一方的に決定する価格
	□ **カルテル価格**：同一産業の複数の企業が協定して決定する価格
	□ **管理価格**：**プライス・リーダー**（価格先導者）が設定➡**価格の下方硬直性**
	➡**非価格競争**…品質，デザイン，アフターサービス，広告などで競争
	□ **独占価格**：独占企業が自らの判断で決定する価格
	□ **独占禁止法**：企業の自由な競争をうながす➡**公正取引委員会**が監視

5 金融のはたらき >>p.130

金融のしくみと日本銀行 >>p.130	□ **金融機関**：銀行，証券会社，保険会社など
	□ **中央銀行**：一国の中心となる銀行（日本は**日本銀行**）
	□ **日本銀行の役割**：**発券銀行，銀行の銀行，政府の銀行**
	□ **金融政策**：現在は**公開市場操作**のみ…景気過熱時➡**売りオペレーション**
	不況時➡**買いオペレーション**
金融のグローバル化・為替相場 >>p.134	□ **金融のグローバル化**：情報通信技術の発達➡金融取引の国際化
	□ **金融ビッグバン（日本版）**：**銀行・証券・保険**の自由化（1996年）
	□ **為替相場**：通貨と通貨の交換比率（為替レート）
	円高➡輸入増，輸出減　　**円安**➡輸入減，輸出増
	□ **円高不況**：1985〜87年に急激な円高➡輸出産業に打撃➡**産業の空洞化**

6 財政のはたらき >>p.136

	□ **財政の役割**：社会資本の整備，公共サービスの提供

財政の はたらき・国の 収入と支出 >>p.136	**所得再分配**➡累進課税制度，社会保障によって不平等是正
	経済の安定➡自動安定装置　裁量的財政政策
	☐ 予算：**一般会計予算**（政府の通常活動のための予算），**特別会計予算**
	➡**歳入**…歳入額➡約62％が租税，32％が公債金（国債）（2020年度）
	➡**歳出**…社会保障，公共事業，文教，防衛，地方交付税，国債費など

税と国債 >>p.138	☐ **課税の原則**：公平の原則と応能負担の原則
	☐ **税の制度**：**国税**と**地方税**（都道府県税と市町村税）
	☐ **税の種類**：**直接税**（所得税，法人税など）　**間接税**（消費税など）
	☐ **国債**：**建設国債**➡公共事業など　**赤字（特例）国債**➡一般会計の財源確保

景気の動きと 対策 >>p.140	☐ **国内総生産**：国内で1年間に新たにつくり出された財とサービスの合計
	☐ **経済成長率**：国内総生産の伸び率＝**経済成長率**
	☐ **景気変動（景気循環）**：**好況（好景気）・不況（不景気）**の繰り返し
	☐ **景気対策**：財政政策・金融政策の組み合わせ➡**ポリシーミックス**

7 国民の福祉 >>p.142

社会保障の役割 >>p142	☐ **社会保障**：国が国民の最低限度の生活（**ナショナル＝ミニマム**）を保障
	☐ **生存権**：**健康で文化的な最低限度の生活を営む権利**（第25条）
	☐ **社会保障制度**：**社会保険**　公的扶助　**社会福祉**　**公衆衛生**
	☐ **社会保険制度**：**医療保険（健康保険）**　**年金保険**　**雇用保険**　**介護保険**

社会保障の課題 >>p.144	☐ **少子高齢社会の進行**：高齢化➡社会保障関係費の増加，年金問題
	☐ **介護保険**：介護が必要になった人の**自立生活**の支援
	➡**要介護認定**➡高齢化とともに増加➡保険料・利用料の見直し
	☐ **福祉社会の実現へ**：**ノーマライゼーション**，**バリアフリー社会**

公害と環境保全 >>p.146	☐ **日本の公害問題の始まり**：**足尾銅山鉱毒事件**（明治時代）
	☐ **四大公害訴訟**：**新潟水俣病　四日市ぜんそく　イタイイタイ病**
	水俣病➡すべて原告の全面勝訴
	☐ **公害の防止**：**公害対策基本法**（1967）➡経済調和条項削除（1970）
	➡**環境庁**（1971）➡**環境基本法**（1993）➡**環境アセスメント法**（1997）
	➡**循環型社会形成推進基本法**（2020）➡**3Rの推奨**
	☐ **3R**：**リデュース**（発止抑制）　**リユース**（再使用）　**リサイクル**（再生利用）

1 消費生活と経済のしくみ

1 経済と家計

Key Word 生産 消費 家計 企業 国民経済 勤労所得
事業所得 財産所得 消費支出 貯蓄

(1)経済の循環

農家や工場で生産物をつくることを**生産**といい，その生産物を購入して使うことを**消費**という。生産と消費を中心とする人間の営みを経済という。

▶**経済の循環**

① **家計**…**消費**を主とする経済活動の主体。

② **企業**…農家や工場などにおける**生産**の単位。

③ **経済の循環**…政府（国・地方公共団体），企業，家計の間で，**貨幣**を仲立ちとして，商品の生産や消費がたえず循環している。

④ **国民経済**…経済の循環が行われている一つの国を単位とした経済のまとまり。

▼経済の循環

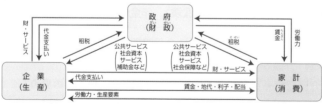

(2)家計の所得と支出

家計は消費を主としているが，そのためにさまざまな形で**所得を得ている**。また，支出には，**消費支出**と**非消費支出**（税金など）があり，収入から支出を差し引いた残りが**貯蓄**となる。

① **家計の所得**…家計の所得は，それを得る方法によって，**勤労所得・事業所得・財産所得**などに分けることができる。

家計・企業・政府という3つの経済主体があるよ。

くわしく

家計

　人はいろいろなものを消費しながら生活している。**衣食住**のほかに，芸術やスポーツを楽しんだり，教養を高めたり，さまざまな欲望を充足させながら暮らしている。一方で，必要な財やサービスを受けるため，企業や政府に労働力や資本，土地などを提供し，賃金や利子，地代などの形で**所得**を得ている。このような消費を主とする経済活動の主体を家計という。

参考

商品

　他人に売るための**物（財）**や**サービス**のこと。財は，食料や衣服，家具，電化製品などの一般の家庭で消費される**消費財**と，企業などで消費財を生産するために使用する原材料・機械などの**生産財**とに分けることができる。また，サービスとは具体的な形をもたないもののことで，医療・運送・通信・教育などが含まれる。

商品経済

　物の生産・流通・消費のすべてが，他人に売るための商品の売買の形で行われていること。

所得の種類	所得の内容
勤労所得（労働収入）	企業や政府などで勤労することで得る給料や賃金
事業所得 （個人業主所得）（事業収入）	個人が農家や工場，商店，事務所（弁護士・建設・デザインなど）などの事業を経営することによって得る所得
財産所得	財産を提供して得る所得で，土地や建物からの地代・家賃や，預貯金・株などから得る利子や配当など
その他の所得	国民年金，雇用保険，生活扶助などの所得や贈与による所得など

② **家計の支出**…家計の支出は，**消費支出**と**非消費支出**（税金や社会保険料など）に分けることができる。

③ **貯蓄**…収入から消費支出と非消費支出を差し引いた残りのこと。具体的には，将来のための預金，生命保険料などの支払いや株式の購入などがある。

◉ 消費支出の費目別構成比の推移（全国・全世帯）

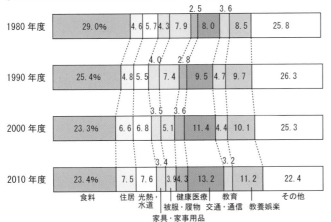

	食料	住居	光熱・水道	家具・家事用品	被服・履物	保健医療	交通・通信	教育	教養娯楽	その他
1980年度	29.0%	4.6	5.7	4.3	7.9	2.5	8.0	3.6	8.5	25.8
1990年度	25.4%	4.8	5.5	4.0	7.4	2.8	9.5	4.7	9.7	26.3
2000年度	23.3%	6.6	6.8	3.5	5.1	3.6	11.4	4.4	10.1	25.3
2010年度	23.4%	7.5	7.6	3.4	3.9	4.3	13.2	3.2	11.2	22.4

食料　住居　光熱・水道　家具・家事用品　被服・履物　交通・通信　健康医療　教育　教養娯楽　その他

（総務省統計局「家計調査年報」）

くわしく

消費支出

　食料，住居，光熱・水道，家事用品，被服および履物，保健医療，交通・通信，教育，教養娯楽，交際費に分けることができる。

参考

保険

　保険は，人々が資金を出し合い，万一の事故にあった人や家族を助けるしくみである。保険には，国が社会保障制度の1つとして行う社会保険のほか，民間の保険会社が行う生命保険・損害保険がある。

エンゲル係数

　家計の消費支出に占める食料費の割合をエンゲル係数という。エンゲル係数が低いほど，生活は豊かであるとされる。

消費支出の中で，増えているのは何かな。

テストに出る！　**つまりこういうこと**

● **経済の循環**…政府（国・地方公共団体），企業，家計の間で，貨幣を仲立ちとして，商品の生産や消費がたえず循環

　➡**家計**…消費を主とする経済活動の主体

　➡**企業**…農家や工場などにおける生産の単位

● **家計の所得**…**勤労所得，事業所得，財産所得，その他の所得**

● **家計の支出**…**消費支出**，将来のための**貯蓄**，**税金**に分けることができる

② 消費者の権利と保護・責任

Key Word 消費者の４つの権利　消費者主権
国民生活センター　クーリング・オフ　製造物責任法

いつも，安心して，安全な品物が買えるといいね。

(1)消費者問題と消費者の権利

　大量生産・大量消費が一般化した高度経済成長時代に，商品の欠陥などから消費者の生命や健康が脅かされる被害が発生し，1960年ごろから**消費者問題**が取り上げられるようになった。

▶ **消費者問題**

　① **商品の安全性の問題**…食品の安全性，医薬品の品質と副作用（薬害），欠陥商品など。

　② **サービス分野での問題**…クレジットカード支払いや消費者金融でのトラブル，電子商取引における契約のトラブルなど。

　③ **消費者の権利侵害**…商品の不当な内容表示，誇大広告，悪徳商法，強引な訪問販売，送りつけ商法など。

▶ **消費者の権利**

　① **消費者の４つの権利**…「安全を求める権利」「知らされる権利」「選択する権利」「意見を反映させる権利」。アメリカのケネディ大統領が議会に提出した（1962年）。

　② **消費者運動**…消費者の権利を，**消費者主権**・消費者保護の観点から守る運動。

(2)消費者の保護と責任

　日本では，1968年に**消費者保護基本法**が制定された。その後も，**クーリング・オフ**制度や**製造物責任法**が定められるなど，消費者を保護するためのさまざまな取り組みが行われている。また，消費者には責任をもった消費活動が求められる。

▶ **消費者の保護**

　① **消費者保護基本法**…消費者の利益を総合的な観点から守るために制定された。消費者の権利を明確にし，国および地方公共団体，事業者のはたすべき責務や役割を定めている。

くわしく

悪徳商法
　価値のないものや不要なものを，消費者をだまして強引に買わせること。

送りつけ商法
　申し込みをしていない商品を勝手に送りつけ，返品もしくは購入の意思のないことを示さない限り，代金を請求してくる販売方法のこと。ネガティブ・オプションともいう。

消費者主権
　企業がどのような商品を生産するべきかを最終的に決定する権限は，消費者にあるとする考え。

商品を買ったり，お金を貸したりするときの取り決めを契約というよ。

くわしく

消費者保護基本法の施策
　「危険の防止」「計量・規格・表示の適正化」「試験・検査等の施設の整備」「苦情処理体制の整備」など。

② **国民生活センター**…消費者への情報提供，苦情処理，**商品テスト**などが行われている。地方には**消費生活センター**が設置されている。

③ **クーリング・オフ制度**…訪問販売，電話勧誘販売，割賦販売などの契約における消費者の保護のため，一定の期間内であれば契約を解除できる制度。

④ **製造物責任法（PL法）**…消費者に被害が生じた場合，製造業者に過失がなくても製品に欠陥があれば，製造業者に賠償責任を負わせることが規定された（1994年制定）。被害の立証の負担を軽減させるものとなっている。

⑤ **消費者契約法**…事業者の説明が原因で，消費者が誤解（「聞いていた話とちがう」など）して契約した場合に，契約を取り消すことができるように定められている（2000年制定）。

⑥ **消費者庁**…内閣府の外局として設置された（2009年）。

▶ **消費者の責任**

① **自立した消費者**…消費者は，自分自身で情報を集めて知識を増やし，判断力を高めて，自らを守る消費行動が求められる。

② **環境への責任**…消費活動が環境に及ぼす影響を考えて，**再生品やエコラベル入りの商品**を選ぶなどの心がけが求められる。

📖 **くわしく**

商品テスト
　商品の性能，品質，成分，安全性などの検査のことで，製造物責任法に対応して原因究明テストなども行われている。

消費生活センター
　地方公共団体が条例などによって設置するものであるため，名称は消費者センター，県民生活センターなどさまざまである。

参考

消費者保護条例
　地方公共団体が独自に制定する住民（消費者）保護，被害の救済，環境保全などに関する条例で，地域に密着した独自性の高い内容となっている。

▼ エコラベル

PETボトル
再利用品
PETボトルリサイクル
推奨マーク

エコマーク

身のまわりの商品にどんなエコラベルがついているかな。

テストに出る！ 　つまりこういうこと

- ● **消費者問題**…商品の安全性，サービス分野，消費者の権利侵害
- ● **消費者の４つの権利**…**「安全を求める権利」「知らされる権利」「選択する権利」「意見を反映させる権利」**➡ケネディ大統領（1962年）
- ● **消費者運動**…消費者の権利を**消費者主権・消費者保護**の観点から守る
- ● **消費者の保護**…**消費者保護基本法**の制定，**国民生活センター**の設置
　　　　　　クーリング・オフ制度，製造物責任法（PL法），消費者契約法
　　　　　　消費者庁の設置
- ● **消費者の責任**…**自立した消費者**になること。**環境への責任**をもつこと

🔑 **Key Word** 小売業 卸売業 運輸業・倉庫業 偽装表示
リコール隠し 産地市場 中央卸売市場

経済社会において,流通はとても大切な役割をはたしているよ。

(1)商品の流通

　日本では商品が生産者から消費者に届くまでの流れを**流通**といい,消費生活を支える重要な役割を担っている。

▶流通に重要な役割をはたす業種
① **卸売業・小売業**…商品を売り買いする。
② **運輸業・倉庫業**…運輸業は原材料や商品などを輸送し,倉庫業は原材料・商品などの保管や流通量の調整をする。
③ **広告業**…商品の情報を伝達・宣伝する。
④ **金融業・保険業**…金融業は金銭のやり取りを行い,保険業は商品の流れの中で生じる損害を補償する。

(参考)
宅配便
　運輸業の中でも,宅配便は情報通信機器の導入を先進的に進め,特にめざましい成長をとげてきた。荷物の伝票にはバーコードが印字され,荷物の仕分け,所在の確認,ドライバーの給料計算など幅広い目的に活用されている。

 流通の経路

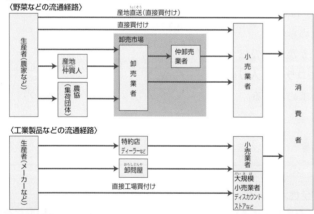

(参考)
大規模小売店舗法の廃止
　日本では,中小の小売業者を保護するため,大規模小売店舗法によって売り場面積や営業時間が規制されてきた。しかし,アメリカとの貿易摩擦を解消するための協議において強い圧力を受け,この法律は2000年に廃止された。

▶流通の問題点
① **偽装表示**…実際とは異なる商品の情報を表示すること。たとえば,食品業界において,外国産の原料を日本産と偽ったり,製造年月日を早めに表示したりする。
② **リコール隠し**…自動車産業において,自動車に不具合が発生してもリコール(国へ届け出て無料修理をすること)をしないこと。

消費者の目が厳しくなり,偽装表示などの問題を起こして倒産した企業があるよ。

(2) 商業

商業は，貨幣を仲立ちに商品を流通させて配給することで，生産者と消費者を結ぶ機能をもっている。商業には，**卸売業**と**小売業**がある

① **卸売業**…問屋ともいい，生産者から商品を仕入れ，小売業へ販売する業種。生鮮食品などの生産地にある**産地市場**や，大消費地の**中央卸売市場**，国内外の多種多様な商品の大規模な流通を行う**総合商社**などがある。

② **小売業**…卸売業から商品を仕入れて消費者に販売する業種。**専門店**，**デパート（百貨店）**，**スーパーマーケット**や，**コンビニエンスストア**，**ディスカウントストア**などがある。

(3) 流通の合理化

卸売業者や小売業者は，流通の費用を抑えるために，さまざまな面での合理化を進めている。

① **直接買い付け**…大規模小売店は，卸売業者を介さずに生産者から直接買い付けて消費者に販売する。

② **一括仕入れ**…チェーン店などでは，同じ商品をまとめて大量に仕入れて費用の削減をはかっている。

③ **大規模流通センター**…多くの種類の大量の商品を倉庫に保管し，仕分けや配送を行う施設。

④ **POSシステム**…商品の販売状況を売れた時点で把握してコンピューターで管理する。会社はそのデータをもとにして分析し，販売戦略を立てる。

くわしく

スーパーマーケット

日用品や食料品などを大量に仕入れ，安く販売するセルフサービスによる小売店のこと。

ディスカウントストア

大量仕入れ，直接仕入れなどにより，商品を低価格で販売する。個々の利益は少ないが，多く売ることで利益をあげようとるす小売店のこと。

小売業では，どのような種類のお店が増えてきているだろうか。

● POSシステム

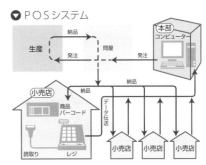

テストに出る！ **つまりこういうこと**

● **流通に重要な役割をはたす業種**…卸売・小売業，運輸業・倉庫業，広告業，金融業・保険業

● **流通の問題点**…偽装表示，リコール隠しなど

● **商業**…卸売業と小売業がある。

● **流通の合理化**…直接買い付け…卸売業者を介さずに生産者から直接買い付ける

一括仕入れ…同じ商品をまとめて大量に仕入れる

物価の動きは私たちの生活に直結しているよ。

(1)物価と物価指数

　物価とは，さまざまな商品（財・サービス）の価格を全体的に平均してとらえたものである。主な物価には，**消費者物価**と**企業物価**がある。**物価指数**は，基準となる年の物価を100として，それぞれの年の物価がいくらにあたるかを示す。

① **消費者物価指数**…日常の生活で使われる代表的な財やサービスの**小売価格**から計算された指数。

くわしく

消費者物価指数

　原材料の価格や賃金などの生産コストに加えて，流通コストや消費者の購買に対する意欲などの影響も大きく表れる。

◥ 国内企業物価指数の推移

◥ 消費者物価指数の推移(総合平均)

(2005年 =100)　　　　(総務省統計局調べ)

(2005年 =100)　　　　(総務省統計局調べ)

② **企業物価指数**…企業間で取り引きされる商品の**卸売価格**から計算された指数。サービスは計算対象に入っていない。

戦後の物価の動き

　終戦後の混乱した時期以後，高度経済成長時代に日本の物価は上昇傾向が続いた。さらに1970年代は地価の高騰や石油危機の影響で「狂乱物価」とよばれる物価上昇となった。1980年代のバブル経済の時期に物価は上昇したが，バブル崩壊後の1990年代からの物価は安定している。なお，2014年は，消費税率のアップや円安による輸入価格の上昇により，物価が上昇した。

企業物価指数

　原材料の価格や賃金などの影響が大きいので，景気判断に活用される。

(2)インフレーションとデフレーション

　物価はさまざまな要因によって変動する。継続的な物価上昇や物価下落は，経済社会にそれぞれ異なった弊害をもたらす。

▶ **継続的な物価上昇**

① **インフレーション（インフレ）**…物価が継続的に上昇する現象のことで，通貨の量が増え，通貨の価値は下落する。

② **原因**

物価はどのようなときに上がるのかな。

| 全体としての需要量が供給量を上回り，もの不足の状態となる。 |
| 原材料や賃金などの経費（コスト）が上がる。 |
| 石油などの輸入品が値上がりする。 |

 物価が継続的に上昇

(参考)

石油危機

　1973年に産油国の産油制限や原油の値上げなどによって，世界的にインフレが起こり経済は混乱した。これは輸入品の値上がりが原因となるインフレの典型である。

③ **弊害**…普通，労働者の賃金の上昇に比べて物価上昇の方が早いため労働者の生活が圧迫_{あっぱく}される。預貯金・年金などが相対的に目減りするため，年金生活者などの生活が打撃を受ける。

▶ **継続的な物価下落**

① **デフレーション（デフレ）**…物価が継続的に下落する現象のことで，通貨の量が減り通貨の価値は上昇する。

② **原因**

| 供給量に比べて需要が低迷する |
| 政府が財政支出を切りつめる |
| 銀行が貸し出しを減らす |

 物価が継続的に下落

③ **弊害**_{へいがい}…企業は生産をおさえ，消費者も将来への不安感から購買意欲をそがれ，経済全体が不活発となって景気が悪くなり，企業の倒産_{とうさん}や失業者の増加を招く。

(参考)

ディマンド・プル・インフレ
　所得_{しょとく}の増加や減税などにより需要量が供給量を上回るときに起こる物価上昇。

コスト・プッシュ・インフレ
　原材料や賃金などの経費（コスト）が物価を押し上げる。原材料の輸入価格が上昇した場合もこのインフレに該当する。

デフレスパイラル
　景気の後退がさらに消費者の不安をさそい購買意欲を減退させ，不況と物価下落が悪循環_{あくじゅんかん}しながら進行すること。

 物価が1兆倍になったインフレーション（ドイツ）

　第一次世界大戦の敗戦国ドイツは，多額の賠償金_{ばいしょうきん}を課せられて経済が大混乱におちいり，札束で積み木をして遊ぶ子供もいた。物価は1年間で10億倍，5年間で1兆倍になるインフレが起こり，紙幣_{しへい}が紙くず同然になってしまったのである。このような激しいインフレーションを「ハイパーインフレ」という。パンを買うのに札束をリュックサックに詰めた

り，乳母車に積んでいくような光景も見られた。その不便さを解消するために，1兆マルク紙幣が発行された。最終的には，1兆マルクを，1兆分の1にして新しい通貨「レンテンマルク（土地を裏付けにした通貨）」と交換することで，奇跡的にインフレを終息させることができた。このようなお金の桁数を少なく変更する政策をデノミネーションという。

テストに出る！　**つまりこういうこと**

● **物価**…さまざまな商品（財・サービス）の価格を全体的に平均してとらえたもの

● **物価指数**…基準となる年を100として，それぞれの年の物価を示す

　➡ **消費者物価指数，企業物価指数**

● **インフレーション**…物価が継続的に上昇する現象

● **デフレーション**…物価が継続的に下落する現象

● **デフレスパイラル**…不況と物価下落が悪循環する現象

2 生産と企業

5 生産のしくみ

Key Word 資本主義経済（しほんしゅぎけいざい）　市場経済（しじょうけいざい）　社会主義経済（しゃかいしゅぎけいざい）
計画経済　生産の三要素

(1) 現代の経済体制

現代の経済体制は，資本主義経済と社会主義経済とに区分される。資本主義経済は**私有財産制**，**経済活動の自由**，**市場経済**などを特徴としている。社会主義経済は，20世紀後半にゆきづまった。

▶ **資本主義経済**

① **私有財産制**…個人が工場・機械・土地・原材料などの生産手段を私有する。

② **経済活動の自由**…**自由競争**，**利潤追求の自由**，**契約の自由**などの保障により，利潤を目的に，自由に商品を生産し，自由に契約し，自由に販売することができる。

③ **市場経済**…市場で決定される価格により需要と供給が調節され，商品が生産者から消費者へと流れ，生産に要した資源が最適に配分される。

▶ **社会主義経済**

① **生産手段の公有**…土地や工場設備などの生産手段を公有（国有・共同所有）化する。

② **計画経済**…政府が計画的に需要と供給を統制して調節する。

<図表>資本主義経済と社会主義経済の比較

資本主義経済	社会主義経済
●私有財産制	●生産手段の公有が原則（国有・協同組合の所有）
●経済活動の自由 　自由競争，利潤追求の自由，契約の自由	◆利潤の追求は目的とされない 　◆自由競争・契約の自由は否定
●市場経済 　市場で決定される価格により需要と供給を調節	●計画経済 　◆政府による計画経済で需要と供給を調節 　◆生産と消費を政府が計画し統制 　◆価格は政府による統制価格
●資本元金部分は労働者の賃金・その他の生産費として回収 ●利潤は資本家への配当，拡大再生産への投資などに配分	●生産物は労働に応じて配分
●好況・不況の景気の変動が発生	●計画経済により景気変動はないとされる

経済活動の自由を保障した資本主義経済は，めざましい発展をとげたよ。

くわしく

資本家と労働者
資本主義経済では，生産手段を所有し商品を売って利潤を追求する資本家と，生産手段をもたず労働力を提供し賃金を得る労働者とに分化した。

利潤の追求
資本主義経済のもとでは，商品の生産・販売は，できるだけ大きな利潤をあげようとする目的で行われている。

社会主義経済の現状
社会主義経済は20世紀後半にゆきづまり，旧ソ連や東ヨーロッパは社会主義経済を放棄した。社会主義国の中国は**社会主義市場経済**，ベトナムは**ドイモイ（刷新）政策**で，資本主義の原理を一部に導入して経済成長している。

(2) 生産のしくみ

生産とは，財やサービスをつくり出すことである。生産のために必要な要素を**生産要素**といい，**労働力・土地（自然）・設備（資本）**を生産の三要素という。

▶ 生産の三要素

① **労働力**…財やサービスをつくり出す**肉体的労働**や**精神的労働**をさす。精神的労働には，企業の企画や運営，医療や教育，新技術の開発，芸術的創作などがある。

② **土地（自然）**…土地・水・動植物・天然資源などをさし，具体的には，農地，工場を建てる土地，工業用水などをさす。

③ **設備（資本）**…生産活動を行うためのもとになるもの。資金が，土地（自然）や工場，機械などの準備や労働者を雇うために使われる。

▶ 再生産のしくみ

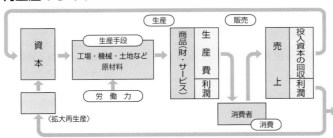

① **再生産**…上の図のように，経済の循環を繰り返しながら生産をつづけていくこと。

② **拡大再生産**…得られた**利潤**を新たに投資して，生産規模を拡大していくこと。拡大再生産は経済全体としての成長をもたらす。

テストに出る！ ｜ つまりこういうこと

● **資本主義経済の原則**…私有財産制，**経済活動の自由**，**市場経済**

● **社会主義経済の原則**…生産手段の公有，計画経済

● **生産の三要素**…**労働力**，**土地**（自然），**設備**（資本）

参考

イノベーション（技術革新）

企業の利益を上げるために，新しい技術を開発することは重要である。新製品を開発するだけでなく，新しい機械を導入すること，新しい市場を開拓すること，会社の組織を刷新することなども，広い意味での技術革新といえる。これらを総称してイノベーションという。

イノベーションは，経済成長に大きな役割をはたしているよ。

くわしく

利潤

企業の売上から，生産・販売にかかった費用を差し引いた残りのこと。

❻ さまざまな企業

🔑 Key Word 　私企業　公企業　株式会社　企業の社会的責任
株主　株主総会

経済活動を支える
企業には，さまざ
まな種類がある
よ。

(1) 企業のはたらきと種類

　企業とは，利益を目的として，財・サービスの生産を行う経済
主体のことである。企業は，大きく**私企業**と**公企業**および**公私
合同企業**とに分けられる。

▶私企業

① **私企業**…個人または企業が，資本を出資して経営する企業
で，資本主義経済において最も一般的な企業である。民間
企業ともいい，**個人企業**と**法人企業**に分けられる。

② **個人企業**…個人が出資して経営する小規模な企業。商店や
農家なども個人企業である場合が多い。

③ **法人企業**…法律によって法人格（権利・義務の能力）を認め
られた企業であり，**会社企業**と**組合企業**に分けられる。会
社企業には**株式会社・合名会社・合資会社**などがある。組
合企業には**農業協同組合・漁業協同組合・生活協同組合**な
どがある。

④ **株式会社**…資本を分割・証券化し，**株主**（有限責任社員）を
募ることによって資本を集めて事業を行う会社である。

🔻企業の種類

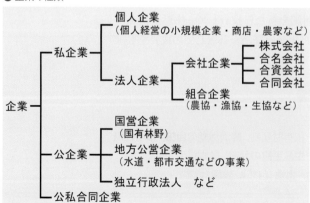

📖 くわしく

法人企業
　株式会社以外に，つぎの3つの
会社形態がある。
合名会社：直接経営にあたる1人
以上の**無限責任社員**からなる会
社。法人企業では最も初歩的な形。
合資会社：出資し経営に参加しな
い有限責任社員と直接経営にあた
る無限責任社員とからなる会社。
合同会社：全社員が出資額を限度
とした有限責任を負う会社であ
る。会社運営の自由度が高い。

参考

企業の社会的責任（CSR）
　現代の企業は大規模化してお
り，その活動が社会にあたえる影
響も大きい。企業は，よりよい商
品をより安く提供するだけでな
く，文化振興，福祉の増進，環境
保全などにおける社会貢献への責
務がある。企業が行う寄付やボラ
ンティアを**フィランソロピー**とい
う。また，企業が行う芸術，文化
活動に対する支援を**メセナ**とい
う。

企業が設立・運営
している美術館な
どの施設を探して
みよう。

▶私企業以外の企業

① **公企業**…国や地方公共団体が全額を出資し経営する企業で, 利潤を目的とせず公共の利益を優先する企業である。水道・都市交通などの事業にあたる**地方公営企業**, 造幣局や大学入試センター, 国民生活センターなどの**独立行政法人**がある。

② **公私合同企業**…国や地方公共団体と民間とが, 共同で出資し経営する企業のことである。**第三セクター**とよばれる。

(2)株式会社

株式会社は現代の法人企業の中心的な存在となっている。2006年施行の**会社法**により, 株式会社設立の自由度が高まった。

▶株式会社のしくみ

① **資本**…株式会社では, 資本を分割し, **株式**という証券として発行することで, 多くの人から多額の資金を調達できる。

② **株主**…株主は出資者であり, 利潤の一部を**配当(金)**として受け取ることができ, その地位の譲渡は自由である。株主は有限責任であるため, 多くの投資者が参加できる。

③ **株主総会**…株主全員で構成される株式会社の最高議決機関であり, 議決権は**一株＝一票**となっている。株主総会では, 事業報告と決算の承認, 取締役や監査役の選任などを行う。

④ **取締役・監査役**…取締役は, 株式会社の経営にあたり, 監査役は業務執行の監査にあたる。

郵政・印刷・造幣などの国営企業は, 独立行政法人になったり, 民営化されたりしてなくなったよ。

会社法

2006年度に施行された法律。新たに**合同会社**の規定を設けて, **有限会社を廃止**した。これまでの有限会社はすべて株式会社に統合された。株式会社は, 株主総会と取締役以外の設置は自由となった。また, 最低資本金制度がなくなり1円でも株式会社が設立できるようになるとともに, 1名の取締役だけでも設立が可能となった。

所有と経営の分離

過去の株式会社は, オーナー社長といわれるように, 大株主が経営者となることが多かったが, 現在の株式会社では, 資本の所有者と経営者が別の人間であり分離していることが多い。このことを所有と経営の分離という。株主の多くは, 企業の資本の一部を出資しているだけで, 経営に参加することはなく, 株の値上がりや配当を期待する投資家である。

テストに出る! つまりこういうこと

● **私企業**…**個人企業**…個人が出資して経営する小規模な企業

　　　　　　法人企業…法律によって法人格(権利・義務の能力)を認められた企業

● **私企業以外の企業**…**公企業**…国や地方公共団体が全額を出資し経営する企業

　　　　　　地方公営企業, 独立行政法人, 公私合同企業

● **株式会社**…**資本**…資本を分割し, **株式**として発行する➡多額の資金調達が可能

　　　　　　株主…出資者であり, 利潤の一部を**配当(金)**として受け取る

　　　　　　株主総会…株式会社の最高議決機関➡議決権は**一株＝一票**

株式のしくみ

株式をもっているとどんないいことがあるのかな？

● 株式会社のしくみ

株式会社は必要となる資金を少額に分けた株式を発行して，多くの人から資金を集める。株式は出資した（資金を出した）ことの証明書であり，株式を購入した個人や法人を株主という。

株主は株主総会などを通じて経営の基本方針に対して意見を述べることができ，会社に利益が出た場合，その利益の一部を配当として受け取ることができる。また，企業によっては優待制度というものがあり，商品券や自社製品の割引券などさまざまなものやサービスが受けられる。

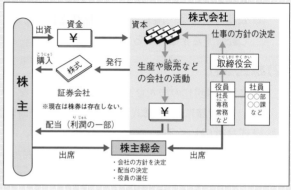

株式会社のしくみ

● 株価の変動

株式は証券取引所などで自由に売買される。株式の値段のことを株価といい，買いたい人と売りたい人との需要と供給の関係で決まる。

一般には，その企業の利潤の見通しなどで変動するが，利潤などに関係なく大きく上下する例もみられる。そのため，購入時より株価が上回ったり，下回ったりする。

株式は，売らない限り，売却益を得ることも，その時点で損失を出すこともないんだ。

【株価の上昇・下落の例】

開発した商品がたくさん売れた！

その企業の株式を購入する人が増える

株価が上昇

企業の社員が使い込みをし，新聞で報道された

その企業の株式をもっている人が売ろうとする

株価が下落

●新聞の株式欄の例とその見方

新聞には，毎日，証券取引所に上場された株式会社の株価がのっています。これによって，株価の変動を知ることができます。

株価は上がったり下がったりするから，売買することによって，利益を得ることができたり，損失を出したりするんだ。

その日に売買された最も高い値段

その日に売買された最も安い値段

その日に売買された株式の数

その日の最初に売買された値段

会社の略称

東証1部
17日

銘柄	始値	高値	安値	終値	前日比	出来高
小売業						
ローソン	5130	5170	5070	5140	△30	3362
サンエー	4220	4275	4200	4235	▼35	339
カワチ薬品	3265	3265	3200	3230	▼30	787
ABCマート	6070	6120	6030	6060	▼50	2251
ハードオフ	671	671	667	671	△1	80
アスクル	3985	3985	3890	3925	▼75	1988
ゲオ HD	1395	1406	1362	1363	▼32	1925
アダストリア	1828	1877	1826	1875	△64	3093
ジーフット	448	448	444	446	▼2	289

10日間で，約300円の値下がり

東証1部
27日

銘柄	始値	高値	安値	終値	前日比	出来高
小売業						
ローソン	4985	4915	4810	4830	▼60	4891
サンエー	4180	4225	4170	4175	△40	522
カワチ薬品	3130	3130	3025	3030	▼90	1619
ABCマート	5790	5910	5790	5800	△30	1431
ハードオフ	669	671	665	669	△1	158
アスクル	4085	4200	4070	4185	△100	2580
ゲオ HD	1313	1321	1283	1283	▼33	3433
アダストリア	1808	1832	1780	1780	▼45	3052
ジーフット	440	443	438	440	0	400

● 株価と社会情勢

株価は日本をはじめ，世界情勢と連動し，常に変動している。

かつて"場立ち"とよばれる証券マン達が，手サインよって株式の売買を行っていたが，現在は電子化が進み，インターネットでの取り引きも簡単に行えるようになった。また，株式市場が開いている，平日午前9時から11時30分まで（前場），午後0時30分から3時（後場）以外にも，ネット証券であればメンテナンスなどの時間帯を除いて24時間取り引きは可能。

東京証券取引所東証 Arrows 内マーケットセンター

旧立会場。場立ちの手サインの様子。1999年4月30日に閉場

🔑 Key Word　カルテル　トラスト　コンツェルン　持株会社
財閥解体　中小企業　下請け　ベンチャー企業

日本の企業は，おたがいに激しい競争をくりひろげているよ。

(1) 資本の集中と独占

　資本主義経済は**自由競争**を原則としている。企業間の自由競争は，消費者に利益をもたらす一方，各企業は厳しい競争にさらされる。そして，力のある企業はより有利に競争できるように，その規模を拡大して市場を独占しようとする。

▶資本の集中

① **資本の蓄積**…企業が，より有利に競争ができるように生産活動で得た利潤を蓄積し，生産規模を拡大すること。

② **資本の集中**…競争に敗れた企業が倒産したり，より大きな企業に吸収・合併されたりして，**大企業**がその規模を拡大すること。

③ **生産の集中**…資本の蓄積や集中により，少数の大企業が市場における生産の比率を高めること。**寡占市場**となって競争が弱まり，消費者が不当に高い商品を買わされたり，中小企業が圧迫されたりする。

▶独占の形態

① **カルテル（企業連合）**…同一業種の複数の企業が，価格や生産量，販売地域，販売条件などについて協定を結ぶこと。市場を独占し価格維持をはかって高い利潤の確保を目指す。

② **トラスト（企業合同）**…同一業種の複数の企業が合併し，大規模化することで価格支配と高い利潤の確保を目指す。トラストは資本の集中の典型といえる。

③ **コンツェルン（企業連携）**…大規模な企業が中心となって，異なる業種の複数の企業を，株式保有や融資，人的交流などを通じて子会社化・孫会社化し支配していく企業集団。

(2) 独占の禁止

　戦前の日本経済に大きな影響力をもっていた**四大財閥**は，戦

◆独占の形態

カルテル

トラスト

コンツェルン

（参考）

合法カルテル
　カルテルは独占禁止法によって原則として禁止されているが，産業不況時の**不況カルテル**，合理化が必要な場合の**合理化カルテル**については例外的に許可される。

持株会社
　複数の会社の株式を保有することによって，それらの会社を支配することを目的とする会社。企業形態はコンツェルンにあたるが，市場支配が目的ではない。**ホールディング・カンパニー**ともいい，社名に「ホールディングス」とつけている。独占禁止法で禁止されていたが，1997年の法改正で設立できるようになった。

後の経済の民主化政策で解体された。そして，**独占禁止法**が制定され，市場の独占や不公平な取引などを禁止した。

▶ 戦前日本の財閥

① **四大財閥**…戦前の日本における独占の中心となった，**三井・三菱・住友・安田**の財閥。同族によって支配された持株会社を中心企業として形成された日本特有のコンツェルン。

② **財閥解体**…財閥は，第二次世界大戦後の**経済の民主化**政策の中で解体された。

(3) 中小企業

巨額の資本をもとに大規模な設備を保有する大企業が存在する一方，日本には多くの中小企業がある。両者の間には，設備・資金調達力・生産性・労働条件（賃金など）において大きな格差が存在する。

▶ 中小企業の状況

① **中小企業**…資本金，従業員数，生産額などが中ぐらい以下の企業をさす。

② **下請け**…大企業が製造過程の一部を中小企業にさせる制度。親会社との間に支配・従属の関係が生まれる。

③ **中小企業の分野**…大量生産に適さない部品の生産，家具や工芸品などの伝統技術の分野，商業やサービス業の分野など。

④ **ベンチャー企業**…中小企業の中には，ソフトウェア開発や情報機器などの新分野で創造性を発揮し，活力のある新しいベンチャー企業が生まれている。

くわしく

経済の民主化

　第二次世界大戦後の占領下において，連合国軍最高司令官総司令部（GHQ）によって，**財閥解体，農地改革，労働組合の育成**などの改革が行われた。

日本の経済は，中小企業によって支えられているといえるね。

中小企業とは（中小企業基本法の定義）

業種	資本金	従業員数
製造業など	3億円以下	300人以下
卸売業	1億円以下	100人以下
小売業	5000万円以下	50人以下
サービス業		100人以下

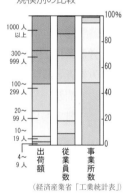

❖ 製造業の従業員規模別の比較

（経済産業省「工業統計表」）

テストに出る！ **つまりこういうこと**

● **資本の蓄積**…生産活動で得た利潤を蓄積し，生産規模を拡大

● **資本の集中**…企業が倒産したり，吸収・合併されたりして，大企業が規模を拡大

● **生産の集中**…少数の大企業が市場における生産の比率を高めること➡**寡占市場**

● **独占の形態**…**カルテル**（企業連合），**トラスト**（企業合同），**コンツェルン**（企業連携）

● **中小企業**…資本金，従業員数，生産額などが中ぐらい以下の企業

3 働く人をめぐる問題

8 労働者の保護

Key Word 労働三権 団結権 団体交渉権 団体行動権
労働三法 労働基準法 労働組合法 労働関係調整法

人はなぜ働くのだ
ろうか。

(1)職業と労働問題

人は，お金を稼ぐためだけでなく，社会の一員として，また，自分の夢をかなえる(自己実現)ために働いている。

▶働くことの意味

① **所得獲得**…消費生活を支え，家計を維持するための所得(お金)を得ること。

② **自己実現**…職業を通じて社会と関わり，自己実現(自分の夢をかなえるなど)を図ること。

③ **役割分担**…社会はそれぞれの分野で働く人々の分業でなりたっており，その役割の一つをはたす。

▶労働問題

① **労働条件**…賃金，就業時間，休日など，使用者(経営者)と労働者との間で約束された働くうえでの条件。

② **労働問題**…労働条件をめぐって，経営者(使用者)と労働者との間で生じる対立。

(2)労働者の権利保障

日本国憲法は**勤労の権利と義務，職業選択の自由，労働三権**の保障を定めている。そして，憲法に基づいて，労働者の権利を守るためのさまざまな法律が定められている。

▶働く権利の保障

① **勤労の権利と義務**…憲法第27条に「すべて国民は，勤労の権利を有し，義務を負ふ」と規定されている。勤労の義務のある国民は，国に勤労の機会を要求する権利がある。

② **職業選択の自由**…憲法第22条に「何人も，公共の福祉に反しない限り…(略)…職業選択の自由を有する」と規定されている。

参考

失業問題

経済活動が停滞・悪化し，企業の倒産や人員整理などが行われると，働く意思や能力があるのに働く機会が得られない状態，すなわち失業が発生する。失業は，家計に貧困をもたらすばかりでなく，生産を支える労働力が有効に活用されない状態であり，社会的な損失も大きい。

労働問題

資本家(経営者)がより多くの利潤を追求しようとする中で，弱い立場の労働者の側に低賃金や長時間労働などの問題が生じる。このような労働問題に対して，労働者を保護するための法が整備され，労働運動が合法的に展開されるようになった。しかし，労働問題は時代とともに形を変えつつ現在も存在している。

くわしく

勤労の権利を保障するための法律

憲法第27条の勤労の権利を保障するために，労働者の募集や職業紹介などについて定めた**職業安定法**や，失業や事故などに対する所得保障と再雇用の促進などについて定めた**雇用保険法**などが制定されている。

▶労働者の権利

① **労働基準法**…憲法第27条の「賃金，就業時間，休息その他の勤労条件に関する基準は，法律でこれを定める」との規定に基づいて制定された**労働条件の最低基準**を定めた法律。

▼ 労働基準法の主な内容

労働条件は使用者と労働者が**対等の立場において**決定
国籍，信条または社会的身分を理由として賃金，労働時間その他の労働条件についての**差別的取り扱いの禁止**
男女同一賃金
労働時間は**1日8時間，1週間40時間以内**
休日は毎週少なくとも1回

② **労働三権**…憲法第28条で「勤労者の団結する権利及び団体交渉その他の団体行動をする権利は，これを保障する」として，**団結権，団体交渉権，団体行動権（争議権）**を保障している。

③ **労働三法**…労働三権を保障する法律として**労働組合法**が，労働争議の解決を図る法律として**労働関係調整法**が制定され，**労働基準法**と合わせて労働三法といわれる。

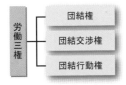
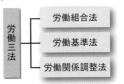

▶労働組合

① **労働組合**…団結権に基づいて結成された組織。

② **不当労働行為**…使用者が労働組合の正当な活動を妨害すること。労働組合法で禁止している。

働く意思と能力のある人に，働く機会を用意することは大切なことなんだよ。

参考

労働委員会
　労働関係の調整や労働争議の解決のために設置されている行政委員会。中央労働委員会や各都道府県の地方労働委員会がある。

参考

労働委員会の調整
斡旋…労使話し合いの仲立ちをして，問題の自主的解決を目指す。
調停…調停委員会によって作成された調停案を労使に示して受け入れを促す。
仲裁…仲裁委員会が労使双方の主張を聞いたうえで，仲裁判定を下し，強制力をもって解決する。

参考

労働組合の組織率
　労働組合の組織率（雇用者数に占める労働組合員数の割合）は年々低下し，2018年は約17%である。労働組合員であるパートタイム労働者は少しずつ増加しているものの組織率は約8%である。中小企業の従業員やパートタイマー，派遣労働者の多くが未組織である。

テストに出る！　**つまりこういうこと**

- **労働基準法**…労働条件の最低基準を定めた法律
- **労働三権**…団結権，団体交渉権，団体行動権（争議権）
- **労働三法**…労働組合法，労働関係調整法，労働基準法
- **労働組合**…団結権に基づいて結成された組織

⑨ 変わる雇用

Key Word 年功序列賃金　終身雇用制　企業別労働組合
非正規雇用　男女雇用機会均等法　育児・介護休業法

(1) 雇用の変化と課題

　日本的労使関係として維持されてきた制度やしくみが，価値観の多様化や経済のグローバル化によって変容してきており，新たな労働問題が発生している。

▶日本的雇用慣行

① **年功序列賃金**…年齢とともに上がる賃金制度。

② **終身雇用制**…採用した企業が定年まで雇用する制度。

③ **企業別労働組合**…企業ごとに組織された労働組合。

▶現代の労働問題

① **日本的雇用慣行の変化**…労働者の高齢化は年功序列賃金の維持を困難にしつつあり，終身雇用制についても，必要な労働力をそのつど市場を通じて確保する方向へ向かっている。

② **リストラクチャリング（リストラ）**…会社の中で収益の悪い部門を削るなどして再構築をはかること。主に中高年齢層の解雇・退職という形がとられた。

③ **雇用の流動化**…パートタイム労働者，派遣労働者などの不安定な雇用形態が増加している。

④ **過労死**…長時間残業や仕事の密度の高さからくる極度の緊張・ストレスによる過労死の問題が起きている。

(2) 雇用の課題

　企業が激しい競争にさらされる中，**パートタイム労働者**や**派遣労働者**などの**非正規雇用**が増加している。また，女性の社会進出が進む中で，女性の雇用に関する法律が整備された。

くわしく

日本的雇用慣行

　日本的労使関係ともいい，これらによって企業に対する家族的な帰属意識，忠誠心などがつちかわれてきたと考えられている。

日本の雇用慣行は世界の中でもめずらしいよ。

---

❶雇用形態別構成割合の推移（男女別）

	女性		昭和	男性		
3.6%	28.5%	67.9%	昭和60年	正規の職員・従業員 92.6%	3.3%	4.1%
3.7	35.5	60.9	平成7年	91.1	5.2	3.7
11.8	40.7	47.5	平成17年	82.3	8.6	9.1
12.3	44.3	43.3	平成26年	78.2	10.5	11.3

その他（派遣社員，契約社員ほか）　パート・アルバイト　（内閣府資料）

男性より女性の方が，パート・アルバイトの比率が高いね。

124

▶非正規雇用の問題

① **非正規雇用**…正社員以外の労働者を雇用すること。パートタイム労働者，派遣労働者などの形態がある。

② **パートタイム労働者**…1週間の所定労働時間が，正社員の労働時間に比べて短い労働者のこと。女性は，結婚や育児で離職して復職する場合，時間のやりくりができるパートタイム労働者を選ぶ場合が多い。

③ **パートタイム労働法**…パートタイムで働く人の労働条件を適正に確保することや，正社員への転換を推進することなどを目的に制定された法律（1993年制定）。

④ **派遣労働者**…派遣会社が採用する労働者を，派遣先の会社の指揮・命令のもとに労働させることを労働者派遣といい，派遣される労働者を派遣労働者という。

▶女性の雇用

① **男女雇用機会均等法**…1985年制定。募集・採用・昇進・定年・解雇などで男女の差別が禁止された。

② **育児・介護休業法**…仕事と子育ての両立を支援するために，男女ともに子育てなどをしながら働きつづけることができる雇用環境を整備することを目的とした法律。1991年制定，2017年改正（→ P.12）。

③ **労働基準法改正**…1998年の改正で**女性の深夜業が認め**られ，新しい職場への女性の進出の道が開かれた。

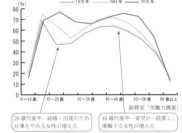

▼女性の年齢階級別労働人口

総務省「労働力調査」

20歳代後半…結婚・出産のため仕事をやめる女性が増える

40歳代後半…育児が一段落し，復職する女性が増える

（参考）

派遣切り

正社員でない派遣労働者は，安易に解雇されるケースが多い。特に，2008年のリーマンショックを発端とする不況で，多くの派遣労働者が職を失い，「派遣切り」として社会問題となった。

（参考）

女性の雇用の現状

日本の就業者に占める女性の割合は，女性の高学歴化と社会参加への意識の高まりや，共働きの増加などによって高くなってきている。しかし，女性の雇用者の約3分の1はパートタイム労働者であり，依然として家事・育児・介護などの家庭の責任を負っていることがうかがえる。

男女共同参画社会基本法

「男性は仕事，女性は家庭」といった性別による固定的な役割分担にとらわれずに，あらゆる分野でそれぞれの個性と能力を発揮できる社会を目指して，1999年に制定された（→P.58）。

20代後半に仕事をやめる女性が減ってきているね。

テストに出る！ **つまりこういうこと**

● **日本的雇用慣行**…年功序列賃金・終身雇用制・企業別労働組合

● **リストラクチャリング（リストラ）**…会社の再構築➡中高年齢層の解雇・退職

● **非正規雇用**…パートタイム労働者，派遣労働者

● **女性の雇用・介護の問題**…**男女雇用機会均等法，育児・介護休業法**

4 市場経済のしくみ

⑩ 市場で決まる価格

Key Word 需要と供給　需要曲線　供給曲線　均衡価格

(1)商品の価格と市場経済

　商品の**価格**（値段）は**市場**で決定される。市場には，財やサービスを取り引きする市場だけでなく，労働市場や金融市場がある。

▶市場と価格

① **価格**…商品（財・サービス）の価値（値打ち）を，貨幣（お金）の量によって表したもの。普段の生活では値段ともいう。

② **市場**…貨幣を仲立ちとして，売り手（供給者）と買い手（需要者）の間で商品が取り引きされる場のこと。財やサービスが取り引きされる市場だけでなく，**労働市場**や**金融市場**などがある。

▶市場経済における価格

① **価格の決定**…生産者は利潤を求めて自由に生産量を決めて商品を市場に送り，消費者は自由な判断で必要なものを購入する。この取り引きの中で価格が決定される。

② **市場経済**…決定した価格に応じて，生産者は生産量，消費者は購入量をそれぞれが自由に決定する。このような経済のしくみのこと。

③ **価格の変動**…消費者が価格を高いと考える場合はその商品を買わず，その結果生産者は生産を手控えるか，価格を下げる。逆に消費者が価格を安いと考えれば多くの人が商品を買うことになり，生産者は増産するか，価格を上げる。

(2)需要・供給と市場価格

　価格は市場における取り引きの中で決まり，需要と供給によって変動し，需要と供給を一致させる働きをもっている。

▶市場における基本的な法則

品物についている値段はどのようにして決まるのだろうか。

くわしく

労働市場

　労働者が得る賃金は，労働力という商品の価格といえる。雇用者（労働力の需要者）と労働者（労働力の供給者）の間で労働力が取り引きされ，労働力の価格（賃金）が決定される。景気変動や産業構造の変化などが労働市場に影響をあたえる。

金融市場

　個人・企業と金融機関，または金融機関と金融機関の間で資金の貸借や証券の売買が行われる市場のこと。現在では，主に情報通信手段を使って取り引きが行われている。資金の調達・運用期間を1年未満に限定して行う**短期金融市場**と，1年以上で行う**長期金融市場**がある。

消費者が価格によって買うか買わないかを決めるように，生産者も価格によって売るか売らないかを決めるよ。

くわしく

需要と供給

　需要とは，財・サービスを購入しようとする要求または購入する量のこと。供給とは，販売のために財・サービスを市場に提供すること，または提供する量のこと。

① **市場価格**…財やサービスが**競争市場**おいて実際に売り買いされるときの価格で，需要と供給によって変動する。**自由価格**ともいう。

② **需要と供給の法則**…**自由競争**の市場においては，価格が下がれば需要が増え，上がれば需要は減る。また価格が上がれば供給が増え，下がれば供給は減る。この需要・供給と価格との間の法則のこと。

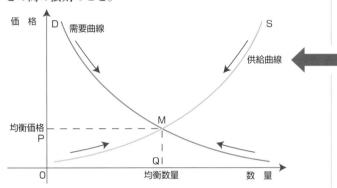

▶ **価格のはたらき**

① **価格の自動調節機能**…市場経済において，生産者は自由に生産量を決定し，消費者は自由に購入量を決定することができるが，価格の変化によって，需要・供給のバランスがとられ，両者が一致(いっち)する方向に動いていく。

② **見えざる手**…**アダム＝スミス**は，神の「見えざる手」により需給の関係は自然に調和し，社会全体の利益と幸福がもたらされるとして，国家が経済に干渉(かんしょう)しない「**自由放任**」の**自由主義経済学**を説いた。

自由競争

国家などによる干渉や規制がない状態で，市場において**多数**の生産者と需要者が利益を求めて自由に行う競争。

※需要曲線は価格が下がると数量が増え，右下がりの曲線となる。

※供給曲線は価格が下がると数量が減り，右上がりの曲線となる。

※両曲線が交わった点で需給はつりあい，そのときの価格を均衡価格，数量を均衡数量という。

アダム＝スミス

18世紀のイギリスの経済学者。著書『国富論』において，資本主義経済の理論化を試みた。「経済学の父」とよばれる。

自由主義経済の修正

自由放任の自由主義経済は，20世紀前半のイギリスの経済学者**ケインズ**の理論に基づき，経済安定のために政府・中央銀行が経済に積極的に介入する政策へと修正(せいさく)された。

第**4**章

私たちの暮らしと経済

テストに出る！ つまりこういうこと

- ● **価格**…商品の価値を貨幣の量によって表したもの
- ● **市場**…貨幣を仲立ちとして，売り手と買い手の間で商品が取り引きされる場
- ● **価格の決定**…生産者と消費者の間の取り引きのなかで決定される
- ● **需要・供給の法則**…価格の下落➡需要増加，供給減少　価格の上昇➡需要減少，供給増加

⑪ さまざまな価格

Key Word 寡占市場　寡占価格　独占価格　独占禁止法
公正取引委員会　公共料金

(1) 流通の過程における価格

商品の価格は，生産者から卸売業者，消費者へとわたっていく（流通）過程で決まっていく。

① **生産者価格**…商品を生産者が卸売業者などに売るときの価格であり，生産費に適正な生産者の利潤を加えた価格。

② **卸売価格**…卸売業者が生産者などから買い入れた商品を，小売業者や別の卸売業者に売るときの価格であり，生産者価格に卸売業者の経費と卸売業者の適正な利潤を加えた価格。

③ **小売価格**…小売業者が消費者に商品を売るときの価格であり，卸売価格に小売業者の経費と適正な利潤を加えた価格。

(2) 競争の強弱による価格

自由競争の市場では，需要と供給の関係により**市場価格**が成立する。しかし，**寡占市場**や**独占市場**では，企業が需要と供給の関係から離れて，価格や生産量を決めることになってしまう。

▶ 寡占市場における価格

① **寡占価格**…自由な競争が行われにくい寡占市場において，少数の供給者が需要と供給を参考にして，一方的に決定する価格。一般に市場価格より高めの価格となる。

② **カルテル価格**…同一産業の複数の企業が高い利潤を確保するために協定して決定する価格であり，一般に市場価格より高めの設定となる。**独占禁止法**で原則的に禁止されている。

③ **管理価格**…寡占市場において最も有力な企業が**プライス・リーダー**（価格先導者）となって価格を設定し，暗黙の了解のもとに他社が追随することで決定される価格。

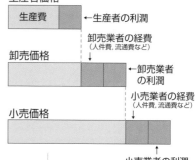

◯ 流通の過程における価格

生産者価格　生産費　←生産者の利潤

卸売価格　卸売業者の経費（人件費，流通費など）　←卸売業者の利潤

小売価格　小売業者の経費（人件費，流通費など）　小売業者の利潤

生産費（コスト）

生産に必要な費用のことで，**原材料費**，機械・設備などの**設備費**（減価償却費など），**人件費**（労働者に支払う賃金など），**流通費**などからなっている。

減価償却費

使用することにより設備・機械などの値打ちが減った分を補う費用のこと。

市場で自由な競争が行われなくなると，ものの値段が高くなるよ。

寡占と独占

寡占とは，少数の企業が市場を支配している状態であり，独占とは1つの企業が市場を支配している状態をさす。

④ **価格の下方硬直性**…カルテル価格や管理価格が形成されると，価格に需給関係が反映されにくくなり，需要が減少したり（供給超過となったり），コストダウン（生産費の削減）がなされても価格は下がりにくくなる。

▶ **独占市場における価格**

① **独占価格**…商品の生産を独占している企業が，自らの判断で決定する価格であり，競争がないことから高い価格の設定ができ，高い利潤をあげられる。

② **独占禁止法**…寡占や独占によって消費者が不利益にならないように，企業が公正に自由な競争を行う状態を目指す法律。**公正取引委員会**が監視にあたっている。

▶ **市場価格の例外**

① **公共料金**…市場経済で価格が決定されると国民の生活にあたえる影響が大きい，公共性の高い財やサービスについての価格。国会の議決や政府・地方公共団体による決定・認可で決定される。

② **公共料金の種類**（消費者庁ホームページより）

国が決定する	社会保険診療報酬，介護報酬など
国が認可・上限認可する	電気料金，都市ガス料金，鉄道運賃，乗合バス運賃，高速自動車国道料金，タクシー運賃など
国に届け出る	固定電話の通話料金，国内航空運賃，郵便料金（手紙・はがき）など
地方公共団体が決定する	公営水道料金，公立学校授業料，公衆浴場入浴料，印鑑証明手数料など

非価格競争

寡占市場においては，価格での競争以外の，品質・デザイン・アフターサービス・広告などの面での競争（非価格競争）がなされるようになる。

非価格競争の具体的な例を考えてみよう。

公正取引委員会

独占禁止法に基づいて設置された行政委員会。委員は学識経験者から選ばれ，独占法違反の事実を調査し，勧告や審判を行う。

テストに出る！ つまりこういうこと

- **寡占市場の価格**…寡占価格…少数の供給者が一方的に決定する価格
- **独占市場の価格**…独占価格…独占企業が自らの判断で決定する価格
- **独占禁止法**…企業の自由な競争をうながすために制定された法律
  ➡**公正取引委員会**が監視
- **公共料金**…公共性の高い財やサービスについての価格

5 金融のはたらき

⑫ 金融のしくみと日本銀行

🔑Key Word 　中央銀行　発券銀行　銀行の銀行　政府の銀行
金融政策　公開市場操作

(1) 金融の役割

　家計や企業の間で，必要な資金を余裕のあるところから必要としているところへ貸し借りして融通することを**金融**という。金融機関には，**中央銀行・公的金融機関・民間金融機関**がある。

▶金融と利子

① **利子**…金融の仲立ちをするのが**金融機関**で，家計や企業は，一定期間融通された資金に対して**利子**を支払う。

② **金利(利子率)**…貸付金額に対する利子の割合を**金利(利子率)**といい，資金に対する需要が多ければ金利は上がり，供給が多ければ金利は下がる。

▶金融機関

① 金融機関の種類…**中央銀行・公的金融機関・民間金融機関**がある。

中央銀行	一国の通貨制度の中心となる銀行で，銀行券の発行を独占的に認められている(**発券銀行**)。
市中銀行	金融機関の中心。家計や企業から資金を預かり，企業などへ貸し付け，貸出金利と預金金利との差額を収入とする。**普通銀行**：都市銀行や地方銀行などの民間の商業銀行。
証券会社	株式・国債など**有価証券**の売買を行うもので，手数料などが収入源である。
保険会社	加入者から集めた保険料などを貸し付けて運用していることから金融機関の一つとなっている。

② **銀行**…家計や企業から**預金を集める受信業務**と，集めた資金を**家計や企業に貸し出す与信業務**，さらに送金や振込みなどの業務を行っている。

③ **信用創造**…銀行の機能のひとつで，預金と融資の繰り返しの結果，銀行全体の総額として預金額以上の資金が貸し付けられ，通貨の供給量が増えること。

金融機関の種類

- 中央銀行…日本銀行
- 普通銀行…都市銀行，地方銀行など
- 長期金融機関…信託銀行
- 中小企業金融機関…信用金庫，信用組合，労働金庫など
- 農林水産金融機関…農業協同組合，漁業協同組合など
- 証券関係金融機関…証券会社など
- 保険会社…生命保険会社，損害保険会社
- 公的金融機関…日本政策投資銀行，日本政策金融公庫

有価証券

　株券(株式)，債券(国債など)，小切手，手形などのように，財産的な価値のあるものについて，その所有者の財産権を表示するもの。

預金の種類
普通預金

　必要な金額をいつでも自由に入金・引き出しができる預金。利子は安い。

当座預金

　いつでも自由に出し入れできるが，引き出しは小切手や手形を使用する。主に企業の代金の受け取りや支払いに利用される。利子はつかない。

定期預金

　6か月，1年，2年など一定の預け入れ期間が定められた預金。期限まで引き出すことはできないが，利子は普通預金より高く設定されている。

中央銀行の制度は，19世紀半ばにイギリスで始まったんだよ。

(2) 日本銀行

日本銀行は，1882年に創立された日本の**中央銀行**である。「**発券銀行**」，「**銀行の銀行**」，「**政府の銀行**」とよばれる役割・特徴をもっており，金融制度の中心的機関である。

① **発券銀行**…日本銀行は，日本の通貨である日本銀行券を独占的に発行することが認められた唯一の銀行である。

② **銀行の銀行**…日本銀行は，一般の銀行に対して資金を貸し付け，一般の銀行の預金の一定割合を**準備預金**として預かる。

③ **政府の銀行**…日本銀行は，税金などの国庫金の保管と出納，国債などの発行や償還，利払いなどの事務を行う。

(3) 金融政策

中央銀行が，通貨の供給量などを調整し景気や物価の安定をはかることを金融政策という。1990年代後半以降の金融政策は，**公開市場操作**のみによって行われている。

① **公開市場操作**…日本銀行が有価証券を売買することによって通貨の供給量を調整する政策である。日本銀行が金融市場で取り引きを行うことを**オペレーション**という。

景気過熱時（金融引き締め政策）	不況時（金融緩和政策）
売りオペレーション →市中銀行資金減少	買いオペレーション →市中銀行資金増加

② **金融の自由化**…1980年代以降，日本では金融システムの強化を図るため，金融自由化の動きが始まり，**金利の自由化**，**金融機関業務の自由化**，**金融の国際化**などが進められた。

日本銀行券の発行限度
通貨の価値を安定させるために財務大臣が決定する。

償還
債務（借金）を返済すること。国債は国の債務であり，返済の期限がくると，償還しなければならない。

準備預金
一般の銀行が預金者の引き出しの要求に応じられるように，一般の銀行の預金の一部を日本銀行に預金することが決められている。

日本銀行の本店は，上空から見ると「円」の形をしているよ。

参考

金利の自由化
日本では長い間，金利を一定に規制することで，金融体制を安定させてきた。しかし，経済の構造が変化するにつれ，金利の規制は金融の効率化を妨げると考えられるようになった。

第**4**章

私たちの暮らしと経済

テストに出る！　**つまりこういうこと**

● **金融機関**…銀行・証券会社・保険会社など
　└**中央銀行**…一国の中心となる銀行（日本は**日本銀行**）
　　　日本銀行の３つの役割➡**発券銀行・銀行の銀行・政府の銀行**
　└**市中銀行**…金融機関の中心。預金を集め，資金を貸し出す
● **金融政策**…現在は**公開市場操作**のみ…景気過熱時➡**売りオペレーション**
　　　　　　　　　　　　　　　　　　　　不況時　　➡**買いオペレーション**

お金とは？

● お金は大きく分けて2種類

「見えるお金」と「見えない
お金」のちがいは何？

　お金には，「見えるお金」（お札や硬貨）と「見えないお金」（プリペイドカードやクレジットカード，スマートフォンのアプリなどで使うお金）の2種類がある。

●「見えるお金」の歴史

（1）物々交換

　　お互いに欲しいものが同じ値打ちになっていないと交換できないので不便である。

（2）物品貨幣

▼貝貨

　　人々が欲しい物をいつでも交換できるしくみを作っていく中で，お金が生まれた。貝や布，家畜（かちく）などが使われた。

（3）金属貨幣

▼古代中国の貨幣

　　やがて，金，銀，銅などの金属のお金がつくられるようになった。中国では，農具や刀などさまざまな形をした青銅貨幣がつくられていたが，秦（しん）の始皇帝が円形に統一した。

布銭は農具（ふせん）の形である。

（4）紙幣

　　世界最初の紙幣は10世紀に中国で流通した「交子（こうし）」である。紙幣には，金や銀との交換が約束されている「兌換紙幣（だかんしへい）」と，交換が約束されていない「不換紙幣（ふかんしへい）」がある。

（5）「円」の誕生

▼明治時代の紙幣

　　日本では，明治のはじめに金本位制を採用し，お金の単位を「円」とした。1882（明治15）年に日本銀行が設立され，その3年後に10円の兌換紙幣（「日本銀行兌換券」）が発行された。昭和に入り金との兌換が停止され，1942（昭和17）年に日本銀行法が制定されて不換紙幣（「日本銀行券」）の発行が始まった。

●「見えないお金」…キャッシュレス

　現金，すなわち「見えるお金」（紙幣・硬貨）を使わずにお金を払ったり受け取ったりすることをキャッシュレスという。「見えるお金」に対して，キャッシュレスは「見えないお金」ということになる。現金がデジタル化（電子データの形に）され，電子マネーとなったことで普及した。

　キャッシュレスには，前払い型（プリペイドカード），同時支払い型（デビットカード），後払い型（クレジットカード）の3種類がある。

　また，これらのカードの機能をスマートフォンのアプリで行うスタイル（お店でバーコードやQRコードをかざして支払う）が普及している（右の写真）。

プリペイドカード （前払い型） 対象→**0歳以上**	前もってカードを購入するか，カードにチャージ（入金）しておいて，ものを買うときや電車やバスに乗るときに使う。	コンビニなどで使える流通系のカードと，電車やバスに乗るときなどに使う交通系のカードがある。
デビットカード （同時支払い型） 対象→**15歳（高校生）以上** （中学生は使えない）	自分の銀行口座をつくり，預金の範囲内で支払うことができるカード。	銀行のキャッシュカードを買い物に利用できるものがある。
クレジットカード （後支払い型） 対象→**18歳以上**	月1回の支払日にまとめて支払う仕組みのカード。一括払いだけでなく，分割払いなどもできる。	安定した収入があることなどが条件となる。また，利用する人の信用の大きさによって使える金額が変わる。

● キャッシュレスの長所と短所

長　所	短　所
現金を持ち歩かないので安全である。 支払いが簡単である。 支払いの情報がデータ化されていて管理しやすい。 <div align="right">など</div>	お金を使っている実感があまりない。 使い始めるのに手続きが必要である。 使えないお店がある。 災害などで停電すると利用できなくなる。 <div align="right">など</div>

情報通信技術の発達が, 経済のグローバル化を急速に進めたよ。

🔑 Key Word　外国為替取り引き　国際通貨　産業の空洞化
多国籍企業

(1) 金融のグローバル化

1970年代まで, 日本では金融機関が破綻しないように強い規制が行われていた。しかし, **経済のグローバル化**が進む中で, 日本でも**金融の自由化**が進められた。

▶ 国際的取り引きの自由化

① **規制の時代**…高度経済成長時代まで, 日本では, 資金の外国との取り引きや金融機関の業務が強く規制されていた。

② **金融の自由化**…高度経済成長により, 日本の国際競争力が強まると, 諸外国から金融に関する自由化が求められ, 1980年, 国が管理していた**外国為替取り引き**が原則的に自由となった。

③ **金融のグローバル化**…コンピューターやインターネットなどの情報通信技術が発達し, 金融取り引きが国境を越えて世界的に活発に行われるようになった。

④ **金融ビッグバン (日本版)**…日本では, 情報通信技術の世界的発展にともない, 1996年に銀行・証券・保険の3分野にわたって自由化を進める改革を行った。

(2) 国際金融の動き

外国と経済的な取り引きを行う場合, おたがいにお金の単位が異なるので, 交換比率 (為替相場) を設定して取り引きを行うことになる。この比率の動きが, 経済に大きな影響を及ぼす。

▶ 国際経済における取り引き

① **国際通貨**…外国と取り引きをする場合, ドル (アメリカ), ユーロ (EU), 円 (日本) など信用のある通貨で代金を支払ったりする。このような通貨を国際通貨という。

② **為替相場**…通貨と通貨の交換比率を為替相場 (為替レート) といい, 貿易量は為替相場と密接な関係にある。

くわしく

外国為替取り引き
国によって単位の異なるお金, たとえば円をドルやユーロに換える, またドルやユーロを円に換えるときに, 現金や金を使わずに決済すること。

金融ビッグバン
「ビッグバン」とは, 宇宙の始まりの大爆発のこと。イギリスで1986年に, 証券取り引きの大改革を行ったが, これを金融ビッグバンとよんだ。

1930年代までは, 金が国際通貨の役割をはたす金本位制だったよ。

●円高：（例）1ドル＝100円であったものが，1ドル＝80円になったとき（円の価値は上がる）のこと。

→ 輸入が増えて輸出が減る

●円安：（例）1ドル＝80円であったものが，1ドル＝100円になったとき（円の価値は下がる）のこと。

→ 輸入が減って輸出が増える

📖 くわしく

円高と輸出

　1ドル＝100円のとき，100円の輸出品がアメリカでは1ドルになる。1ドル＝80円（円高ドル安）になると，アメリカで1.25ドルに値上がりして売れにくくなり，輸出に不利となる。

▶ 円高の影響

① **円高不況**…1985年ごろから87年にかけて，貿易黒字を背景に急激な円高が進み，輸出産業の成長が減速した。

② **産業の空洞化**…企業は貿易摩擦回避策と合わせて，円高対策として工場などの**生産拠点の海外移転**を進めた。その結果，国内の投資や雇用がしぼんだ。

▶ 不安定になる世界経済

① **多国籍企業**…多くの国に進出する企業。国境を越えた投資を活発に行う。

② **マネーゲーム**…情報通信技術の発達にともない，為替市場に投機的資金が流入した。その結果，**投機的取り引き**（マネーゲーム）でやりとりされる金額が，貿易や投資の金額をはるかに超える額に急増した。

③ **通貨危機**…金融市場が世界的に拡大すると，ある国の通貨の急落が引き金となって通貨危機が起こり，世界経済が混乱する。

▲ 我が国自動車メーカーの世界自動車生産台数の推移

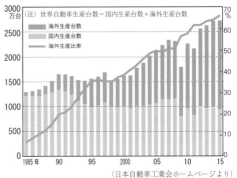

（日本自動車工業会ホームページより）

▼ 市場の取り引き時間

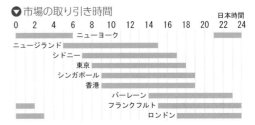

テストに出る！ **つまりこういうこと**

● **金融の自由化**…国際競争力の高まり➡外国為替取り引きなどの自由化

● **金融のグローバル化**…**情報通信技術の発達**➡金融取り引きの国際化

● **為替相場**…通貨と通貨の交換比率（為替レート）**円高**➡輸入増・輸出減　**円安**➡輸入減・輸出増

● **円高不況**…1985〜87年に急激な円高➡輸出産業に打撃

➡生産拠点の海外移転➡**産業の空洞化**

6 財政のはたらき

⑭ 財政のはたらき・国の収入と支出

🔑 Key Word ▶ 所得再分配　累進課税
自動安定装置（ビルトインスタビライザー）

日本は，生活関連の社会資本の整備が欧米諸国に比べて遅れているよ。

(1) 財政の役割

　国や地方公共団体は，家計や企業などからの租税収入をもとに，家計や企業にものやサービスを提供する。このような経済活動を**財政**といい，国家財政と地方財政がある。

▶ **財政の役割**

① **社会資本の整備・公共サービスの提供**…国や地方公共団体は，道路・港湾・上下水道・学校などの**社会資本**を整え，防衛・治安維持・教育・社会保障などの**公共サービス**を提供する。

② **所得再分配**…財政は，所得の多少による貧富の差の拡大を抑制するために，**累進課税制度**などの税制や**社会保障**により所得を再配分し，不平等を是正する役割をもつ。

③ **経済の安定**…財政は，経済を安定させる機能（**自動安定装置，ビルトインスタビライザー**）を有している。また，政策的に経済を安定させることも行われる（**裁量的財政政策，フィスカルポリシー**）。

(2) 国の収入と支出

　会計年度の財政上の収入を**歳入**，支出を**歳出**という。歳入と歳出の見積もり（または計画）を予算という。国の予算は，**一般会計，特別会計**などに分けられる。

▶ **予算**

① **一般会計予算**…政府の通常活動のための歳入と歳出の予算。社会保障・公共事業・教育・国防・外交などの一般の行政に使われる。

② **特別会計予算**…国が特別な事業を営むための歳入と歳出の予算。エネルギー対策特別会計や東日

くわしく

社会資本
　上下水道や病院・学校などの**生活関連社会資本**と，道路・鉄道・港湾などの**生産関連社会資本**の2つからなる。

累進課税制度
　所得税や相続税などの直接税において，所得が高い人ほど税率を高くする制度。

自動安定装置（ビルトインスタビライザー）
　財政には，**累進課税制度**や社会保障制度を組み込んでおくことで，景気の変動を自動的に打ち消し平均化する機能がある。具体的には，景気後退時は社会保障の給付が増え，景気過熱時には租税が自然に増えるので，景気変動が平均化されることになる。

裁量的財政政策
　景気後退時には，減税を行ったり社会資本の整備などの財政支出を増加させたりすることで景気を刺激し，景気過熱時には，増税や財政支出を引き締めるなどの財政政策の実施により，経済の安定を図る。

🔽 一般会計と特別会計の歳出額

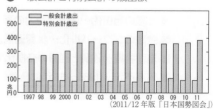

(2011/12年版「日本国勢図会」)

本大震災復興特別会計などがある。すべてを合わせた金額は一般会計よりも大きい。

③ **財政投融資**…民間の金融機関では調達が困難な資金の融資を行う。以前は，郵便貯金などが資金源となっていたが，現在は財政投融資特別会計国債を発行して資金を調達している。

財政投融資は，「第二の予算」とよばれていたが，2001年以降，その額は減少してきているよ。

▶ 歳入

① **歳入額**…2020年度の当初予算の歳入は**約102兆7千億円**。
② **内訳**…約62%が**租税**，32%が**公債金（国債）**である。
③ **その他の収入**…国の事業で得た収入，国の財産の処分による収入などからなっている。

▶ 歳出

① **社会保障関係費**…主に社会的に弱い立場にある人々を助けるために支出されており，近年増加している。
② **公共事業関係費**…道路・港湾・住宅などの整備のために支出される。
③ **文教および科学振興費**…教育や科学技術発展のために支出される。
④ **防衛関係費**…国の防衛のために支出される。
⑤ **地方交付税交付金など**…地方公共団体の財政の調整と補助のために支出される。
⑥ **国債費**…国債の償還や利子の支払いのために支出される。

● 国の歳入と歳出

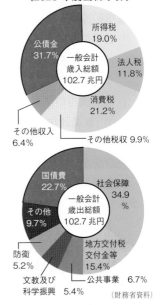

《2020年度当初予算》

《2020年度当初予算》
公債金 31.7%
所得税 19.0%
法人税 11.8%
一般会計歳入総額 102.7兆円
消費税 21.2%
その他収入 6.4%
その他税収 9.9%

国債費 22.7%
社会保障 34.9%
その他 9.7%
一般会計歳出総額 102.7兆円
地方交付税交付金等 15.4%
防衛 5.2%
公共事業 6.7%
文教及び科学振興 5.4%

（財務省資料）

テストに出る！　つまりこういうこと

● **財政の役割**…社会資本の整備・公共サービスの提供

　　　　　　所得再分配➡累進課税制度，社会保障によって貧富の差の拡大を抑制

　　　　　　経済の安定➡自動安定装置（ビルトインスタビライザー）

　　　　　　　　　　　裁量的財政政策（フィスカルポリシー）

● **予算**…一般会計予算，特別会計予算

● **歳入**…歳入額。2020年度の当初予算➡約62%が租税，32%が公債金（国債）

● **歳出**…**社会保障関係費，公共事業関係費，文教および科学振興費，防衛関係費，地方交付税交付金，国債費**など

⑮ 税と国債

Key Word 国税 地方税 直接税 間接税 所得税
法人税 消費税 国債

(1) 租税のしくみ

　租税は，歳入の主要な財源であり，日本国憲法第30条では国民の納税の義務を定めている。

▶課税の原則

① **公平の原則**…税の負担は公平でなければならない。日本では，さまざまな税金を組み合わせて公平性を保つようにしている。

② **応能負担の原則**…所得の多い者ほど多くの税を負担（**累進課税**）し，所得が同じであれば同じ額の税を負担するという原則である。

▶税の制度

① **国税**…国に納める税。所得税や法人税などがある。

② **地方税**…地方公共団体に納める税。都道府県税と市町村税がある。

③ **直接税**…税を納める人と負担する人が同じである税。

④ **間接税**…税を納める人と負担する人が異なる税。

▶税金の種類

① **所得税**…個人の所得にかけられる税金である（累進課税）。

② **法人税**…会社などの法人の所得にかけられる税金。

③ **消費税**…商品やサービスの提供にかけられる税金。納税者は商品やサービスを提供する事業者，税の負担者は消費者となる間接税である。

	国　税	地　方　税	
		道府県税	市町村税
直接税	所得税・法人税・相続税・贈与税	道府県民税・事業税・自動車税	市町村民税・固定資産税
間接税	消費税・酒税・たばこ税・関税・揮発油税	道府県たばこ税・地方消費税・ゴルフ場利用税	市町村たばこ税・入湯税

日本の間接税の比率が高くなってきているのはなぜかな。

▼国税の直接税・間接税比率の推移

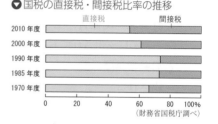

直接税　　　　間接税

2010年度
2000年度
1990年度
1985年度
1970年度

0　20　40　60　80　100%

（財務省国税庁調べ）

くわしく

直間比率
　税収全体に占める直接税と間接税の割合のこと。
各国の直間比率（2017年）
　日本：67：33（国税＋地方税）
　アメリカ：79：21
　イギリス：57：43
　フランス：55：45

税の公平性
　所得税は累進課税であるが，消費税などの間接税は所得の多少にかかわらず一定税率がかけられるため，所得が少ない者ほど負担が重く（逆進性が高く）なる。

138

(2) 国債

国や地方公共団体が，財政の不足を補うために発行する債券を公債という。これは，国や地方公共団体の借金である。公債には，国が発行する**国債**，地方公共団体が発行する**地方債**がある。

▶ 国債の種類と発行

① **建設国債**…公共事業などのために発行する国債で，ダムや港湾，道路など後に残るものを建設するため，財政法でその発行が認められている。

② **赤字国債（特例国債）**…一般会計の歳出にあてる財源を確保するために発行する国債。原則，発行が禁じられているが，1975年の財政特例法に基づき発行されるようになった。

▶ 国債発行増加の悪影響

世代間の不公平	将来の世代の負担を多くする可能性がある。
財政の硬直化	歳出に占める国債費の割合が大きくなり，自由に使えるお金が少なくなる。
クラウディングアウト	金融市場の資金が吸い上げられて金利が上昇し，民間の経済活動がおさえられてしまう。

公債費

公債が大量に発行されると，その償還や利子の支払いの費用である公債費が大きくなり，財政を圧迫する。2019年当初予算で，一般会計の歳入の約32%が公債金（国債による資金）であり，また歳出の約23%が国債費である。

赤字国債の発行

1964年の東京オリンピックの翌年に不況となり，歳入が減った分を補うために国債が発行された。事実上，初めての赤字国債の発行である。1973年の石油危機の後，1975年に財政特例法が制定され，赤字国債が発行されつづけることになった。

第4章 私たちの暮らしと経済

ワニの口（日本の財政赤字）

1991年以降の歳出と税収を折れ線グラフに表すと，右の絵のように，まるでワニの口のようになる。高齢化の進行とともに社会保障費が大きく膨らんで歳出が右上へ伸び続ける一方，バブル経済崩壊の影響で税収が伸び悩んだことがこのようなことになった要因である。そして，その差は国債の発行（借金）で穴埋めされてきた。財政が今後も大丈夫かどうかを見るうえでは，税収を生み出す元になる国の経済

規模（GDP）に対して，どれぐ

らいの借金をしているかが重要である。日本の借金の残高はGDPの2倍を超えており，これは先進国の中で最も高い水準である。2020年度は，新型コロナウイルス感染拡大対策によってワニの上あご（歳出）が，さらに大きく開かれてしまうことになる。

テストに出る！　つまりこういうこと

- ● 税の制度…**国税**と**地方税**（都道府県税と市町村税）。直接税と間接税

  直間比率…税収全体に占める直接税と間接税の割合

- ● 国債…建設国債…公共事業などのために発行

  赤字国債（特例国債）…一般会計の歳出にあてる財源を確保するために発行

139

⑯ 景気の動きと対策

🔑 Key Word ▶ 国内総生産（GDP）　経済成長率

景気変動（景気循環）　好況（好景気）　不況（不景気）

財政政策　金融政策　公開市場操作　ポリシーミックス

経済は，好況と不況を繰り返しながら成長していくよ。

(1) 景気の変動

　資本主義経済では，好況・不況を繰り返しながら（景気変動），経済の規模が拡大（経済成長）していく。また，急激な不況（恐慌）によって経済が混乱することがある。

▶ 国内総生産と経済成長

① **国内総生産（GDP）**…国内で，1年間に新たにつくり出された財とサービスの合計。その国の経済規模を示す指標となるものである。

② **経済成長**…経済の規模が拡大することを経済成長といい，国内総生産の伸びで示されることが多い。拡大の割合を**経済成長率**という。

③ **景気変動（景気循環）**…経済活動が自由な資本主義経済では，全体としての生産は無計画となり，需給関係に不均衡が生じて好況・不況が繰り返される。

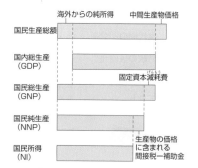

▶ 景気の変動

① **好況（好景気）**…生産量・雇用量ともに増加し，賃金も上がり，企業の利潤も増加する。経済活動は活発となるが，一方で**インフレーション**（継続的な物価上昇）が起こりやすい。

② **不況（不景気）**…経済活動が停滞して生産量が縮小する。企業が倒産し，失業者が増加する。

③ **恐慌**…不況が急激に進むこと。失業者が急増し，株価を含め価格が暴落するなど経済が混乱した状態となる。

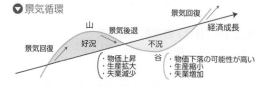

▼ 景気循環

高度経済成長の時代でも，好況と不況の繰り返しがあったよ。

(2) 景気対策

景気の変動に対して，政府は財政支出の増減や税の伸縮などを行う**財政政策**と日本銀行が行う**金融政策**を組み合わせた経済政策（ポリシーミックス）を展開している。

▶ 財政政策

① **不況時の対策**…公共投資の増加，所得税や法人税の減税などによって**有効需要**を生み出す政策がとられる。

② **景気過熱時の対策**…公共投資の削減，支出の繰り延べ，増税などによって，**有効需要**を抑制する。

▶ 金融政策

① **不況時の対策**…日本銀行が市場の資金量を増やすために，国債などの有価証券を買う（**買いオペレーション**）。

② **景気過熱時の対策**…日本銀行が所有する国債や社債などの有価証券を売って，市場の資金量を減らす（**売りオペレーション**）。

▶ ポリシーミックス

経済を安定的に成長させていくためには，財政政策と金融政策などの必要な政策を選択して組み合わせる（ポリシーミックス）ことによって効果を得ることができる。

	不況時	景気過熱時
財政政策	公共事業の増加・前倒し，減税	公共事業の削減・繰り延べ，増税
金融政策	買いオペレーション	売りオペレーション

積極的な財政政策による景気刺激策は，財政赤字の原因になってきたよ。

有効需要

実際にお金を支払う力がともなった需要（買い手が買おうとする量）のこと。

（参考）

財政政策の問題点（不況時）

国会の審議と議決が必要なため始動まで時間がかかる。また，社会資本がある程度整備された状態では，公共投資は費用に比べて効果が小さいため，公債発行が将来の負担増を招くおそれがある。

金融政策

1990年代後半までは，公定歩合を上げ下げする金利政策や預金準備率操作が行われていたが，現在の金融政策は公開市場操作中心で行われている。

テストに出る！ **つまりこういうこと**

● 国内総生産（GDP）…国内で，1年間に新たにつくり出された財とサービスの合計

● 経済成長…経済規模が拡大すること。国内総生産の伸び率＝**経済成長率**

● 景気変動（景気循環）…好況（好景気）・不況（不景気）が繰り返されること

　　　　　　恐慌…急激な不況→失業者急増，株価価格が暴落➡経済混乱

● 景気対策…財政政策・金融政策を組み合わせて行われる➡ポリシーミックス

7 国民の福祉

⑰ 社会保障の役割

すべての人が，病気になったり，高齢になったりして社会的弱者になる可能性があるよ。

(1) 社会保障とは

社会保障とは，貧困や失業・病気・高齢などの生活不安に対して，相互扶助の精神に基づき，国が国民の**最低限度の生活(ナショナル＝ミニマム)**を保障するものである。

▶生存権と社会保障制度

① **生存権**…憲法第25条には「すべて国民は，健康で文化的な最低限度の生活を営む権利を有する」と規定され，国の責務として生存権を保障することが定められている。

② **社会保険**…傷病や失業，高齢などに際して生活を保障する。

③ **公的扶助**…健康で文化的な最低限の生活を保障するために，生活困窮者の生活費や教育費を支給する。

④ **社会福祉**…保護や援助が必要な児童や高齢者，障害者などの社会的弱者の生活を支える。

⑤ **公衆衛生**…感染症などの病気を予防し，環境衛生を改善する。実施機関として全国に保健所が設置され，住環境・飲食物の衛生，伝染病予防などを行っている。

▶社会保障の費用負担

① **税金によるもの**…**公的扶助・社会福祉・公衆衛生**は税金によってまかなわれ，社会保障制度の中心になっている。

② **社会保険料と税金**…**社会保険**は，税金と被保険者(労働者本人)および事業主の負担する社会保険料によってまかなわれている。

(2) 日本の社会保険制度

社会保険は，傷病や失業，高齢などの生活上の不安に対して一定の給付を行う社会保障制度の中心的

（参考）

社会保障関係の法律
・社会保険…健康保険法，国民健康保険法，国民年金法，厚生年金法，雇用保険法，労働者災害補償保険法
・公的扶助…生活保護法
・社会福祉…老人福祉法，児童福祉法，母子福祉法，身体障害者福祉法，知的障害者福祉法
・公衆衛生…伝染病予防法，結核予防法，廃棄物処理法，下水道法

くわしく

公的扶助の内容
生活保護法によって規定されており，生活・教育・住宅・医療・出産・生業・葬祭・介護の8つの扶助がある。

▼国民負担率の国際比較

（日本は2019年度，日本以外は2016年のデータ）

	日本	アメリカ	イギリス	ドイツ	スウェーデン	フランス
社会保障負担率	17.4	8.4	10.5	22.2	5.2	26.5
税負担率	25.4	24.7	36.3	31.2	53.6	40.8
国民負担率	42.8	33.1	46.9	53.4	58.8	67.2

国民負担率＝税負担率＋社会保障負担率

（世界国勢図会ほか）

な制度である。医療保険・年金保険・雇用保険・労災保険・介護保険などがある。

▶社会保険

① **医療保険（健康保険）**…被保険者またはその扶養者が病気やけがをした場合に，医療サービスやその他一定の給付をする社会保険制度。

② **年金保険**…働けるときに保険料を支払い，老後や障害または死亡時に給付金を受ける保険制度。

◆ 年金制度のしくみ

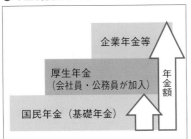

国民年金だけの自営業者は，会社員や公務員より，給付金が少ないよ。

③ **雇用保険**…失業者への失業給付や新たな失業を防ぐための各種の給付を行う。

④ **労働者災害補償保険（労災保険）**…業務上の原因による労働災害の補償のための保険制度であり，事業主と国が費用を負担している。

⑤ **介護保険**…生活に介助が必要になった場合に介護サービスの費用の一定部分を負担する保険。**介護保険法**により，2000年4月から導入された。

参考

医療保険の種類

　企業に勤める者を対象とする**健康保険**，自営業者や農業従事者などの非雇用者を対象とする**国民健康保険**，公務員などを対象とする**共済組合**などがある。国民健康保険が全国で実施され，**国民皆保険**が実現した。

年金保険の種類

　すべての成人が加入する**国民年金（基礎年金）**，民間企業の被雇用者が加入する**厚生年金**，主に公務員が加入する**共済年金**がある。国民年金法の制定によって**国民皆年金**が実現した。現在は，無職の給与所得者の配偶者や学生の加入も義務づけられている。

◆ 社会保障関係費の内訳の推移

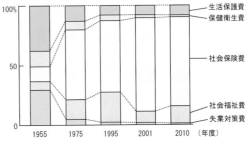

テストに出る！　つまりこういうこと

● **社会保障**…国が国民の最低限度の生活（ナショナル＝ミニマム）を保障する

● **生存権**…「すべて国民は，健康で文化的な最低限度の生活を営む権利を有する」（憲法第25条）

● **社会保障制度**…社会保険，公的扶助，社会福祉，公衆衛生

● **社会保険制度**…医療保険（健康保険），年金保険，雇用保険，介護保険

⑱ 社会保障の課題

🔑 Key Word 　少子高齢社会　晩婚化・未婚化　年金問題
介護保険　要介護認定　バリアフリー社会

少子高齢化に対する政策が，社会保障制度を維持するうえでの大きな課題だよ。

(1) 少子高齢社会

　少子高齢化が進んでいる日本では，高齢者に関わる社会保障のあり方が大きな課題となっている。

▶少子高齢社会の進行

① **少子高齢化**…日本は現在世界に例をみない速度で高齢化が進んでおり，また出生率の低下から少子化も進展している。

② **合計特殊出生率**…1人の女性が生涯に産む子どもの数の平均である合計特殊出生率は，2005年が最低で1.26，その後少し回復したが，2017年は1.43と依然低水準にある。

③ **晩婚化・未婚化**…非正規雇用などの不安定な労働環境や国民生活の変化で進んでいる。少子化の原因の一つである。

④ **老年人口の予測**…2020年の高齢社会白書（内閣府）によると，2036年に老年人口(65歳以上)は全人口の33％を超え，3人に1人が高齢者になり，2065年には生産年齢人口（15〜64歳）と老年人口の比率が1対1.3になると予測されている。

▶社会保障の課題

① **社会保障関係費の増加**…高齢化の進展から，医療保険や年金保険などの社会保障関係費は年々増加しており，国の一般会計予算の3分の1近くを占めるようになった。

② **年金問題**…年金支給開始年齢の引き上げはすでに始まっているが，今後の社会保障制度そのものの設計はどうすべきか，世代間の格差の問題も含めて本格的な対策を迫られている。

▶介護保険のしくみ

40歳以上の人が全員加入して，保険料を支払う。	各市町村が地域の実情に即して運営する。	要介護認定を受けると，症状に応じてさまざまサービスを受けることができる。

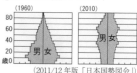
▼日本の人口ピラミッド
(2011/12年版「日本国勢図会」)

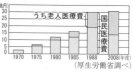
▼国民医療費と老人医療費の推移
うち老人医療費／国民医療費
(厚生労働省調べ)

生涯未婚率
　50歳の男女のうち結婚歴がない人の割合のこと。生涯未婚率の上昇は，少子化に影響する。実際の数値は以下の表の通りである。

	男	女
1970年	1.7%	3.3%
1980年	2.6%	4.5%
1990年	5.6%	4.3%
2005年	16.0%	7.3%
2015年	24.2%	14.9%

(平成27年版厚生労働省白書)

① **介護保険法**…40歳以上で介護が必要になった人の自立生活を支援するために，保険料や税金を財源として，在宅または施設で介助やリハビリなどのサービスを提供することを目的として制定された。1997年制定，2000年から実施。

② **要介護認定**…給付によるサービスを受けるには，原則として要支援・要介護の認定を受けることが必要である。要介護の認定を受けた人が2009年で約470万人だったが，2019年には約656万人となり，高齢化とともに大きく増加した。

③ **保険料・利用料の見直し**…利用人口の増加による給付の増大化で制度の維持が困難になることが予想され，保険料の引き上げ，保険料負担者年齢の引き下げ，利用料負担の引き上げなどが進められている。

(2) 福祉社会の実現へ

福祉社会を実現するためには，障がいをもった人や高齢者などの社会的弱者に対して優しい社会をつくることが求められる。

① **ノーマライゼーション**…障がい者や高齢者が特別扱いされたり施設に隔離されたりするのではなく，一般の人々と同様の生活を送り，ともに生きることができるようにする考え方。

② **バリアフリー社会**…障がい者や高齢者が社会生活を営むうえでの障壁がない社会。バリアフリー化の試みが，道路・公園・駅・図書館などの公共施設を中心に進んでいる。

③ **ユニバーサルデザイン**…障害者や高齢者，さらに言語・年齢・性別・能力などのちがうすべての人が利用しやすいように，製品や施設をデザインすること。

（参考）

小家族化

　2019年には，世帯数が約5853万世帯と過去最高を記録する一方，1世帯あたりの平均人数は最低の2.18人となり，減少しつづけている。未婚化や高齢化で独身世帯や高齢者の単身世帯が増えている。単身世帯が増えると，高齢になっても支える同居家族がいないため公的な介護サービスや医療に頼らざるを得ない人が増える。

第**4**章 私たちの暮らしと経済

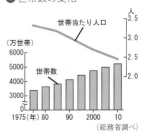

▼ 世帯数の変化

ユニバーサルデザインの身近な例を探してみよう。

テストに出る！ | **つまりこういうこと**

● **少子高齢化**…高齢化の進行とともに，出生率の低下から少子化も進展している

● **合計特殊出生率**…2005年が最低で1.26，2017年は1.43

● **要介護認定**…高齢化とともに増加➡保険料・利用料の見直し

● **バリアフリー社会**…障がい者や高齢者が社会生活を営むうえでの障壁がない社会

バリアフリー化➡公共施設を中心に整備

⑲ 公害と環境保全

🔑 **Key Word** 　四大公害訴訟　新潟水俣病　四日市ぜんそく

イタイイタイ病　水俣病　公害対策基本法　環境省

環境基本法　環境アセスメント

(1) 公害の発生

　人間は，必要なものを自然から取り入れ，不必要なものを自然に排出して生きている。排出されたものは自然の中で浄化・再生され，その循環の中で人間は生命と健康を維持してきた。公害問題は，基本的にこの循環の破壊である。

▶公害問題

① **公害の社会問題化**…近代産業の成立以降，地下資源を大量に採掘し，**大量生産，大量消費**が始まった。そして，大量に排出された廃棄物が自然の浄化と再生の能力を破壊した。

② **日本の公害問題**…明治時代に日本の公害問題の原点といわれる**足尾銅山鉱毒事件**が起こった。しかし，当時の公害は，地域限定的なものであった。

③ **高度経済成長時代の公害**…高度経済成長期に，重化学工業を中心としたコンビナートの建設が進展し，**産業廃棄物**として有害物質が大量に排出され，**産業公害**が全国的に広がった。また都市化の進展とともに**都市公害**が発生した。

④ **四大公害訴訟**…1960年代後半にあいついで提訴された**新潟水俣病訴訟・四日市ぜんそく訴訟・イタイイタイ病訴訟・水俣病訴訟**を四大公害訴訟といい，いずれも原告が全面勝訴した。

🔻四大公害訴訟の概要

	新潟水俣病	四日市ぜんそく	イタイイタイ病	水俣病
被害地域	新潟県阿賀野川流域	三重県四日市市	富山県神通川流域	熊本県水俣湾沿岸
被　告	昭和電工	昭和四日市石油など6社	三井金属鉱業	チッソ
提訴年	1967年	1967年	1968年	1969年
訴訟内容	水質汚染 有機水銀中毒	大気汚染 亜硫酸ガスによるぜんそく 共同責任の追及	水質汚染 カドミウム中毒 賠償請求	水質汚濁 有機水銀中毒 賠償請求
		賠償請求		
判　決	原告全面勝訴	原告全面勝訴	原告全面勝訴	原告全面勝訴

物質的な豊かさを追求したことで，公害が社会問題になったよ。

足尾銅山鉱毒事件

　栃木県の足尾銅山から流出する鉱毒のために農作物や魚が汚染され，渡良瀬川流域の住民が被害を受けた。公害反対運動のリーダーであった**田中正造**は天皇に直訴した。

産業廃棄物

　産業活動にともなう，工場などからの排出物。水質汚濁の大きな原因となる。水銀・カドミウム・シアン・クロム・PCB・鉛など，工場廃液中に含まれるものが多い。

産業公害・都市公害の具体例

●産業公害…大気汚染・水質汚濁・土壌汚染・騒音・地盤沈下など。

●都市公害…ごみ問題・日照権問題など。

日本で特に苦情が多い公害は，騒音と大気汚染だよ。

(2) 公害の防止

　1967年に**公害対策基本法**が制定された。**経済調和条項**があったが，1970年に条項が削除された。その後，1993年に**環境基本法**が制定されて現在に至っている。

▶公害対策基本法の時代

① **公害対策基本法**…事業者や国・地方公共団体の責務，環境基準の設定などが規定された（1967年制定）。

② **環境庁**…1971年設置，統一的な環境保全行政（ぎょうせい）を行うこととなった（2001年より**環境省**）。

③ **汚染者負担の原則（ＰＰＰ）**…環境汚染の防止や被害者救済費用は汚染者が負担するという考え。1972年に経済協力開発機構（ＯＥＣＤ）閣僚（かくりょう）理事会が勧告（かんこく）し，確立された。

▶環境基本法の時代

① **環境基本法**…国連環境開発会議（1992年）の動きを受けて，公害対策基本法に変わる形で制定された（1993年）。環境保全の基本理念，国や地方公共団体，事業者，国民の責務などが規定された。

② **環境影響評価法（環境アセスメント法）**…大規（だいき）模な開発を行う前に，開発による環境への影（は）響（きょう）を調査・評価し，環境破壊の未然防止を目的として定めた法（1997年制定）。

③ **循環型社会形成推進基本法**…資源を有効に活用し，廃棄物を最小限におさえる循環型社会を目指す。廃棄物の発生をおさえ（**リデュース**）て，廃棄物を再使用（**リユース**）し，廃棄物を再生利用（**リサイクル**）するという**３Ｒ**が推奨（すいしょう）されている（2000年制定）。

参考

総量規制

　大気や水中に排出される汚染物質の総量そのものを規制すること。従来の濃度による規制では汚染レベルを下げることができないため採用された。日本では1974年に大気汚染防止法の改正で導入された。

企業活動の国際規格（ぎょう）

　環境の保全は地球規模の課題であるため，企業活動の環境管理に関する国際規格がある。企業が環境への負荷を減らしていくための努力目標を自ら設定し，そのための取り組みを実行し，その結果を認証機関が認定するしくみになっている。

環境会計

　環境コストや効果などを把握（はあく）する企業の会計のしくみ。導入する企業が増えてきている。

◯循環型社会に向けた処理の優先順位（じゅんかんがた）

天然資源の投入

天然資源の消費を抑制

1番目：発生抑制
Reduce
リデュース

生産
（製造・運搬など）

3番目：再生利用
Recycle
リサイクル

循環型社会（じゅんかんがた）
の実現

消費

処理（リサイクル，焼却など）

廃棄

2番目：再使用
Reuse
リユース

4番目：熱回収
5番目：適正処分

最終処分（埋め立て）

（平成17年「環境白書」より）

テストに出る！ つまりこういうこと

● **四大公害訴訟**…新潟水俣病・四日市ぜんそく・イタイイタイ病・水俣病

● **公害対策基本法**…1967年制定➡1970年経済調和条項削除➡1993年**環境基本法**制定

定期試験対策問題④ 解答 ➡ p.197

1 **家計と経済のしくみ・消費者の権利と責任** >>p.106〜109

右の図やグラフを見て，次の問いに答えなさい。

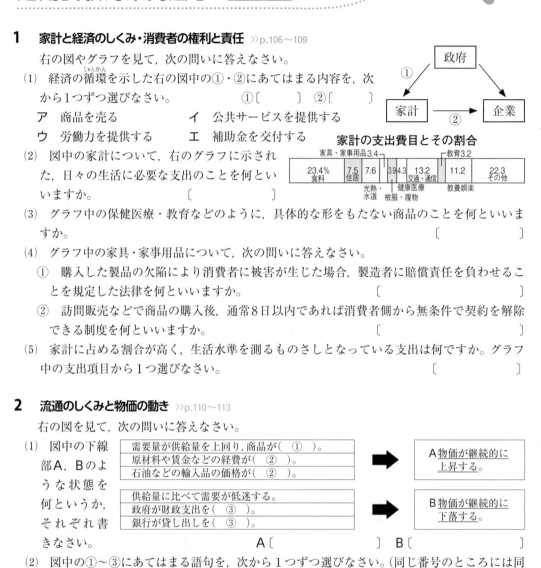

(1) 経済の循環を示した右の図中の①・②にあてはまる内容を，次から1つずつ選びなさい。　①〔　　　〕②〔　　　〕

ア　商品を売る　　　　　イ　公共サービスを提供する
ウ　労働力を提供する　　エ　補助金を交付する

(2) 図中の家計について，右のグラフに示された，日々の生活に必要な支出のことを何といいますか。　〔　　　　　　　〕

(3) グラフ中の保健医療・教育などのように，具体的な形をもたない商品のことを何といいますか。　〔　　　　　　　〕

(4) グラフ中の家具・家事用品について，次の問いに答えなさい。

① 購入した製品の欠陥により消費者に被害が生じた場合，製造者に賠償責任を負わせることを規定した法律を何といいますか。　〔　　　　　　　〕

② 訪問販売などで商品の購入後，通常8日以内であれば消費者側から無条件で契約を解除できる制度を何といいますか。　〔　　　　　　　〕

(5) 家計に占める割合が高く，生活水準を測るものさしとなっている支出は何ですか。グラフ中の支出項目から1つ選びなさい。　〔　　　　　　　〕

2 **流通のしくみと物価の動き** >>p.110〜113

右の図を見て，次の問いに答えなさい。

(1) 図中の下線部A，Bのような状態を何というか，それぞれ書きなさい。

| 需要量が供給量を上回り，商品が（　①　）。
原材料や賃金などの経費が（　②　）。
石油などの輸入品の価格が（　②　）。 | ➡ | A 物価が継続的に上昇する。 |
| 供給量に比べて需要が低迷する。
政府が財政支出を（　③　）。
銀行が貸し出しを（　③　）。 | ➡ | B 物価が継続的に下落する。 |

A〔　　　　　〕　B〔　　　　　〕

(2) 図中の①〜③にあてはまる語句を，次から1つずつ選びなさい。（同じ番号のところには同じ語句があてはまります。）　①〔　　　〕②〔　　　〕③〔　　　〕

ア　上がる　イ　下がる　ウ　増やす　エ　減らす　オ　不足する

政府
① → 家計 → 企業 ②

家計の支出費目とその割合

家具・家事用品3.4　　教育3.2

| 23.4%
食料 | 7.5
住居 | 7.6 | 3.9 | 4.3 | 13.2
交通・通信 | 11.2 | 22.3
その他 |

光熱・水道　被服・履物　健康医療　教養娯楽

3 　市場経済と企業 >>p.126〜129

右のグラフや図を見て，次の問いに答えなさい。

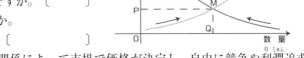

(1) 右のグラフは需要曲線と供給曲線を示したもので
す。これについて次の問いに答えなさい。
① 供給曲線は，ア・イのどちらですか。〔　　　〕
② グラフ中のPを何といいますか。
〔　　　　　　　　〕

(2) グラフのように，需要と供給の関係によって市場で価格が決定し，自由に競争や利潤追求
を行うことを原則とする経済体制を何といいますか。　　　　　　　　〔　　　　　　　〕

(3) 生産手段は公有が原則とされ，政府が主導する計画経済によって生産量や価格が統制され
る経済体制を何といいますか。　　　　　　　　　　　　　　　　　〔　　　　　　　〕

(4) 右の図中のAは，生産活動を行う
もとになるもののことです。これを
何といいますか。〔　　　　　〕

(5) 消費者が図中のBを不当に高い価
格で買わされることがないように，
企業の自由な競争を促す目的で制定された法律を何といいますか。　　　〔　　　　　　〕

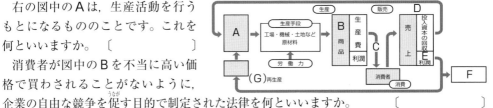

(6) 図中のCの過程において，生産者が商品を卸売業者に売るときの価格を何といいますか。
次から1つ選びなさい。　　　　　　　　　　　　　　　　　　　　〔　　　　　〕
ア　生産者価格　　　イ　卸売価格　　　ウ　小売価格　　　エ　寡占価格

(7) 図中のDについて，大企業と中小企業を比べた場合の説明として，正しいものを次から1
つ選びなさい。　　　　　　　　　　　　　　　　　　　　　　　　〔　　　　　〕
ア　製造業全体に占める売り上げの割合は，大企業の方が多い。
イ　製造業全体に占める売り上げの割合は，中小企業の方が多い。
ウ　製造業において，従業者1人あたりの売り上げは中小企業の方が多い。
エ　製造業において，大企業の売り上げは中小企業の業績に大きく左右される。

(8) 市場経済の中でも，市場によって価格を決めず，図中のEを目的としないものに，公共料
金があります。公共料金にあてはまらないものを次から1つ選びなさい。　〔　　　　〕
ア　市営バス運賃　　イ　はがき・切手の料金　　ウ　お米の価格　　エ　水道料金

(9) 図中のFは株式会社において利潤の一部が出資者に分配されるものです。これを何といい
ますか。　　　　　　　　　　　　　　　　　　　　　　　　　　　〔　　　　　　〕

(10) 図のように，得られた利潤をさらに出資し，生産規模を拡大していく生産方法を何といい
ますか。図中のGにあてはまる語句を書きなさい。　　　　　　　　　〔　　　　　　〕

4 金融のしくみと日本銀行 >>p.130~131

右の図を見て，次の問いに答えなさい。

(1) 「銀行の銀行」としての役割を担う，図中のＡにあてはまる銀行の名称を書きなさい。〔　　　　　　〕

(2) 図中のＢについて，次の①～③の預金の名称を，あとから１つずつ選びなさい。

①〔　　〕②〔　　〕③〔　　〕

① 預け入れ期間が決められた預金で，期限まで引き出すことはできない。

② 必要な金額をいつでも自由に入金，引き出しができる預金。

③ 主に企業の代金の受け取りや支払いに利用される，利子がつかない預金。

ア 普通預金　　イ 定期預金　　ウ 当座預金

(3) 図中の①～④にあてはまる語句を，次から１つずつ選びなさい。

①〔　　〕②〔　　〕③〔　　〕④〔　　〕

ア 増加する　　イ 減少する　　ウ 売りオペレーション
エ 買いオペレーション

公開市場の操作

好景気のとき　　　　不景気のとき

```
┌──────────────────────┐
│          A           │
└──────────────────────┘
┌──────────────────────┐
│ ①   公開   市場   ② │
└──────────────────────┘
┌──────────────────────┐
│     Ｂ一般の銀行       │
└──────────────────────┘
```
貸し出しが（　③　）　　貸し出しが（　④　）

```
┌──────────────────────┐
│         企業          │
└──────────────────────┘
```
景気安定へ　　　　景気回復へ

5 金融のグローバル化・為替相場 >>p.134~135

右の表を見て，次の問いに答えなさい。

(1) 通貨と通貨を交換する際の比率のことを何といいますか。〔　　　　　　〕

(2) 表中の①～④にあてはまる数字をそれぞれ書きなさい。

①〔　　　　〕②〔　　　　〕
③〔　　　　〕④〔　　　　〕

貿易のようす

A		B
1ドル＝100円		1ドル＝150円
（　①　）ドル	アメリカへ300万円の自動車を輸出する	（　②　）ドル
（　③　）万円	日本へ1万ドルの自動車を輸入する	（　④　）万円

(3) 表中Ａ，Ｂのうち，輸出において，日本の自動車の売れゆきがアメリカでよくなるのはどちらですか。〔　　　　〕

(4) 表中のＡ，Ｂのうち，円高はどちらですか。〔　　　　〕

(5) 貿易において，輸入額が上回る状態のことを何といいますか。〔　　　　　　〕

(6) 海外に生産の拠点を移すことで，国内で産業が衰退したり，失業者が増加したりする問題のことを何といいますか。〔　　　　　　〕

6 財政のはたらき・国の収入と支出 >>p.136〜137

右のグラフを見て，次の問いに答えなさい。

日本の歳入と歳出の内訳

2020年度当初予算 一般会計歳入総額102.7兆円
D 公債金 31.7% / A 所得税 19.0% / B 法人税 11.8% / C 消費税 21.2% / その他税収 9.9% / その他収入 6.4%

2020年度当初予算 一般会計歳出総額102.7兆円
社会保障 34.9% / 国債費 22.7% / その他 9.7% / 地方交付税交付金等 15.4% / 防衛 5.2% / 文教及び科学振興 5.4% / E 6.7%
（財務省資料）

(1) 次の①〜③の税を，グラフ中のA〜Cから1つずつ選びなさい。　①〔　　〕 ②〔　　〕 ③〔　　〕

　① 商品などを購入する際にかかる税

　② 企業の利益にかかる税

　③ 個人の収入にかかる税

(2) グラフ中のAには，所得が高くなるほど税率が上がる制度が取り入れられています。この制度を何といいますか。

〔　　　　　　　　　〕

(3) グラフ中のCについて，2020年現在，消費税は10%となっていますが，食料品と宅配の新聞は8%と税率が低くなっています。このような税率を何といいますか。　〔　　　　　　　　　〕

(4) グラフ中のA〜Cのうち，間接税にあたるものを1つ選びなさい。

〔　　　　　　　　　〕

(5) グラフ中のA・Bなどの税収が増えるのは，どのような場合ですか。次から1つ選びなさい。

〔　　　　　〕

　ア 景気が過熱した場合　　　イ バブル経済が崩壊した場合

　ウ 不況の場合　　　　　　　エ デフレーションの場合

(6) グラフ中のDはどのような収入ですか。次から1つ選びなさい。　　　　　〔　　　　　〕

　ア 利息収入　　　　　イ 国の財産の処分による収入

　ウ 国の借金　　　　　エ 国の事業で得た収入

(7) グラフ中のDについて，政府に代わって国債の発行の事務を行っている中央銀行を何といいますか。　〔　　　　　　　　　〕

(8) グラフ中のEの予算により，道路や鉄道，港湾など，社会全体に必要な公共性をもった施設を建設することを何といいますか。　〔　　　　　　　　　〕

(9) 景気対策として，政府が(8)に対する支出を増やすのは，好景気のとき，不景気のときのどちらですか。　〔　　　　　　　　　〕

(10) 政府の予算の使い始めの日と使い終わりの日として正しいものを，次から1つ選びなさい。

〔　　　　　〕

　ア 1月1日〜12月31日　　　イ 4月1日〜3月31日　　　ウ 9月1日〜8月31日

(11) 政府の行う財政には，景気の安定化や公共サービスの提供のほかに，経済格差を縮めるという役割もあり，これを所得の□□□□といいます。□□□□にあてはまる語句を書きなさい。

〔　　　　　　　　　〕

7 働く人をめぐる問題 >>p.122〜125

右の図を見て，次の問いに答えなさい。

(1) 次の文は，図中のAの法律について説明したものです。文中の①〜③にあてはまる語句や数字を書きなさい。

①〔　　　　　〕 ②〔　　　　　〕
③〔　　　　　〕

```
┌──┐   ┌──────────────┐
│労│───│ A労働基準法    │
│働│   └──────────────┘
│三│   ┌──────────────┐
│法│───│ B労働組合法    │
└──┘   └──────────────┘
        ┌──────────────┐
     ───│ 労働関係調整法 │
        └──────────────┘
```

- （　①　）は同一賃金　　　・労働時間は1日（　②　）時間以内
- 休日は最低でも週（　③　）日　　・労働者と使用者は対等

(2) 図中のBにおいて保障されている，労働三権を答えなさい。

〔　　　　　〕 〔　　　　　〕 〔　　　　　〕

(3) 日本的雇用慣行（こようかんこう）にあてはまらないものを次から1つ選びなさい。　〔　　　〕

ア　年功序列賃金（ねんこうじょれつ）　　　イ　終身雇用
ウ　リストラクチャリング　　　エ　企業別労働組合

8 社会保障・公害 >>p.142〜147

右の表を見て，次の問いに答えなさい。

(1) 右の表の社会保障制度は，社会権のうち，特に何という権利に基づいて成立していますか。　〔　　　　　〕

(2) 図中のA〜Dのうち，社会保障関係費の中で最も大きい割合を占めるものはどれですか。　〔　　　〕

```
┌──┬──────────┐
│社│ A社会保険  │
│会│          │
│保│ B社会福祉（ふくし）│
│障│          │
│制│ C公的扶助（ふじょ）│
│度│          │
│  │ D公衆衛生  │
└──┴──────────┘
```

(3) 図中のAについて次の①〜④は，それぞれ何という保険ですか。右から1つずつ選びなさい。

①〔　　　〕 ②〔　　　〕 ③〔　　　〕

```
┌──┬──────────┐
│ア│ 医療保険  │
│イ│ 年金保険  │
│ウ│ 介護保険（かいご）│
│エ│ 雇用保険  │
└──┴──────────┘
```

① 失業したときに支給される。
② 病気やけがをしたときに支給される。
③ 老後や障がいを負ったときなどに支給される。

(4) 次の①・②は，図中のB・Cのどちらについての説明ですか。記号で答えなさい。　　　①〔　　　〕 ②〔　　　〕

① 児童養護施設や老人ホームなどをつくり，社会的に立場の弱い人々を支援する。
② 生活に困っている人々に生活保護法に基づいて経済的な援助を行う。

(5) 障がい者や高齢者などを区別することなく，すべての人々が平等に生活するのが普通であるという考え方を何といいますか。　〔　　　　　〕

(6) 図中のDについて，1993年に公害対策基本法を発展させて制定された法律を何といいますか。　〔　　　　　〕

第**5**章

地球社会と私たち

153

1 国際社会の成り立ち　≫p.156

国家と主権 ≫p.156	

- ☐ **国際社会**：**主権国家**，**国際組織**，**非政府組織**，**多国籍企業**などで構成
- ☐ **主権国家**：他国の干渉や支配に従うことなく完全に独立した国家
- ☐ **国家の三要素**：主権のおよぶ**領域**（領土，領海，領空）　**国民**　**主権**
- ☐ **日本の領土問題**：竹島，北方領土（歯舞群島，色丹島，国後島，択捉島）
- ☐ **国際法**：国際社会における**条約**や**国際慣習法**など
- ☐ **国際司法裁判所**：国際連合のもとに，オランダの**ハーグ**に設置

国際連合の はたらき ≫p.158	

- ☐ **国際連盟の問題点**：大国不参加，全会一致制，非軍事的な制裁措置のみ
- ☐ **国際連合**：**国際連合憲章**（国連憲章）により1945年発足
  - 目的➡国際社会の平和と安全の維持，さまざまな国際問題の解決
  - 特徴➡世界のほぼすべての国が加盟（2020年現在193か国）
- ☐ **国際連合の組織**：**総会**➡国連の中心機関，一国一票制の多数決で議決
  - **安全保障理事会**➡大国一致の原則
  - **経済社会理事会**➡各分野での研究・報告・勧告を行う
- ☐ **国際連合の活動**：**国連平和維持活動**➡**国連平和維持軍・停戦監視団**の派遣
  - 人権保障のための各条約の採択

第二次世界大戦 後の国際社会 ≫p.160	

- ☐ **冷戦**：西側➡**トルーマン・ドクトリン**，**マーシャル・プラン**，**NATO**
  - 東側➡**コミンフォルム**，**経済相互援助会議**，**ワルシャワ条約機構**
- ☐ **分断国家**：南北朝鮮，東西ドイツ，南北ベトナム
- ☐ **緊張緩和**：ジュネーヴ巨頭会談，部分的核実験停止条約
- ☐ **多極化**：**中ソ対立**，フランスの独自路線，EC（ヨーロッパ共同体）発足
  - 第三世界➡**アジア・アフリカ会議**，非同盟主義，「アフリカの年」
- ☐ **冷戦終結**：東側➡**ペレストロイカ**，グラスノスチ，**東欧革命**
  - **マルタ会談**…1989年，米ソ両首脳による冷戦終結宣言

冷戦後の世界 ≫p.162	

- ☐ **ソ連**：共産党解散➡バルト三国独立➡ソ連解体➡**CIS（独立国家共同体）**
- ☐ **紛争**：旧ユーゴスラビア紛争，アフリカの地域紛争，同時多発テロなど
- ☐ **核軍縮**：部分的核実験停止条約（1963），核拡散防止条約（1968）
  - 戦略兵器制限交渉（1969～），中距離核戦力全廃条約（1987）
  - 戦略兵器削減交渉（1991調印），包括的核実験禁止条約（1998）

自由貿易の推進と地域経済統合 ≫p.164	□ 戦前の国際経済：世界恐慌➡ブロック経済➡第二次世界大戦
	□ 戦後の自由貿易の推進：関税および貿易に関する一般協定（GATT） ➡多角的貿易交渉➡**世界貿易機関（WTO）**…常設の国際機関へ
	□ 地域経済統合：ヨーロッパ共同体（**EC**）➡ヨーロッパ連合（**EU**） **ASEAN**（東南アジア諸国連合），**MERCOSUR**（南米南部共同市場） **NAFTA**（北米自由貿易協定）➡**USMCA**（新**NAFTA**）

2 地球規模の問題 ≫p.166

資源・エネルギー問題，食料問題 ≫p.166	□ 化石燃料：再生不可能➡資源枯渇　**地球温暖化・酸性雨**などの環境問題 原油産出地のかたより➡石油危機（1970年代）
	□ 日本の問題：**原子力発電**➡安全性，廃棄物の処理問題，情報公開など **省エネルギー**，**新エネルギー**（太陽光発電，地熱発電など）
	□ 食料問題：途上国➡人口爆発，内戦，気候不順など➡深刻な食料問題 先進国➡食料廃棄，穀物の多くが食肉用家畜の飼料
南北問題 ≫p.168	□ 南北問題：先進国と発展途上国との間の経済格差
	□ 南南問題：工業化の進んだ発展途上国と後発発展途上国との経済格差
	□ 対策：**国連貿易開発会議**，**新国際経済秩序**，**ODA（政府開発援助）** NGO（非政府組織），NPO（非営利組織）の活動
	□ 新興国：**アジアNIES**➡韓国　台湾　香港　シンガポール **BRICS**➡ブラジル，ロシア，インド，中国，南アフリカ
地球環境問題 ≫p.170	□ 環境問題：地球温暖化，オゾン層破壊，酸性雨，熱帯林の減少など
	□ 国連人間環境会議：**人間環境宣言**（1972），**「かけがえのない地球」**
	□ 地球サミット（国連環境開発会議）：**「持続可能な開発」**（1992）
	□ 地球温暖化防止京都会議：**京都議定書**（1997）➡**パリ協定**（2015）
	□ 環境開発サミット：ヨハネスブルグで開催（2002）
世界の中の日本 ≫p.174	□ 国際社会における日本：**高度経済成長**➡**経済大国** **先進国首脳会議**（サミット）のメンバー
	□ 発展途上国の支援：政府開発援助，青年海外協力隊，非政府組織の支援
	□ 国際平和への貢献：**唯一の戦争被爆国**としての立場　**PKO協力法**など

第5章 地球社会と私たち

1 国際社会の成り立ち

① 国家と主権

🔑 Key Word 主権国家　国家の三要素　領土　領海　領空
排他的経済水域　国際法　条約　国際司法裁判所

(1)国際社会と主権国家

国際社会は，主権国家を単位とするだけでなく，国際組織や非政府組織（NGO），多国籍企業などで構成される。主権国家は，**領域・国民・主権**がその成立の条件である。

▶ **主権国家**

①**主権国家**…他国の干渉や支配に従うことなく完全に独立した国家のこと。

②**主権平等の原則**…国際社会では，国の大小や人口の多少にかかわりなく相互に対等であるとされている。

③**国旗**…国家を象徴する旗。建国の歴史や国の願いなどが込められている。国際会議の会場，オリンピックの表彰式などの国際的な場で国旗の掲揚が行われる。

④**国歌**…国家を象徴する歌曲で，国家的行事や国際的行事において演奏される。

▶ **国家の要件**

①**国家の三要素**…国家が成立するための３つの要件。具体的には，主権のおよぶ一定の**領域**（**領土・領海・領空**）・**国民**・**主権**の３つである。

②**領土**…干潮時の海岸線を基準とする陸地の領域。

③**領海**…領土に接する一定範囲内の海域。現在は沿岸から**12海里**の範囲とすることが国際的に定着している。

④**領空**…領土および領海の上空。その上限は一般的には**大気圏内**とされている。

▼ 国家の領域

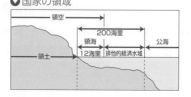

主権が尊重される国際社会では，国家権力のような強い権力によって全体を支配することはできないよ。

主権

国家における最高の権力。国内的には国家権力の**最高性**（国内での統治権）を，また対外的には国家の完全な**独立性**をもつ。

NGO

民間団体として平和や人権などの課題に取り組んでいる非政府組織のこと。

（参考）

国旗国歌法

1999年に，国旗は**日章旗**，国歌は「**君が代**」であると定められた。

海里

1海里は1852m。緯度1分の長さに相当する。

（参考）

排他的経済水域（経済水域）

沿岸から**200海里**の範囲を排他的経済水域といい，沿岸国の水産資源や天然資源の独占的な利用が認められている。領海やこの経済水域の範囲は，国連海洋法条約（1994年発効）によって設定されており，日本も1996年に批准した。

公海

各国の主権のおよばない範囲の海域が公海で，現在は排他的経済水域の外側を公海としている。公海は誰もが自由に使用することが認められており，これを**公海自由の原則**という。

▶日本に関わる領土問題

①**竹島**…日本は，1905年に竹島を島根県に編入。現在は韓国が不法に占拠している。

②**北方領土**…ロシアが北方領土（**歯舞群島，色丹島，国後島，択捉島**）を含む千島列島にミサイルシステムを配備するなど，ロシアが不法に占拠している状態が続いている。

（2）国際法

近代主権国家を基礎とした国際社会の成立は，1648年の**ウェストファリア条約**に始まる。その時期，オランダの**グロティウス**は，国際社会においても法の支配が必要であると主張した。

▶国際社会のルール

①**民族自決**…民族はその政治のあり方について自ら決定することができ，自由に独立した国家を建設できるという考え方。

②**国際法**…国際社会における条約や国際慣習法など。

③**国際慣習法**…国際的な慣習が法として一般に通用するようになったもの。戦争に関する慣習，航海自由の原則，外交特権などがある。現在は明文化されることが多くなっている。

④**条約**…成文化された国家間の合意のこと。協約・協定・議定書・規約・憲章などさまざまなよび方がある。近年は，条約の分野が環境・エネルギー・文化・人権など広範なものに広がっている。

⑤**国際司法裁判所**…国際連盟の常設国際司法裁判所を引きついで，国際連合のもとに設置された。オランダの**ハーグ**にあり，15人の裁判官から構成される。

尖閣諸島については，日本政府は「領土問題は存在しない」という立場をとっているよ。

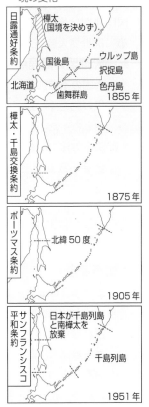

●日本とロシア，旧ソ連の国境の変化

- 日露通好条約　樺太（国境を決めず）　国後島　ウルップ島　択捉島　北海道　色丹島　歯舞群島　1855年
- 樺太・千島交換条約　1875年
- ポーツマス条約　北緯50度　1905年
- サンフランシスコ平和条約　日本が千島列島と南樺太を放棄　千島列島　1951年

第**5**章　地域社会と私たち

テストに出る！　つまりこういうこと

- ● **主権国家**…他国の干渉や支配に従うことなく完全に独立した国家のこと
- ● **国家の三要素**…主権のおよぶ**領域**（**領土・領海・領空**）・**国民**・**主権**
- ● **日本に関わる領土問題**…竹島，北方領土
- ● **国際法**…国際社会における**条約**や**国際慣習法**など
- ● **国際司法裁判所**…国際連合のもとに，オランダの**ハーグ**に設置されている

② 国際連合のはたらき

🔑 Key Word 国際連合　国際連合憲章　安全保障理事会
国連平和維持活動（PKO）　世界人権宣言　国際人権規約

国際連合は，国際連盟の問題点を修正した制度になっているよ。

(1)国際連合の成立

　第一次世界大戦後，1920年に**国際連盟**が発足した。しかし，国際連盟は第二次世界大戦を防ぐことができず，その反省から，第二次世界大戦後，1945年に**国際連合**が発足した。

▶国際連盟の問題点

①**大国の不参加**…アメリカは加盟せず，日・独・伊の脱退やソ連の除名など大国が不参加の状態となった。

②**決定方法の問題**…総会や理事会の決定方法が**全会一致制**をとったため決定が困難であった。

③**強制力の欠如**…議決に強制力がなく，侵略に対する制裁措置が非軍事的なものになっていた。

▶国際連合

①**国際連合の成立**…第二次世界大戦後，1945年に戦勝国50か国が参加した**サンフランシスコ会議**において，**国際連合憲章(国連憲章)**が採択され，同年10月に**ニューヨーク**を本部に国際連合(国連，U.N.)が発足した。

②**国際連合の目的**…国連憲章で，**国際社会の平和と安全の維持**，経済的・社会的・文化的または人道的な性格をもつ国際問題を解決することを目的としてかかげている。

(2)国際連合のしくみ

　国際連合は，世界のほぼすべての国が加盟しており，2020年現在の加盟国は**193か国**である。日本は1956年，日ソ共同宣言の調印を機に加盟をはたした。国際連盟の反省から，多数決による議決や軍事的強制措置を認めている。

▶**国際連合憲章第1条(抜粋)**

国際連合の目的は次のとおりである。
1. 国際の平和及び安全を維持すること
2. 人民の同権及び自決の原則の尊重に基礎をおく諸国間の友好関係を発展させること
3. 経済的，社会的，文化的または人道的性質を有する国際問題を解決することについて，…並びに人権及び基本的自由を尊重するように助長奨励することについて，国際協力を達成すること
4. これらの共通の目的の達成にあたって諸国の行動を調和するための中心となること

▼**国際連合の組織**

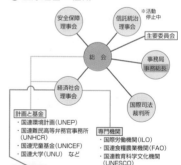

計画と基金
・国連環境計画(UNEP)
・国連難民高等弁務官事務所(UNHCR)
・国連児童基金(UNICEF)
・国連大学(UNU) など

機能委員会
・人権委員会
・持続可能開発委員会
・婦人の地位委員会 など

専門機関
・国際労働機関(ILO)
・国連食糧農業機関(FAO)
・国連教育科学文化機関(UNESCO)
・世界保健機関(WHO)
・世界銀行グループ
・国際通貨基金(IMF)
・万国郵便連合(UPU) など

📖 くわしく

国連総会の開催

　定期総会は年1回開催される。また，特定課題について集中審議を行う特別総会や，安全保障問題などを話し合う緊急特別総会が開かれることがある。

▶国際連合の組織

①**国連総会**…国連の中心機関。全加盟国で構成され、国連の活動のあらゆる問題について加盟国および理事会に対して勧告を行う権限をもつ。**一国一票制を原則とした多数決**で議決する。

②**安全保障理事会**…世界の平和と安全の維持に関する機関。決定は加盟国を拘束し、紛争に対して、平和的手段による解決の要請、解決条件の勧告、経済的な制裁措置や外交関係の断絶の要請、軍事行動を含む強制措置などを行うことができる。議決方法に**大国一致の原則**がある。

③**経済社会理事会**…経済・社会・人権・文化・教育・福祉・環境・食糧などの分野において研究・報告・勧告を行っている。課題が広範囲なため多くの委員会が設置されており、独立の組織である**専門機関**とも密接な連携関係にある。

▼国際連合の専門機関と活動

専門機関（経済社会理事会と密接な連携関係）		
ILO	国際労働機関	労働条件の改善、労働者の地位向上を図る
UNESCO	国連教育科学文化機関（ユネスコ）	教育・科学・文化・通信を通して世界の安全と平和を図る
WHO	世界保健機関	人々の健康の増進、保健事業の強化を図る
IMF	国際通貨基金	通貨問題に対する協力、協議機関
UPU	万国郵便連合	国際的な郵便輸送の円滑な運用を図る
総会および経済社会理事会に連なる計画と基金		
UNEP	国連環境計画	国連人間環境会議の決議に基づき環境保護を図る
UNHCR	国連難民高等弁務官事務所	難民の保護を図る
UNICEF	国連児童基金（ユニセフ）	発展途上国の児童への食料や医療などの援助を図る

▶国際連合の活動

①**安全保障活動**…紛争地域における平和の回復や再発防止、紛争拡大防止などを目的に**国連平和維持活動（PKO）**が行われている。停戦や治安回復維持のための**国連平和維持軍（PKF）**、停戦を監視する**停戦監視団**、紛争後の**選挙監視団**の派遣などがある。

②**人権問題への取り組み**…国連は人権の保障を国際的課題として1948年に**世界人権宣言**（→P.35）を採択した。そして、1966年に**国際人権規約**として条約化した。

くわしく

安全保障理事会の構成と議決

アメリカ・イギリス・フランス・ロシア・中国の5常任理事国と2年任期の10常任理事国から構成される。手続き事項以外の議決では常任理事国5か国すべての同意が必要（大国一致の原則）である。常任理事国の5か国が拒否権をもつことを意味している。

参考

信託統治理事会

信託統治の下にある独立していない地域における、住民福祉の向上や独立援助のための機関。現在は活動を停止している。

国連軍（UNF）

国連憲章第7章で規定されているが、正規の国連軍は今日まで設けられたことがない。

国連で採択した人権保障のための条約
人種差別撤廃条約（1965年）
女子差別撤廃条約（1979年）
子どもの権利条約（1989年）
障害者の権利に関する条約（2006年）など

第**5**章 地域社会と私たち

テストに出る！ つまりこういうこと

- ● 国際連合…成立→国際連合憲章（国連憲章）により1945年発足
- ● 国際連合の組織…総会、安全保障理事会、経済社会理事会
- ● 国際連合の活動　国連平和維持活動（PKO）→国連平和維持軍（PKF）・停戦監視団などの派遣　世界人権宣言・国際人権規約・人権保障のための各条約の採択

戦後の国際社会の
大きな流れをつかも
う。

(1)冷戦から緊張緩和へ

　第二次世界大戦後，アメリカを中心とした**西側の資本主義諸国**と，ソ連を中心とした**東側の社会主義諸国**が，軍事・外交・経済などの面で激しく対立した。

▶東西対立

①**冷戦**…米ソの直接武力行使による戦争にはいたらなかったが，一触即発の国際的緊張がつづいた東西対立の状態のこと。

②**分断国家**…東西対立は，**南北朝鮮**や**東西ドイツ**，**南北ベトナ**ムなどの分断国家を生み出すことになった。

▶西側陣営

①**トルーマン・ドクトリン**…1947年にアメリカ大統領トルーマンが発表，共産主義国への**封じ込め政策**をとった。

②**マーシャル・プラン**…1947年にアメリカ国務長官マーシャルが，アメリカの援助による西欧の戦後復興計画を発表した。

③**北大西洋条約機構（NATO）**…1949年に，アメリカ・カナダ・西欧諸国・トルコが結成した**集団安全保障機構**。

▶東側陣営

①**コミンフォルム（国際共産党情報局）**…1947年，ヨーロッパ8か国の共産党が参加して結成された。

②**経済相互援助会議（COMECON）**…1949年にソ連を中心として設立。共産主義諸国の経済協力・生産技術の交流。

③**ワルシャワ条約機構**…1955年結成，ソ連を中心とした**集団安全保障機構**。

▶緊張緩和（デタント）

①**ジュネーブ巨頭会談**…朝鮮戦争やインドシナ戦争を経て，米ソの緊張緩和（デタント）への機運が高まり，1955年に米・英・仏・ソの首脳によって開かれた。

②**部分的核実験停止条約（→P.163）**…1963年に米・英・ソによっ

参考

ヤルタ会談

　1945年2月，ソ連のヤルタに集まった米・英・ソの首脳は，ドイツの戦後処理に関するヤルタ協定および極東に関する秘密協定を締結し，第二次世界大戦後の国際秩序の枠組みを決めた。

ベルリン封鎖

　1948年にソ連が東西ドイツの交通を全面的に禁止し，その結果東ドイツにある飛び地の西ベルリン（西側）が封鎖され，生活物資などを空輸することになった。翌年ソ連は封鎖を解除した。

朝鮮戦争

　1950年に南北朝鮮間で軍事衝突が発生し，アメリカは国連軍の名のもとに南側を，中国義勇軍は北側を支援した。

ベルリンの壁

　東ドイツから西ベルリンへ逃げ出る人の発生を防ぐため，1961年に東側が西ベルリンを囲ってベルリンの壁を築いた。

キューバ危機

　1962年，キューバにソ連のミサイル基地が建設されていることが判明。アメリカはキューバを海上封鎖した。米ソ全面戦争の危機に直面したが，米ソの交渉によって危機は回避された。

て締結された。大気圏内外と水中の核実験は禁止されたが，地下核実験は容認された。

③**西ドイツの東方外交**…西ドイツの**ブラント首相**が，1969年以降，ソ連や東ドイツ・ポーランドなどの東欧諸国と積極的な話し合いを進めた。

(2)多極化から冷戦終結へ

1950年代後半以降，東西それぞれの陣営内部で各国が自立的に独自の利害を主張する動きが顕著となった。

▶多極化

①**中ソ対立**…社会主義建設路線や指導理念などをめぐり中ソが対立し，武力衝突に発展した。

②**フランスの独自路線**…フランスは1966年にＮＡＴＯから離脱し独自に核開発に乗り出した。

③**ヨーロッパ共同体（ＥＣ）**…1967年に，フランス，西ドイツ，イタリア，ベネルクス3国（ベルギー・オランダ・ルクセンブルク）で結成。後の**ヨーロッパ連合（ＥＵ）**へと発展した。

▶第三世界の動き

①**第三世界**…アジア・アフリカ・ラテンアメリカを中心とした発展途上国のこと。

②**非同盟主義**…第三世界の多くの国は，政治的に東西どちらの陣営にも属さない非同盟主義を唱えている。

▶冷戦の終結

①**ペレストロイカ**…1985年，ソ連の**ゴルバチョフ書記長**が始めた改革政策。**グラスノスチ（情報公開）**とともに進められた。

②**東欧革命**…1989年以降，東欧で共産主義政権が次々に崩壊し，複数政党制や市場経済の導入などが進んだ。

③**マルタ会談**…1989年，米ソ両首脳が冷戦の終結を宣言した。

📖 くわしく

アジア・アフリカ会議
1955年，インドネシアのバンドンでアジア・アフリカ29か国が開催した会議。反植民地主義や民族自決主義などを主張し，**平和十原則**を宣言した。

「アフリカの年」
アフリカで17か国が独立し国際連合に加盟した1960年のこと。

1979年末から1980年代前半は，ソ連のアフガニスタン侵攻，米国レーガン大統領の対ソ強硬路線などにより，東西の緊張は再び高まったよ。

（参考）
ベルリンの壁崩壊
1989年，東欧革命の中で，ベルリンの壁が崩壊し，翌90年には東西ドイツが統一された。

🔻マルタ会談
ブッシュ大統領とゴルバチョフ書記長

テストに出る！ つまりこういうこと

● **冷戦**…西側陣営と東側陣営の対立

● **緊張緩和**…ジュネーブ巨頭会談，部分的核実験停止条約

● **多極化**…**中ソ対立**，フランスの独自路線，**ＥＣ（ヨーロッパ共同体）発足**
    第三世界→アジア・アフリカ会議，非同盟主義，「アフリカの年」

● **冷戦終結**…東側→**ペレストロイカ**，グラスノスチ，**東欧革命**➡マルタ会談（1989年）

❹ 冷戦後の世界

 Key Word 旧ユーゴスラビア内戦　同時多発テロ事件
核軍縮　核拡散防止条約（NPT）　INF全廃条約

冷戦終結後に地域
紛争や民族紛争が
多発したのはなぜ
だろう。

(1)冷戦後の動き

　冷戦後，ソ連は解体・消滅し，CIS（独立国家共同体）が生まれた。また，米ソ両陣営によっておさえこまれていた民族や宗教の対立が表面化し，世界各地で**民族紛争**や**地域紛争**が起こった。

▶ソ連の解体

①**複数政党制と大統領制**…1990年，ソ連の**ゴルバチョフ**は共産党の独裁を廃止して**複数政党制**とし，**大統領制**を導入して初代のソ連大統領となった。

②**ソ連共産党解散**…1991年の保守派共産党のクーデター失敗を機に，民衆の共産党への怒りが噴出し，ゴルバチョフは共産党の解散と書記長の辞任を宣言した。

③**CIS（独立国家共同体）**…1991年に**バルト三国**が独立し，ソ連は解体・消滅した。そして，ロシア・ウクライナ・ベラルーシなどによるゆるやかな連合体として**CIS**が生まれた。

▶冷戦後の紛争

①**旧ユーゴスラビア内戦**…1991年以降，多民族国家であった旧ユーゴスラビアは，民族・宗教のちがいによって解体した。その過程で激しい内戦が起こった。

②**アフリカの地域紛争**…1990年以降，部族間対立による**ルワンダ内戦**，**ソマリア内戦**，周辺諸国も関わることになった**コンゴ内戦**など数多くの地域紛争が勃発している。

③**同時多発テロ事件**…2001年，アメリカでハイジャックされた航空機が世界貿易センタービルに突入するなどのテロ事件が起こった。その報復としてアメリカはアフガニスタンを攻撃，2003年にはイラクへの攻撃を行った。

くわしく

CIS（独立国家共同体）
　成立時は11か国だったが，1993年にグルジア（現ジョージア）が加わり12か国になった。その後，組織の形骸化が進み，2020年時点での正式加盟国は9か国である。

バルト三国
　バルト海沿岸のエストニア・ラトビア・リトアニア。西ヨーロッパとの結びつきが強いが，18世紀にロシアの支配下に入った。3か国とも，ソ連から独立した1991年に国連に加盟し，2004年にEUに加盟した。

くわしく

地域紛争
　世界各地における民族や宗教，歴史的対立などによって起こった。その形態は従来の国家間の正規軍による戦争から，民兵などによる**ゲリラ戦**や**テロ**などの様相を呈するようになった。

（参考）

パレスチナ問題
　第一次世界大戦時にイギリスがユダヤとアラブ双方の協力を得るために相反する約束をした。そして，1948年のイスラエル建国にともない，ユダヤ人とパレスチナで生活していたアラブ人との間で対立が紛争に発展した。4回にわたる**中東戦争**を経て今日も紛争はつづいている。

(2) 軍縮の動き

第二次世界大戦後，アメリカにつづいてソ・英・仏・中が相次いで核開発を行い，**核抑止論**に基づく核軍拡競争の時代となった。1960年代以降，断続的に核軍縮の試みが進められた。

▶ 核軍縮への動き

①部分的核実験停止条約…1963年に米・英・ソの3国間で締結されたが，仏・中はこれに反対し加盟しなかった。大気圏内外と水中の核実験は禁止されたが，**地下核実験は容認**された。

②核拡散防止条約（NPT）…1968年，国連総会で採択。核兵器保有5か国（米・英・ソ・仏・中）以外への核保有国の拡大を防止する条約である。1995年に無期限延長が決定している。

▶ 核兵器の削減へ

①戦略兵器制限協定（SALT）…米ソが1969年に交渉を開始し，1972年に第一次交渉（SALTⅠ），1979年に第二次交渉（SALTⅡ）に合意して戦略核兵器の上限を定めた。

②中距離核戦力（INF）全廃条約…1987年に米ソ間で調印された史上初の核兵器削減の条約。

③戦略兵器削減条約（START）…1991年に米ソで調印，戦略兵器の削減を合意した。ソ連崩壊後に核兵器を継承したロシアをはじめとする4か国を当事国として，1994年に発効した。

④包括的核実験禁止条約（CTBT）…1996年，国連総会で採択。すべての核実験を禁止する条約。インド・パキスタン・北朝鮮は署名せず，また2020年においても米・中・イランなどが批准しておらず，条約は発効していない。

くわしく

核抑止論

核兵器は，その大きな破壊力のために，かえって戦争を抑止する力となるという考え方。

核実験による被爆事件

1954年にアメリカがビキニ環礁で水爆実験を行った際，日本の漁船**第五福竜丸**が被曝し，核実験に対する国際的非難が高まる契機となった。

核拡散防止条約（NPT）

インド・パキスタン・イスラエルなどは未締結国であり，1998年にはインド・パキスタンが相次いで核実験を行った。

参考

米ロ新戦略兵器削減条約（新START）

世界の核兵器の9割以上を保有しているアメリカとロシアが，2010年に結んだ新たな軍縮条約。戦略核弾頭全体の3〜4割の削減を目標とする。

軍縮は核兵器だけでなく，生物・化学兵器についても進められているよ。

テストに出る！ **つまりこういうこと**

● ソ連解体…ソ連共産党解散→バルト三国独立→ソ連解体→**CIS（独立国家共同体）**

● 冷戦後の紛争…旧ユーゴスラビアの紛争，アフリカの地域紛争，同時多発テロ事件など

● 核軍縮の動き…INF全廃条約，戦略兵器削減条約，**包括的核実験禁止条約**

⑤ 自由貿易の推進と地域経済統合

第二次世界大戦後に，世界が自由貿易を目指したのはなぜだろう。

 Key Word ブロック経済　関税および貿易に関する一般協定（GATT）　世界貿易機関（WTO）

(1) 自由貿易の促進

世界恐慌以降の資本主義国が閉鎖的な**ブロック経済**を進めたことが第二次世界大戦の一因となったため，戦後は，**自由貿易**を基本とした国際経済体制を目指した。

▶戦前の国際経済

①**ブロック経済**…1929年の世界恐慌以降，資本主義国は原材料の供給地および製品の販売市場としての植民地や従属国をブロック化し，排他的な経済圏をつくって不況の危機を乗り切ろうとした。

▶自由貿易の推進（戦後）

①**関税および貿易に関する一般協定（GATT）**…ブロック経済による弊害の反省のもとに，第二次世界大戦後の1947年にアメリカやイギリスなどの23か国によって調印された自由貿易を目指す協定。

②**多角的貿易交渉**…関税引き下げや貿易障壁撤廃などで成果をあげてきた。

1964～67	ケネディ・ラウンド	アメリカのケネディ大統領の提唱で始まり，すべての工業製品の関税の35％を引き下げた。
1973～79	東京ラウンド	鉱工業製品の関税の33％を引き下げるとともに，**非関税障壁**をなくす努力も見られた。
1986～94	ウルグアイ・ラウンド	経済のソフト化に対応して，新たにサービス・知的所有権などの分野と農業貿易についての取り決めがなされるとともに，**世界貿易機関（WTO）の設置を決定した。**

③**世界貿易機関（WTO）**…1995年に発足。GATT（協定）から常設の国際機関となった。知的所有権に関する国際ルールの確立や農業分野での関税化・自由化の促進，貿易に関する紛争の処理能力の強化などが図られた。

 くわしく

ブロック経済

域内においては特恵関税を設定し，域外へは高率関税・輸入制限などを行い，それによって勢力拡大を目指したため，第二次世界大戦勃発のひとつの要因となった。

自由貿易

関税などの貿易の妨げになる障害を取り除き，生産者や流通業者が自由に行う貿易のこと。反対に，国の経済の安定を優先させて関税を高くするなど，制約を設けた貿易を保護貿易という。

関税および貿易に関する一般協定（GATT）

自由貿易の原則，平等待遇の原則，輸入制限の撤廃，関税の引き下げなどを目標にかかげ，国際貿易に関する自由・無差別・互恵・多角の原則を確立した。

くわしく

非関税障壁

輸入数量制限など，関税以外で自由貿易を妨げるもの。工業規格，衛生・安全基準などが国によって基準が異なる場合も非関税障壁となることがある。

(2) 地域経済統合

　自由貿易への取り組みがなされる一方で，地域経済統合も進展し，さまざまな地域貿易協定が締結された。

▶ヨーロッパの統合

①**欧州経済共同体（ＥＥＣ）**…1958年，フランス・旧西ドイツ・イタリア・ベルギー・オランダ・ルクセンブルクの6か国で組織した経済統合。工業製品の域内貿易の自由化，域外共通関税の設定などを決めた。

②**ヨーロッパ共同体（ＥＣ）**…1967年，ＥＥＣはＥＣＳＣ（欧州石炭鉄鋼共同体）およびＥＵＲＡＴＯＭ（欧州原子力共同体）と統合してＥＣ（ヨーロッパ共同体）になった。

③**ヨーロッパ連合（ＥＵ）**…1992年，ＥＣ加盟国は**マーストリヒト条約**に調印し，翌93年に**ＥＵ**が発足した。1999年から共通通貨**ユーロ**を導入した。

▶東南アジア，南・北アメリカの経済統合

①**ＡＳＥＡＮ（東南アジア諸国連合）**…1967年に結成され，現在，タイ・インドネシア・マレーシア・シンガポールをはじめとする10か国で構成されている。

②**ＮＡＦＴＡ（北米自由貿易協定）**…1994年にアメリカ・カナダ・メキシコによって成立した。協定国の関税・非関税障壁の撤廃を目指すものである。

③**ＭＥＲＣＯＳＵＲ（南米南部共同市場）**…1995年発足，アルゼンチン・ウルグアイ・パラグアイ・ブラジル・ベネズエラの5加盟国を中心に，南アメリカの自由貿易圏を目指している。

くわしく

EU加盟国の拡大

　発足後，EUの加盟国が拡大し，2013年に28か国となったが，2020年にイギリスが離脱し，27か国となった。

新NAFTA

　2020年にNAFTAの3か国（アメリカ, カナダ, メキシコ）で新たな協定が結ばれUSMCA（新NAFTA）となった。

（参考）

ＦＴＡ（自由貿易協定）

　二国間または地域間で，関税などの障壁を撤廃するために結ばれた協定。さらに，関税だけでなく知的財産の保護や人の移動，投資ルールの整備なども含めた**EPA（経済連携協定）**がある。

（参考）

TPP（環太平洋経済連携協定）

　太平洋周辺諸国を中心とする，貿易自由化を目指す枠組み。

🔻 地域経済統合の動き

テストに出る！　つまりこういうこと

● **戦後の自由貿易の推進**
　　関税および貿易に関する一般協定（GATT）
　　世界貿易機関（WTO）…協定から常設の国際機関へ
● **地域経済統合**…ヨーロッパ連合（EU），ASEAN（東南アジア諸国連合），NAFTA（北米自由貿易協定）➡ USMCA（新NAFTA），MERCOSUR（南米南部共同市場）

2 地球規模の問題

6 資源・エネルギー問題，食料問題

Key Word 化石燃料　地球温暖化　酸性雨　石油危機
代替エネルギー　原子力発電　人口爆発

石油などの化石燃料は，深刻な地球環境問題の原因になっているよ。

(1) 資源・エネルギー問題と対策

　資源やエネルギーが，有限であることや，かたよって存在することなどに起因する問題を，資源・エネルギー問題という。

▶化石燃料の問題

①**化石燃料**…石炭や石油，天然ガスなどの化石燃料は再生不可能な資源であり，その大量消費はいずれ資源の枯渇を招く。

②**環境問題**…化石燃料は，燃焼の際に発生する二酸化炭素による**地球温暖化**や，窒素酸化物と硫黄酸化物による**酸性雨**などの地球環境問題も引き起こしている。

③**石油危機**…原油の産出地はかたよっており，限られた産油国による原油生産調整と価格政策によって，1970年代に**石油危機**が発生し，原油価格が高騰した。

▶日本のエネルギー問題

①**資源小国**…日本はエネルギーの92％以上を輸入に頼っている。石油危機以降，石油からの脱却を目指し，**代替エネルギー**として**原子力**や**天然ガス**などの利用を増やしてきた。

②**原子力発電**…地球温暖化の原因となる二酸化炭素などをほとんど排出せず，また少量のウランから多大なエネルギーを得ることができる。

③**原子力発電の課題**…東海村の臨界事故（1999年），東日本大震災における福島原子力発電所の放射能拡散（2011年）など，原子力発電は，安全性や放射性廃棄物の処理問題，情報公開の問題など，多くの課題をかかえている。

④**省エネルギー**…エネルギー消費量を抑制し，またエネルギー効率の向上を図る考え方。そのための技術開発や経済性・採算性の確立が急務となっている。

くわしく

酸性雨
　西ヨーロッパの工業地域で放出された物質が偏西風に運ばれて，国境を越え，ヨーロッパ北部・東部に酸性雨として降り注ぎ，森林を枯らせたり，湖沼の魚類の生育を脅かせたりした。酸性雨は国境を越えた環境問題となる。

石油危機
　1973年の第四次中東戦争の際には第一次石油危機，1979年のイラン革命の際には第二次石油危機が発生し，原油価格は高騰し，輸入石油に依存する日本などの国々は大打撃を受けた。

▼原油の輸入価格

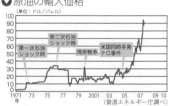

（資源エネルギー庁調べ）

▼日本の第一次エネルギー総供給量の推移と構成

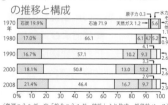

（資源エネルギー庁「総合エネルギー統計」より作成。総供給ベース）

⑤**新エネルギー**…安全で環境破壊をともなわない自然エネルギーを利用する研究と開発が進められている。**太陽光発電・地熱発電・風力発電・潮力発電・バイオマス発電**などが研究,実用化されつつある。また**燃料電池**などの開発も進められている。

(2) 食料問題

世界人口は2018年に約76億人を数え,2050年までに95億人に達すると予測されている。また,人口爆発が起こっている発展途上国では食料問題が起こっている。

①**人口問題への警鐘**…18世紀のイギリスの経済学者**マルサス**は,人口増加に対して食料生産が追いつかず食料不足が発生すると予測し,人口急増に警鐘を鳴らした。

②**食料問題**…発展途上国では内戦や異常気象などが重なり,人口の約2割にあたる人々が慢性的な栄養不良であるといわれ,深刻な食料問題が起こっている。

③**先進国の状況**…現在,世界人口の2倍を養える食料が毎年生産されている。先進国では多くの食料が消費されずに捨てられ,また多くの穀物が食肉用の家畜の飼料となっている。

④**配分の問題**…現在の食料問題は,資源の配分の問題であり,農産物生産援助,食料援助などによる世界規模での資源の公正な分配が求められている。

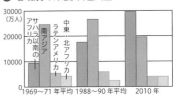

🔖 **くわしく**

バイオマス発電

間伐材・もみ殻など農林水産業で出たごみを利用して電力を得ることをバイオマス発電という。燃焼時に発生する二酸化炭素は,農産物が生育する過程で吸収した量と同量であるため環境に負担をかけない。

世界的に見ると食料の生産量は足りているのに,食料問題が起こるのはなぜだろう。

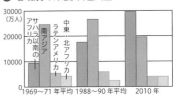

▼ 地域別の栄養不足人口

(FAO「21010年の世界農業」)

横軸: 1969〜71年平均 / 1988〜90年平均 / 2010年
縦軸: (万人) 10000 / 20000 / 30000
凡例: サハラ以南のアフリカ / 南アジア / ラテンアメリカ / 中東北アフリカ

参考

水不足と食料問題

水は農畜産物の生産に欠かせないため,水不足は食料問題と深く結びついている。牛肉などの食料の生産には大量の水を消費するが,日本は食料を輸入に頼ることで,外国の水を利用していることになる。

テストに出る! 　つまりこういうこと

- ● **化石燃料**…石炭・石油・天然ガス→再生不可能→大量消費→資源枯渇
  　地球温暖化・酸性雨などの問題
- ● **日本のエネルギー問題**…資源小国→石油危機以降,**代替エネルギー**(原子力や天然ガスなど)を増加　省エネルギー・新エネルギー(**太陽光発電・地熱発電など**)
- ● **食料問題**…発展途上国の**人口爆発・内戦・気候不順**など→深刻な食料問題
  　先進国…多くの食料廃棄,多くの穀物は食肉用家畜の飼料

⑦ 南北問題

🔑 Key Word ▷ 南北問題　南南問題　政府開発援助（ODA）

(1) 国家間の格差

アジア・アフリカ・ラテンアメリカ諸国と先進国との間には大きな経済格差がある。また、発展途上国の中においても経済格差が存在している。

▶南北問題と南南問題

①**南北問題**…北半球に多い**先進国**と、それより南に多い**発展途上国**との間の経済格差とそれにともなう諸問題のこと。発展途上国の多くは、第二次世界大戦後に独立した国である。

②**貧困の原因**…発展途上国は、農産物・木材・鉱産物などの**一次産品**に頼る国が多い。農産物は天候に、天然資源は市場価格に左右されることが多いため、経済的に不安定となる。

③**南南問題**…比較的工業化の進んだ発展途上国と、特に経済発展が遅れた国（**後発発展途上国**）との経済格差に起因する問題のこと。

▶南北問題への対策

①**国連貿易開発会議（UNCTAD）**…1964年に設立された南北問題を課題とする国連の機関。「援助より貿易を」をスローガンとする一方、先進国に対して国民総生産（GNP）の1%の援助を求めている。略称の読み方は「**アンクタッド**」である。

②**新国際経済秩序（NIEO）**…1974年、国連の資源特別総会で採択。南北問題解決のために、自由貿易ではなく発展途上国に対する優遇を基本とした世界経済の確立が必要であるとした。

③**政府開発援助（ODA）**…発展途上国に対して**政府が行う**経済や福祉などの援助のこと。二国間援助と国際機関などを通じて行う多国間援助がある。二国間援助は、贈与と政府貸付等に分けることができ、贈与には**無償資金協力**と**技術協力**がある。

温暖化などの地球環境問題においても、先進国と発展途上国の間に対立が生じているよ。

（参考）
国際分業
　先進国と先進国の間では、貿易によって工業製品をやりとりする水平的分業が見られる。一方、先進国と発展途上国の間では、先進国が工業製品の生産、発展途上国がその原材料の生産を担う垂直的分業が見られる。

（参考）
開発援助委員会（DAC）
　先進国で組織されている経済協力開発機構（OECD）の委員会の1つで、発展途上国に対する援助や経済協力に関する情報交換などを行う。政府開発援助（ODA）の取り組みの中心となっている。

🔻主要先進国のODA

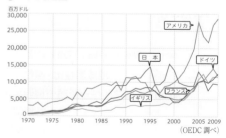

（OEDC調べ）

④**特恵関税**…先進国が発展途上国から輸入する際の関税を，特別に低い税率もしくは無税にすること。発展途上国の輸出の拡大を促すことができる。

⑤**民間の支援・組織**…NGO（非政府組織）やNPO（非営利組織）とよばれる民間団体が，発展途上国に対する技術指導やボランティア活動などを行っている。

(2) 新興国の成長

発展途上国の中には，1960年代以降に急速に発展した**新興工業経済地域（NIES）**や，2000年代以降に大きく経済成長した**BRICS**などの新興国がある。

▶ 新興国

①**新興工業経済地域（NIES）**…発展途上国の中で，急速に工業化を進めた国や地域のこと。特に1970年代の石油危機以降の経済成長が著しい。

②**BRICS**…2000年代前後から急速な経済成長をはたした**ブラジル・ロシア・インド・中国・南アフリカ**の5か国のこと。

▶ 新興国の成長の要因

①**豊富な鉱産資源**…中国や南アフリカは石炭や鉄鉱石などの鉱産資源や，先端技術産業の素材（**レアメタル**）に恵まれている。また，ロシアは天然ガスや石油の輸出が多い。

②**消費市場の拡大**…人口増加は消費市場の拡大をもたらすとともに，労働力が豊富となる。中国は一人っ子政策の影響で高齢化が進んでおり，現在はインドやブラジルの人口増加が著しい。

国連ミレニアム宣言

2000年に国連で採択された宣言。「飢餓と貧困の撲滅」をかかげ，21世紀の国連の役割についての明確な方向性が提示された。目標の1つであった「2015年までに極度の貧困で暮らす人の数を1990年の半数に減らす」については，19億人（1990年）から8億3,600万人（2015年）となり，目標を達成したといえる。

NGOとNPO

NGOは「民間の市民によって行う活動」を強調，NPOは「営利目的ではないこと」を強調している団体である。

アジアNIES

1960年代以降，急速に工業化した**韓国・台湾・香港・シンガポール**をさす。特に1970年代の石油危機以降，急速な経済成長をとげた。

G20

世界の先進国と新興国（合計20か国）が集まって経済問題などを協議する。BRICSのG20における発言力が急速に高まっている。

テストに出る！　つまりこういうこと

- ● **南北問題**…北半球に多い先進国と，それより南に多い発展途上国との間の経済格差
- ● **南南問題**…工業化の進んだ発展途上国と後発発展途上国との経済格差
- ● **新興国**…**新興工業経済地域（NIES）**，アジアNIESは韓国・台湾・香港・シンガポール
  BRICS…ブラジル・ロシア・インド・中国・南アフリカ

⑧ 地球環境問題

Key Word 地球温暖化　酸性雨　熱帯林減少　砂漠化
国連環境開発会議（地球サミット）　持続可能な開発
地球温暖化防止京都会議　京都議定書　環境開発サミット

(1) 地球規模の環境問題

　20世紀以降，生産活動や消費活動において行われてきた大量消費や大量廃棄によって，環境汚染と環境破壊が地球規模で進行している。

①**地球温暖化**…石炭や石油などの**化石燃料**の大量消費によって，**温室効果ガス**（二酸化炭素・メタンなど）が増大し，地球の平均気温が上昇している。

②**オゾン層破壊**…成層圏に存在するオゾンは，太陽からの有害な紫外線の大部分を吸収し地球上の生物を守ってきたが，スプレー缶や冷蔵庫，エアコンなどに利用されていた**フロンガス**などによってオゾン層の破壊が起きている。

③**酸性雨**…自動車の排気ガスや工場からの排出ガスなどに含まれる**窒素酸化物**や**硫黄酸化物**によって強い酸性の雨が降るようになった。酸性雨は，北欧や北アメリカ，さらに東アジアへとその範囲を広げている。

④**熱帯林の減少**…熱帯林は，焼畑農業と商業伐採などにより急速に消失しつつある。

⑤**砂漠化**…自然的要因に加えて，人口増加に対応するための過放牧や過耕作，不適切なかんがいによる塩分上昇などによって，アフリカなどの乾燥地域を中心に砂漠化が進行している。

⑥**海洋汚染**…工場や家庭などからの廃水や廃棄物，船舶からの廃油の投棄，タンカーなどの座礁事故などによって海洋汚染が広がっている。

⑦**放射能汚染**…原水爆実験や，原子力発電所の廃棄物・事故による放射能汚染が起きている。

くわしく

地球温暖化がもたらすもの

　低地や島などが水没すること，異常気象の発生による農林水産物への悪影響・生態系の破壊などの危険性が指摘されている。

くわしく

オゾン層破壊の影響

　地表への紫外線の増加は，皮膚ガンや白内障，免疫機能の低下など人体への悪影響を引き起こす。また，人間以外の動植物への影響も懸念されている。

酸性雨被害

　森林や農作物を枯らす，湖沼の魚の生息を不能にする，建造物が傷むなどの被害が出ている。

熱帯林減少の影響

　土壌の流出や森林に蓄えられた酸素の放出，二酸化炭素吸収力の低下による地球温暖化，希少な生物種の絶滅などを引き起こしている。

▼地球環境問題の連関

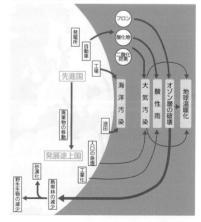

⑧**ダイオキシン汚染**…ごみの低温焼却などで発生する。きわめて毒性が強く発ガン性をもち，その他の**環境ホルモン**（内分泌攪乱物質）とともに大きな問題となっている。

(2) 環境保全への取り組み

1972年の**国連人間環境会議**開催以降，国連を中心に環境保全への取り組みが進められてきた。しかし，環境問題をめぐって先進国と発展途上国が対立している。

①**国連人間環境会議**…1972年スウェーデンのストックホルムで，国連初の環境に関する国際会議として開催された。「**かけがえのない地球（Only One Earth）**」をスローガンにかかげ，**人間環境宣言**を採択した。

②**国連環境計画（UNEP）**…環境問題に関する取り組みおよび調整を行う国連の機関。本部はケニアのナイロビにある。

③**モントリオール議定書**…1985年の**オゾン層保護条約（ウィーン条約）**に基づき，1987年に採択された。フロンなどのオゾン層破壊物質の段階的な全廃を定めている。

④**国連環境開発会議（地球サミット）**…1992年にブラジルのリオデジャネイロで開催された。「**持続可能な開発**」を理念としてかかげた。

⑤**環境開発サミット**…2002年に南アフリカ共和国のヨハネスブルグで開催された。正式名称は「持続可能な開発に関する世界首脳会議」である。

国連環境開発会議の成果

環境と開発に関するリオデジャネイロ宣言，気候変動枠組条約，生物多様性条約の採択や，行動計画として**アジェンダ21**の決定がなされた。

気候変動枠組条約

地球温暖化の防止を目的とした条約であり，本条約締約国による会議が1995から毎年開催されている。

地球温暖化防止京都会議

1997年開催。先進国を中心に二酸化炭素などの温室効果ガス排出量の削減を義務づける**京都議定書**が採択された。

京都議定書

温室効果ガスを2008年から2012年の間に，1990年比で約5％削減することを約束した。国ごとに削減目標を定めている（EU8％，アメリカ7％，日本6％の削減など）。しかし，2001年にアメリカが離脱を宣言した。その後，2013年以降についての話し合いが行われ，2015年に「**パリ協定**」が成立し，新しい国際的枠組みがつくられた。

テストに出る！ **つまりこういうこと**

● 地球規模の環境問題…**地球温暖化・オゾン層破壊・酸性雨・熱帯林の減少・砂漠化**
海洋汚染・放射能汚染・ダイオキシン汚染

● 環境保全への取り組み

モントリオール議定書…1987年採択→1985年のオゾン層保護条約（ウィーン条約）

国連環境開発会議（地球サミット）…1992年：リオデジャネイロ→**「持続可能な開発」**

地球温暖化防止京都会議…1997年**京都議定書**→2015年**パリ協定**

環境開発サミット…2002年：ヨハネスブルグ

持続可能な社会を目指して～SDGs～

図解で確認

SDGsについて，インターネットで調べてみよう！

● SDGsとは

　SDGsとはSustainable Development Goalsの略で，「持続可能な開発目標」のこと。持続可能な社会を目指し，2015年の国連サミットで国連に加盟する193か国のすべてが賛成して採択された。「地球上の誰一人として取り残さない」ことをスローガンに，国際社会が2030年までに達成すべき領域を17に分け，169のターゲットが設定されている。

SDGsのDにあたる「開発」には，経済発展だけでなく人間的発展，つまり精神的な豊かさも含まれているよ。

● 世界が直面している主な課題と目標

　世界には，学校に通っていない5歳から17歳の子どもが3億300万人もいる。ほぼ5人に1人は学校に通っていないことになる。3億300万人のうち3分の1以上は，アフリカなど紛争が多い国々に住む子どもたちである。

ターゲット（一部）	・2030年までに，すべての子どもが，無償で質の高い初等教育・中等教育を受けることができるようにする。 ・2030年までに，すべての子どもが，乳幼児のころから質の高い保護や就学前教育を受けることができるようにする。

2017年に死亡した15歳未満の子どもの数は約630万人で，5秒に1人の割合で亡くなっている。子どもの死亡数のほとんど（540万人）を5歳未満児が占め，その死因の多くは予防や治療が可能な，出産時の合併症，肺炎，下痢（げり），マラリアなどの感染症である。

ターゲット （一部）	・2030年までに，新生児や5歳未満児の予防可能な死亡を根絶する。 ・2030年までに，結核，マラリア，エイズ，熱帯病などの感染症を根絶する。 ・2020年までに，世界の道路交通事故による死傷者を半減させる。

● 企業のSDGsの取り組み

（1）人気キャラクターを国連の広報活動に

SDGsの関心の輪をグローバルに広げていくことを目指し，世界的に人気のキャラクターが，2019年から国連の広報活動に協力している。SDGsの17の領域のうち6つをテーマとするビデオ・シリーズを制作し，全世界に向けて配信している。

（2）原料の水にちなみ健康課題に取り組む

大手飲料メーカーは，事業活動を行うにあたり必要な原料である水を重要視し，「目標⑥水・衛生」を最重要課題として設定している。また，日本で培（つちか）った「ナチュラル＆ヘルシー」な飲料開発技術を活用するとともに，飲料を通じて社会の健康課題に向けて取り組んでいる。

（3）広範囲の取り組みに注目したい

大手家電メーカーは，「目標④教育」ではカンボジアで識字率（しきじりつ）アップに貢献（こうけん）する取り組み，「目標⑦再生可能エネルギー」では「ソーラーランタン10万台プロジェクト」，「目標⑤ジェンダー平等」では日本とインドをつなぐ「手仕事布」の取り組みなど，さまざまな活動を行っている。

⑨ 世界の中の日本

🔑 Key Word　先進国首脳会議（サミット）　青年海外協力隊
国連平和協力法（ＰＫＯ協力法）

2018年の日本の
国内総生産は，ア
メリカ・中国につい
で，世界第3位だ
よ。

（1）経済大国としての日本

　第二次世界大戦後，敗戦から復興した日本は高度経済成長を
とげて**先進国**の仲間入りをした。そして，**経済大国**として発展
途上国を支援して，**南北問題**の解決に向けて貢献している。

▶ 国際社会における日本の立場

①**高度経済成長**…日本は，1955年から1973年までの間，高い
　経済成長率を継続し，20世紀末に国内総生産がアメリカに
　次いで世界第2位となった。

②**先進国首脳会議（サミット）**…日本は1975年
　に開催された第1回の先進国首脳会議から
　のメンバーであり，アジアの経済大国とし
　て，一定の発言力をもっている。

③**非常任理事国**…日本は，**国連安全保障理事
　会**の非常任理事国に11回選出されている。
　これは，世界で一番多い回数であり，国際
　平和への取り組みを進めてきた。

▶ 発展途上国の支援

①**政府開発援助（ＯＤＡ）**…日本は1990年代まで世界の中で
　最も多くの政府開発援助を行っていた。21世紀に入り，
　世界一ではなくなったが，「**ＯＤＡ大綱**」を改定してより
　有効な援助を行うように努力している。

②**青年海外協力隊**…隊員は，教育や農業・看護などの120
　以上の職種で活動する。発展途上国に対する資金協力や技
　術協力を行う**国際協力機構（ＪＩＣＡ）**の事業として行われ
　ている。現在は，**シニア海外協力隊**の活動も行われている。

③**民間援助**…**非政府組織（ＮＧＯ）**が，人道的な立場で発展途
　上国への支援を行っている。ＮＧＯの特徴は，経済的な支
　援だけではなく，学校建設や医療の提供などを行っている
　ことである。

📖 **くわしく**

政府開発援助（ＯＤＡ）大綱
　1993年に閣議決定され，2003年，
2015年に改定された。日本の政府
開発援助政策の基本となってい
る。2015年の改定では「開発」を平
和構築，基本的人権の推進，人道
支援などに広げてとらえ，名称を
「**開発協力大綱**」に改めた。

🔻 主要国首脳会議（伊勢志摩サミット）

G7 2016 ISE-SHIMA SUMMIT

🔻 青年海外協力隊の活動（マレーシア）

青年海外協力隊
は，発足以来52
年間（2018年まで）
で，91か国に4万
人以上の隊員を派
遣しているよ。

(2) 国際平和への貢献

　日本は第二次世界大戦でアジアの国々に大きな被害と苦しみをもたらした。また、唯一の戦争被爆国でもある。このようなことをふまえて、国際平和に積極的に貢献してきた。

①**日本国憲法前文**…「われらは、平和を維持し、専制と隷従、圧迫と偏狭を地上から永遠に除去しようと努めている国際社会において、名誉ある地位を占めたいと思ふ」

②**唯一の戦争被爆国**…1945年8月に広島・長崎に原子爆弾が投下された。日本は唯一の戦争被爆国として、核兵器廃絶に向けた役割が期待されている。

③**国連平和協力法（PKO協力法）**…この法律に基づいて、紛争地域における医療活動などに自衛隊などを派遣して、世界平和に貢献している。

④**災害支援**…2004年のスマトラ沖地震（インド洋大津波）、2010年のパキスタン大洪水、2013年のフィリピン台風災害などの際に、自衛隊が**国際緊急援助活動**として派遣された。

（参考）

非核三原則

　唯一の戦争被爆国である日本は、1971年に、核兵器を「持たず、作らず、持ちこませず」という非核三原則を国会で決議した。

▼2018年スラウェシ地震（インドネシア）救援物資を運び出す自衛隊員

東日本大震災の後、約2か月の間に、23の国と地域から来た緊急援助隊や医療支援チームの救援活動が行われたよ。

G7（G8）からG20へ

　日本は、G7（先進国首脳会議）に第1回から参加している。G7は1998年にロシアが加わりG8となった（ロシアの参加は2014年まで）。しかし、地球環境問題や南北問題などの責任がG8の先進国にあるとの批判が高まってきている。

　1999年に先進国と新興国20か国が集まってG20財務大臣・中央銀行総裁会議が開催された。この会議は2008年からはG20サミットとして各国首脳も参加して開催されている。G20のGDPの合計は世界全体の約80%以上を占めており、地球規模の諸問題に対してG7以上の大きな影響力を発揮する場となっている。一方、G20も経済規模の大きな国だけの集まりであり、貧困の問題や環境問題に対する十分な議論が行われていないという批判もある。

テストに出る！　つまりこういうこと

● 発展途上国の支援…政府開発援助（ODA）、青年海外協力隊・シニア海外協力隊　非政府組織（NGO）の支援→学校建設や医療の提供など

● 国際平和への貢献…日本は**唯一の戦争被爆国**。PKO協力法（国連平和協力法）、被災地へ自衛隊を派遣（**国際緊急援助活動**）

定期試験対策問題⑤ （解答➡p.197）

1 国際社会の成り立ち >>p.156〜159

右の図を見て，次の問いに答えなさい。

国際連合のしくみ

・A 常任理事国
・非常任理事国

B 安全保障理事会

信託統治理事会 ※活動停止中

主要委員会

C 総会

事務局 事務総長

経済社会理事会

国際司法裁判所

計画と基金
ア・国連環境計画（UNEP）
・国連難民高等弁務官事務所（UNHCR）
イ・国連児童基金（UNICEF）
・国連大学（UNU）など

専門機関
・国際労働機関（ILO）
・国連食糧農業機関（FAO）
ウ・国連教育科学文化機関（UNESCO）
エ・世界保健機関（WHO）
・世界銀行グループ
オ・国際通貨基金（IMF）
・万国郵便連合（UPU）など

機能委員会
・人権委員会
・持続可能開発委員会
・婦人の地位委員会 など

(1) 図中の下線部Aの5か国について，次の問いに答えなさい。

　① 安全保障理事会の議決の際にAの5か国だけが行使することのできる権利を何といいますか。　〔　　　　　　　〕

　② 5か国うち，日本との間に北方領土をめぐる問題をもつ国はどこですか。　〔　　　　　　　〕

　③ 5か国の共通点として，あてはまらないものを，次から1つ選びなさい。　〔　　　〕

　　ア　北半球に位置している。
　　イ　核兵器を保有している。
　　ウ　第二次世界大戦の戦勝国だった。
　　エ　国連分担金の負担額が日本より多い。

(2) 国際紛争に対処するため，図中のBまたはCの決議に基づいて行われる，停戦監視・治安回復などを目的とする活動を何というか。　〔　　　　　　　　　〕

(3) 次の①〜④の活動を行っている機関を，図中のア〜オから1つずつ選びなさい。

　①〔　　　〕 ②〔　　　〕 ③〔　　　〕 ④〔　　　〕

　① 発展途上国の子どもの生活の援助を行う。
　② 文化財の保護や発展途上国の教育の普及などを行う。
　③ 伝染病の予防や感染症の対策などを行う。
　④ 戦争や環境破壊により住み慣れた土地を離れた人々の援助を行う。

(4) 人種による差別をなくすことを目的に，国際連合で採択された条約を何といいますか。

　〔　　　　　　　　　〕

(5) 国際法のうち，(4)のような条約のほかにも，長年にわたる慣習が法として通用するようになったものを何といいますか。　〔　　　　　　　　　〕

(6) 国家として成立するために必要な，「国家の三要素」を書きなさい。

　〔　　　　　　〕〔　　　　　　〕〔　　　　　　〕

2　第二次世界大戦後の世界 >>p.160〜163

右の年表を見て，次の問いに答えなさい。

年代	できごと
1963	部分的核実験停止条約…a
	↓ア
1968	核拡散防止条約…………b
	↓イ
1972	第一次戦略兵器制限協定合意
	↓ウ
1987	中距離核戦力全廃条約…c
	↓エ
1991	第一次戦略兵器削減条約合意
	↓オ
1996	包括的核実験禁止条約…d
	↓カ
2010	米ロ新戦略兵器削減条約

(1)　右の年表は，核軍縮の歩みについてまとめたものです。核兵器開発競争の背景にあった，アメリカとソ連の対立を軸とした国際的緊張状態を何といいますか。　　　　〔　　　　　　　〕

(2)　第二次世界大戦中に，アメリカ・イギリス・ソ連の首脳が集まり，ドイツの戦後処理などについて話し合い，(1)の対立が始まるきっかけとなった会談を何といいますか。　　　　〔　　　　　　　〕

(3)　次の①〜④のできごとが起こった時期を，年表中のア〜カから1つずつ選びなさい。

①〔　　　〕②〔　　　〕③〔　　　〕④〔　　　〕

① ソ連がアフガニスタンに侵攻する。

② 東西ドイツが統一される。

③ イラク戦争が起こる。

④ アメリカがベトナム戦争に介入する。

(4)　宇宙空間・水中・地下など，あらゆる空間における核実験を禁止した条約を，年表中のa〜dから1つ選びなさい。　　　　　　　　　　　　　　　　　　　　　　　　〔　　　〕

3　地域経済統合 >>p.164〜165

世界の地域経済協力機構について，次の問いに答えなさい。

(1)　ヨーロッパの地域協力機構で，加盟国間の資本や労働力の移動を自由にして，大きな経済圏をつくっている組織を何といいますか。　　　　　　　　　〔　　　　　　　　〕

(2)　(1)の加盟国の多くが使用している共通通貨を何といいますか。　　〔　　　　　　　〕

(3)　東南アジアの国々10か国による地域協力機構，「東南アジア諸国連合」の略称をアルファベットで書きなさい。　　　　　　　　　　　　　　　　〔　　　　　　　　〕

(4)　西アジア・アフリカの国々を中心に組織され，加盟国の原油価格や生産量を調整している組織を何といいますか。　　　　　　　　　　　　　　　〔　　　　　　　　〕

(5)　太平洋に面する11か国で，貿易を盛んにすることを目的に組織されている，「環太平洋経済連携協定」の略称をアルファベットで書きなさい。　　　　　　〔　　　　　　　　〕

(6)　(1)や(5)の加盟国間で，自由貿易を促すために撤廃されたり下げられたりしている，他国からの輸入品にかける税を何といいますか。　　　　　　　　〔　　　　　　　　〕

4 地球規模の問題 >>p.166〜175

右の図を見て，次の問いに答えなさい。

地球環境問題

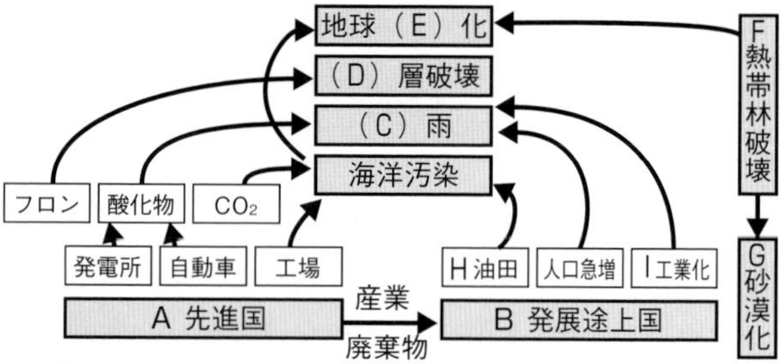

(1) 図中のA・Bについて，先進国と発展途上国の間の経済格差から派生するさまざまな問題を何といいますか。また，その問題の解決にあたっている国際機関を次から1つ選びなさい。

問題〔　　　　　〕　組織〔　　　　〕

ア　世界貿易機関（WTO）　　イ　国際労働機関（ILO）
ウ　国連環境計画（UNEP）　　エ　国連貿易開発会議（UNCTAD）

(2) 図中のAがBに対して行っている，政府開発援助の略称を次から1つ選びなさい。

〔　　　　　〕

ア　ODA　　イ　NPO　　ウ　OECD　　エ　WHO

(3) 図中のC〜Eにあてはまる語句を，それぞれ書きなさい。

C〔　　　　　〕　D〔　　　　　〕　E〔　　　　　〕

(4) 図中の地球（E）化を食い止めるため，1997年に第3回気候変動枠組条約締結国会議（COP3）が開催された日本の都市を答えなさい。　〔　　　　　〕

(5) 日本の環境問題への取り組みについて，廃棄物の発生抑制，資源の再使用，再生利用などを基本とする法律を次から1つ選びなさい。　〔　　　　　〕

ア　環境基本法　　　　　　イ　循環型社会形成推進基本法
ウ　公害対策基本法　　　　エ　男女共同参画社会基本法

(6) 図中のFについて，1992年には地球環境について討議するための国際会議が，熱帯林破壊の特に深刻な国で開催された。これについて，次の問いに答えなさい。

①　この会議を何といいますか。　〔　　　　　〕

②　この会議で採択されたスローガンでは，「□□□□な開発」が理念としてかかげられました。□□□□にあてはまる語句を，漢字4字で書きなさい。　〔　　　　　〕

(7) 図中のGの環境問題が特に深刻な地域を，次から1つ選びなさい。　〔　　　　　〕

ア　東南アジア　　イ　アフリカ　　ウ　西ヨーロッパ　　エ　南太平洋

(8) 図中のHについて，化石燃料を燃やすと発生する二酸化炭素のように，地球（E）化の原因となる物質の総称を書きなさい。　〔　　　　　〕

(9) 図中のIについて，2000年前後から急速な経済成長をとげ，現在BRICSとよばれる国々のうち，頭文字が「I」の国はどこですか。　〔　　　　　〕

過去に出題された高校入試の問題だよ!

これまでの学習の総仕上げとして,
入試問題にチャレンジしてみましょう。
入試問題では, これまでの知識を活用して
問題に取り組む必要があります。
「解き方のヒント」を参考にしながら問題を解き,
自分に足りないと感じた部分があれば,
もういちどその分野を復習しましょう。

入試対策問題 解答 ➡ p.198〜201

1 国会・内閣・裁判所 >>p.74〜84 　　　　　　　　　　　　解答 ➡ p.198

次の文は，一郎さんたちが社会科の授業で，「2017年に開かれた国会の動き」をテーマにして，レポートにまとめたものの一部です。これらを読み，あとの各問いに答えなさい。〔和歌山〕

第193回　ⓐ国会

2017年1月20日に召集され，内閣総理大臣による演説が行われました。会期は150日間でした。内閣から翌年度の予算案が提出され，審議されました。また，法律案についても審議され，その中で，ⓑ天皇の退位等に関する皇室典範特例法が成立しました。

第194回　国会

2017年9月25日，内閣総理大臣が衆議院解散を表明したことを受けて，9月28日に召集されました。同日にⓒ衆議院が解散されたため，会期は1日でした。

これにより，前国会で継続審議となっていた法律案が，すべて廃案となりました。

第195回　国会

2017年10月22日に行われたⓓ衆議院議員の総選挙を受けて，11月1日に召集されました。会期は39日間でした。召集日当日，衆議院と参議院の本会議において，内閣総理大臣の指名が行われました。

---

(1) 文中の下線ⓐに関し，次の(a)，(b)に答えなさい。

(a) 第193回，第194回，第195回の国会の種類の組み合わせとして正しいものを，次のア〜エの中から1つ選び，その記号を書きなさい。

ア　第193回−特別会　　第194回−臨時会　　第195回−常会

イ　第193回−常会　　　第194回−特別会　　第195回−臨時会

ウ　第193回−常会　　　第194回−臨時会　　第195回−特別会

エ　第193回−臨時会　　第194回−常会　　　第195回−特別会

(b) 右の表は，1989年の国際連合総会において採択された条約が定めた権利をまとめたものです。国会で承認され，1994年に日本が批准した，この条約を何といいますか，書きなさい。

権利	内容
生きる権利	防げる病気などで命を失わないこと。
育つ権利	教育を受け，休んだり遊んだりできること。
守られる権利	あらゆる種類の虐待や搾取から守られること。
参加する権利	自由に意見を表したり，団体をつくったりできること。

解き方のヒント

●入試では

政治学習の中心である国会・内閣・裁判所は良く出題されます。十分に理解しておきましょう。

考え方

(1)(a) 衆議院議員の総選挙後に召集されるのは特別国会 (特別会) です。

(2) 文中の下線ⓑに関し，次の(a)，(b)に答えなさい。

(a) 次の日本国憲法の第1条中の　X　にあてはまる語を書きなさい。

> 第1条　天皇は，日本国の　X　であり日本国民統合の　X　であって，この地位は，主権の存する日本国民の総意に基く。

解き方のヒント

(2)(b) 国民主権のもとでの，天皇は，名目的で形式的な国事行為を行います。

(b) 天皇の国事行為について適切に述べているものを，次のア～オの中からすべて選び，その記号を書きなさい。

　ア　条約を公布する。　　　　イ　国務大臣を任命する。
　ウ　弾劾裁判所を設置する。　　エ　内閣総理大臣を任命する。
　オ　最高裁判所長官を指名する。

(3) 文中の下線ⓒに関し，国会の議決において，いくつかの重要な点では，衆議院の優越が認められています。衆議院の優越が認められている理由を，「国民の意見」という語句を用いて，簡潔に書きなさい。

(3) 任期・解散・定員という点から書いてみましょう。

(4) 文中の下線ⓓに関し，左の図は，衆議院議員総選挙における当選者に占める女性の割合の推移を，右の表は，2017年の主な世界の国における下院の女性議員の割合を示したものです。図と表から，日本の女性議員の割合について読み取れることを，簡潔に書きなさい。

図

（内閣府ホームページから作成）

表

国名	下院の女性議員の割合（%）
メキシコ	42.6
南アフリカ	41.8
フランス	39.0
アルゼンチン	38.1
イギリス	32.0
ドイツ	30.7
世界平均	23.6

（内閣府ホームページから作成）

(5) 次の問いに答えなさい。

日本国憲法では，条約の締結は内閣の仕事としていますが，国会の承認を必要とします。その理由を資料1，資料2を参考に，60字以上，80字以内で説明しなさい。〔滋賀〕

(5) 条約と国内法という点から考えましょう。

資料1　日本国憲法

> 第41条　　国会は，国権の最高機関であって，国の唯一の立法機関である。
> 第59条1項　法律案は，この憲法に特別の定のある場合を除いては，両議院で可決したとき法律となる。
> 第73条　　内閣は，他の一般行政事務の外，左の事務を行ふ。
> 　　　　　～～～～　（略）　～～～～
> 　　3　条約を締結すること。但し，事前に，時宜によっては事後に，国会の承認を経ることを必要とする。
> 　　4　法律の定める基準に従ひ，官吏に関する事務を掌理すること。

資料2　条約とそれに関わる日本の法律の整備の例

1985年	女子差別撤廃条約を批准
1986年	男女雇用機会均等法を施行
1999年	男女共同参画社会基本法を施行

入試対策編

入試対策問題

(6) 次の文章中の①，②にあてはまることばの組み合わせとして最も適当なものを，下のア〜エまでの中から選んで，そのかな符号を書きなさい。〔愛知B〕

> 日本では，憲法の規定により，内閣総理大臣は内閣を構成する国務大臣の（　①　）を国会議員から選ぶこととされている。一方，アメリカでは大統領に議会を解散する権限がないなど，日本やイギリスと比べて行政と立法それぞれの（　②　）といえる。

ア　①　過半数，②　独立性が強い

イ　①　過半数，②　独立性が弱い

ウ　①　3分の2以上，②　独立性が強い

エ　①　3分の2以上，②　独立性が弱い

(6) アメリカの大統領制と違い，日本では国会と内閣とのつながりが強いことに注目しましょう。

注目!

迷ったり，自信が無い時には，日本国憲法の条文を見て確認してみましょう。

解き方のヒント

●入試では

資料を正確に読み取り，何を示しているか考えましょう。

2　社会権と社会保障　>>p.52〜53，142〜145　　解答 ➡ p.198

ゆうたさんは社会権についてのレポートを作成するために，**資料1**，**資料2**，**資料3**，**資料4**を準備した。これらを見て，次の各問いに答えなさい。〔三重〕

〈資料1〉日本国憲法　第25条

> ①すべて国民は，健康で文化的な最低限度の生活を営む権利を有する。
> ②国は，すべての生活部面について，社会福祉，社会保障及び公衆衛生の向上及び増進に努めなければならない。

〈資料2〉国民年金（基礎年金）のしくみ

> ・日本に住んでいる20歳以上60歳未満のすべての人が加入する。
> ・国民年金（基礎年金）の支給開始年齢は65歳で，保険料を納付した期間に応じて給付額が決定される。
> ・20歳から60歳の40年間保険料を納付していれば，満額を受給することができる。
> ・納めた保険料は，その年に年金を必要とする人たちに給付される。（世代間扶養方式）

（厚生労働省Webページほかから作成）

〈資料3〉一人あたりの国民年金保険料の推移

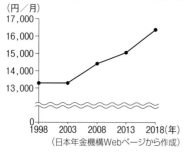

（日本年金機構Webページから作成）

〈資料4〉日本の世代別人口の推移

（『日本国勢図会2019/20』ほかから作成）

(1) **資料1**の①に示されている，社会権の中で基本となる権利を何というか，その名称を**漢字**で書きなさい。

(2) **資料2**に示した国民年金のしくみのもと，**資料3**に示したように，日本の一人あたりの国民年金保険料が増加しているのはなぜか，その理由の1つとして考えられることを，**資料4**から読み取り，「負担者」と「受給者」という2

考え方

(2) 国民年金を受け取る人と保険料を負担している人の増減から考えましょう。

つの言葉を用いて，書きなさい。

(3) 社会保障について，次の先生と花子さんの会話文を読み， X ， Y にあてはまるものを右の**資料**のア〜エからそれぞれ1つずつ選び，記号を書きなさい。〔富山〕

> 先生：社会保障制度を考える際，右の資料のように「高福祉」「低福祉」と「高負担」「低負担」といった視点が必要となるね。例えば2000年の公的介護保険制度の導入は，それ以前の状況を図の中心（●）とした場合，イを目指した考え方であったといえるね。では，「増税し，社会保障を充実させる」考えは，どこを目指した考え方だと思いますか。
>
> 花子： X を目指した考え方だと思います。
>
> 先生：そうですね。では，少子高齢化が進む中「社会保障の給付水準を大幅に引き下げて，負担を減らすことを優先すべき」という意見もある。これはどうかな。
>
> 花子：これは Y を目指した考え方だと思います。

3 裁判所と裁判員制度 >>p.82〜87　　　　　　解答 ➡ p.199

　鈴木さんは，裁判の傍聴に行く前に裁判について調べた。次の**資料1**は，法廷内の人の配置を示したものである。また，**資料2**は，**資料1**の中に示された裁判に関わるＡ〜Ｃのいずれかの人の役割について説明したものである。これに関する(1)〜(4)の問いに答えなさい。〔山梨〕

資料1

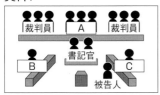

裁判員　　　Ａ　　　裁判員
書記官
Ｂ　　　　　Ｃ
被告人

資料2

> 被疑者を起訴するために警察と協力して自分でも捜査を行い，その事件の真実が何であるかを明らかにします。慎重に調べた結果，刑罰を科したほうがよいと判断すると裁判所に訴え，証拠に基づいて有罪を主張します。

(1) **資料1**について，次の文はこの裁判についての説明である。文中の（ ⓐ ），（ ⓑ ）に当てはまる語句の組み合わせとして正しいものを，下のア〜エから1つ選び，記号で書きなさい。

> この裁判は（ ⓐ ）裁判で，ここでの判決に納得できない場合は，（ ⓑ ）して，改めて裁判を受けることができる。

ア　ⓐ：民事　ⓑ：控訴　　イ　ⓐ：民事　ⓑ：上告
ウ　ⓐ：刑事　ⓑ：控訴　　エ　ⓐ：刑事　ⓑ：上告

(2) **資料2**は，どの人の役割を説明したものか，次のア〜ウから1つ選び，記号で書きなさい。また，その人の法廷内での配置を，**資料1**中のＡ〜Ｃから1つ選び，記号で書きなさい。

ア　検察官　　イ　弁護士　　ウ　裁判官

注目！

少子高齢化がますます進むと，社会保障ではどんな課題が出るかまとめておきましょう。

資料

高福祉
低負担　ア　イ　高負担
　　　　ウ　エ
低福祉

解き方のヒント

●入試では
図と資料がセットで出題されることが多い。それぞれの内容を良く読み取るとともに，その関連付けに注意しましょう。

考え方
(1) 裁判員がいるのは刑事裁判です。

(3) 最高裁判所が「憲法の番人」と呼ばれる理由を，右の条件に従って簡潔に書きなさい。

【条件】　・違憲審査権（違憲立法審査権）の内容に触れること。
・「最終的な決定権」という語句を使うこと。

(4) 裁判員制度に関する次のX〜Zのそれぞれの文について，正しいものには○を，誤っているものには×を書きなさい。〔熊本〕

X　裁判員は，裁判官とともに被告人の有罪・無罪や刑罰の内容を決める。

Y　裁判員は，地方裁判所や高等裁判所で行われる裁判に参加する。

Z　裁判員は，刑事裁判，民事裁判，行政裁判に参加する。

4　株式会社と企業，金融・財政　　>>p.114〜120, 126〜131　　解答 ➡ p.199

次の(1)〜(6)の問いに答えなさい。〔愛媛：(1)〜(5)〕

(1) 次の会話文は，直子さんと先生が，株式会社と株主の関係について，話をしたときのものである。文中の　　　に適当な言葉を書き入れて，文を完成せよ。ただし，　　　には，株式の数，会社の利益 の2つの言葉を含めること。

> 先生：株式会社は，株式を発行して出資者を集めており，出資者は，株主と呼ばれます。株主は，どのようなことを期待して，出資するのですか。
> 直子さん：株式会社には，配当というしくみがあり，株主は，　　　　　　　　ことができます。株主は，それを期待して，出資します。
> 先生：そのとおりです。

(2) 市場経済において，特定の商品を供給する企業が1社だけの状態を　A　と呼ぶ。我が国では，企業の自由な競争が阻害されないように，　A　禁止法が制定されている。Aに当てはまる適当な言葉を書け。

(3) 次の図は，日本銀行が景気の安定化をはかるために行う代表的な金融政策の流れとその効果を模式的に表したものである。図中のa〜cにそれぞれ当てはまる言葉の組み合わせとして適当なものを，下のア〜エから1つ選び，その記号を書け。

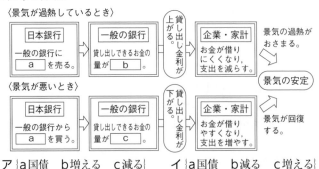

ア ｛a 国債　b 増える　c 減る｝　　イ ｛a 国債　b 減る　c 増える｝
ウ ｛a 円　b 増える　c 減る｝　　エ ｛a 円　b 減る　c 増える｝

(3) 裁判所の仕事は人権と憲法を守ることです。最高裁判所は，裁判所の中ではどんな地位にあるか注意しましょう。

注目！
裁判員制度がなぜ導入されたか確認しておきましょう。

解き方のヒント

●入試では
経済学習の基本事項として，株式会社・金融政策・財政政策などがあります。それらを関連付けてまとめておきましょう。

考え方
(3) 日本銀行が景気を良くしたい場合は，通貨の流通量を増やします。

(4) 我が国の社会保障制度は，主として，下のア〜エの４つの分野に分けられる。次の文に述べられている分野として最も適当なものを，ア〜エから１つ選び，その記号を書け。

> 感染症の予防，公害対策，上下水道の整備など，人々の健康増進をはかり，生活環境を整えるために行われる。

　　ア　社会保険　　イ　公的扶助　　ウ　社会福祉　　エ　公衆衛生

(5) 次の表は，国際経済における地域協力についてまとめたものである。表中のBに適当な言葉を書き入れて表を完成させよ。

協定の種類	略称	説明	例
自由貿易協定	ＦＴＡ	貿易の自由化を目指す。	ＮＡＦＴＡ （北米自由貿易協定）
経済連携協定	B	貿易の自由化に加え，投資や人の移動など，幅広い経済関係の強化を目指す。	ＴＰＰ （環太平洋経済連携協定 環太平洋パートナーシップ協定）

(6) 太田さんは，景気と金融，財政について，次のテーマで学習を進めた。これに関する(a)，(b)の問いに答えなさい。〔山梨:(6)〕

> テーマ①　日本銀行や一般の銀行は，どのような役割を果たしているか。
> テーマ②　経済の安定に向けて，どのような政策が行われるか。

(a) テーマ①について，日本銀行の役割として誤っているものを，次のア〜オから１つ選び，記号で書きなさい。

　　ア　政府の資金を取り扱う。　　イ　個人からの預金を受け付ける。
　　ウ　紙幣を発行する。　　エ　一般の銀行に資金を貸し出す。
　　オ　一般の銀行から預金を受け付ける。

(b) テーマ②について，次の表は，経済の状況と一般的な経済政策についてまとめたものであり，A〜Fには，下のア〜カのいずれかの内容が当てはまる。表中のA，B，Cに当てはまるものを，下のア〜カから１つずつ選び，記号で書きなさい。

	起こりやすい現象	金融政策	財政政策
好景気（好況）	A	B	C
不景気（不況）	D	E	F

【起こりやすい現象】
　　ア　物価が継続して上昇し，通貨の価値が下がる。
　　イ　物価の下落が続き，企業の利益が減り，賃金も下がる。
【金融政策】
　　ウ　一般の銀行の手持ち資金を増やし，貸し出しが積極的に行われるような政策を行う。
　　エ　一般の銀行の手持ち資金を減らし，貸し出しが慎重に行われるような政策を行う。

(6) 政府と日本銀行が，経済のかじ取りをします。

注目！
教科書や新聞・テレビのニュースなどで，量的緩和政策をまとめておきましょう。

【財政政策】

オ 減税をして，企業や家計の消費を増やすような政策を行う。

カ 公共投資を減らし，企業にまわる仕事や資金を抑えるような政策を行う。

5 模擬選挙と公開討論会 　≫p.68～69　　　　解答 ➡ p.199

Kさんのクラスでは模擬選挙の前に，公開討論会を行うことにした。次は，オ党が公開討論会で使用するポスターと，原稿（次のページ）である。

原稿中の［　　い　　］に適切な語句をおぎない，文を完成させなさい。〔山口〕

〈ポスター〉

日本の食料自給率の向上に向けて

【私たちが考えた具体的政策】

・米の生産者と，製粉業者，パンや菓子といった商品のメーカー・小売業者が連携して，米粉の利用を促進する体制を確立する。

・米の消費量を増やすため，お米・ごはん食の栄養・健康面でのよさなどをわかりやすく紹介するパンフレットを作成する。

【日本の食料自給率の現状】

資料Ⅰ　日本の食料自給率の推移
（供給熱量ベース）

資料Ⅱ　日本の品目別食料自給率の変化
（供給熱量ベース）

品目	1965年度（%）	2015年度（%）
米	100	99
畜産物	47	17
油脂類	33	3
小麦	28	15
魚介類	110	62
野菜	100	76

（農林水産省資料により作成）

資料Ⅲ　国民1人・1日当たり供給熱量の変化

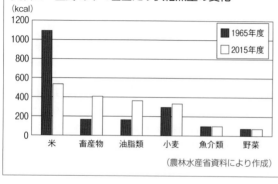

（注）資料Ⅰ～Ⅲにおける供給熱量とは，国民に対して供給された食料の重量を熱量に換算して示したもの。

（農林水産省資料により作成）

解き方のヒント

●入試では
資料を正確に読み取り，関連付けて総合的に考えることが求められます。

〈原稿〉

- 　**資料Ⅰ**から**資料Ⅲ**をふまえて，私たちが考えた政策を発表します。
- 　**資料Ⅰ**から，日本の食料自給率は，1965年度から2015年度にかけて低下していることが読み取れます。
- 　**資料Ⅱ**と**資料Ⅲ**から，　　　い　　　ことが食料自給率の低下の一因であると言えます。
- 　以上のことから，食料自給率を向上させるためには，お米・ごはん食を奨励することが有効であると考えます。

6　経済のグローバル化と日本　>>p.18〜19, 134〜135　解答 ➡ p.199

経済のグローバル化に関する文章を読み，あとの問いに答えなさい。〔兵庫〕

　輸送手段や通信手段の発達により，大量の商品や人，情報が国境を越えて移動し，世界の一体化が進んでいる。a日本でつくられた商品が海外に輸出される一方で，海外でつくられた商品が日本に輸入されている。このような国際取引を行うためのb外国為替市場では，一度に億単位の円が取引される。国内では，日本国憲法にもとづいて経済活動が自由に行われているが，グローバル化が進む世界では，c様々な課題の解決に向けて，各国が協力して取り組むことが求められている。

(1) 下線部aに関して，次の問いに答えなさい。

① 次の文中の　Ｘ　〜　Ｚ　に入る語句の組み合わせとして適切なものを，あとのア〜エから1つ選んで，その符号を書きなさい。

　世界各国では，自国のみで商品を生産せずに，　Ｘ　な商品を輸出して，　Ｙ　な商品を輸入する傾向にある。これを　Ｚ　という。

ア　Ｘ不得意　Ｙ得意　Ｚ産業の空洞化

イ　Ｘ不得意　Ｙ得意　Ｚ国際分業

ウ　Ｘ得意　Ｙ不得意　Ｚ産業の空洞化

エ　Ｘ得意　Ｙ不得意　Ｚ国際分業

② あと（次のページ）のア〜エのいずれかは，神戸港の貿易額の推移を表したグラフである。次の神戸港の貿易額の変化について述べた文を読んで，神戸港の貿易額の推移を表したグラフとして適切なものを，あとのア〜エから1つ選んで，その符号を書きなさい。

　神戸港は，平成の間，常に輸出額が輸入額を上回っている。平成7（1995）年の阪神・淡路大震災では，輸出額，輸入額はともに大きく落ち込んだ。その後，輸出額，輸入額ともに回復をとげたものの，平成20（2008）年の世界的な金融危機の影響を受け，翌年の輸出額，輸入額はともに再び大きく落ち込んだ。しかし，平成29（2017）年には，輸出額，輸入額ともに阪神・淡路大震災前の水準を上回るまでに回復しており，日本を代表する貿易港の1つとして重要な役割を果たしている。

考え方
食料自給率をあげるにはどうすれば良いでしょうか。

注目!
食料安全保障という言葉があります。飢餓は防ぎたいですね。

解き方のヒント

●**入試では**
問題の文章が長くなり，資料を読み取る出題が増えています。日ごろから準備しましょう。

考え方
(1)② 示された文章からグラフを読み取りましょう。

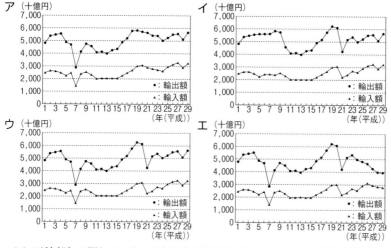

(2) 下線部bに関して，AさんとBさんはそれぞれアメリカ合衆国を旅行するにあたって，Aさんは1ドル＝100円，Bさんは1ドル＝80円の時に20,000円をドルに交換した。このことについて述べた次の文中の　P　，　Q　に入る語句の組み合わせとして適切なものを，あとのア〜エから1つ選んで，その符号を書きなさい。

> AさんはBさんより　P　の相場で円をドルに交換したので，Aさんが手に入れた金額は，Bさんより50ドル　Q　ことになる。

ア　P　円高　Q　多い　　イ　P　円高　Q　少ない
ウ　P　円安　Q　多い　　エ　P　円安　Q　少ない

(3) 下線部cに関して，次の問いに答えなさい。
① 次のX，Yの2つの立場がそれぞれ支持する貿易の自由化についての考え方として適切なものを，あとのア〜エからそれぞれ1つ選んで，その符号を書きなさい。

X　海外の商品を外国からできるだけ安く入手し，自国内で多く販売したい。

Y　海外の安価な商品の影響を受けずに，自国の商品を国内で多く販売したい。

ア　海外から輸入する商品に高い関税をかけ，貿易の自由化を推進する。
イ　海外から輸入する商品に高い関税をかけ，貿易の自由化を抑制する。
ウ　海外から輸入する商品への関税を撤廃し，貿易の自由化を推進する。
エ　海外から輸入する商品への関税を撤廃し，貿易の自由化を抑制する。

② 世界の貿易に関する各国の利害を調整するために，1995年に設立された国際機関をアルファベットの**大文字3字**で書きなさい。

(2) 1ドルが100円から80円になることが円高です。

貿易の自由化とは，国内の取り引きと同じように，外国との輸出入が自由にできることを意味します。

7 労働問題と雇用 >>p.122〜125

次のⅠからⅢまでの資料は，生徒が「日本の労働と雇用」についてのレポートを作成するために集めたものの一部である。あとの(1)から(4)までの問いに答えなさい。〔愛知A〕

Ⅰ 失業率と年間労働時間の推移

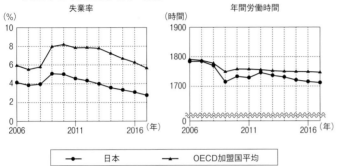

(注)「OECD(経済協力開発機構)」は日本を含む先進国を中心に構成される国際機関で，加盟各国の政策の分析等を行っている。(OECDホームページをもとに作成)

Ⅱ 若者(16〜29歳)の初職の就職から離職までの継続期間

(注)「初職」とは学校等を卒業または中途退学した後の最初の就職先を示している。四捨五入の関係で，合計しても100%にならない。
(「平成30年度 子供・若者白書」をもとに作成)

Ⅲ 使用者(企業)と労働者(正社員)が重要だと考える能力に関して生じている意識の差

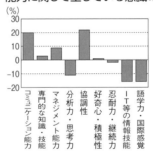

(注) それぞれの項目について，使用者が「正社員に向上を求める能力」として回答した割合から労働者が「重要と考える能力」として回答した割合を差し引いた数値を示している。
(「平成30年度 労働経済白書」をもとに作成)

(1) 次の文章は，生徒がⅠの資料のうち，失業率のグラフを用いて作成したレポートの一部である。文章中の（ ① ），（ ② ）にあてはまることばの組み合わせとして最も適当なものを，下のア〜エまでの中から選んで，そのかな符号を書きなさい。

> 失業率について，2008年から2009年にかけての変化をみると，日本およびOECD加盟国平均ともに（ ① ）している。このことから，2008年から2009年にかけては（ ② ）であったと考えることができる。

ア ①上昇，②世界的に好況　　イ ①上昇，②世界的に不況
ウ ①低下，②世界的に好況　　エ ①低下，②世界的に不況

●入試では
労働と雇用の問題では，資料をもとに，いろいろな課題を聞いてくる問題も目立ちます。

解き方のヒント

入試対策編

入試対策問題

(2) 次の文章は，生徒がⅠの資料のうち，年間労働時間のグラフを用いて作成したレポートの一部である。文章中の＿＿＿＿＿にあてはまることばとして最も適当なものを，下のア〜エまでの中から選んで，そのかな符号を書きなさい。

> 　年間労働時間は，景気の動向など，さまざまな要因で増減すると考えられる。近年，日本の年間労働時間がＯＥＣＤ加盟国平均よりも減っている要因の1つとしては，ワーク・ライフ・バランスの実現に向けて，企業が＿＿＿＿＿などの取組を進めていることもあげられる。

ア　育児や介護にともなう休業の取得促進

イ　オンブズパーソン制度の導入

ウ　育児・介護休業法の制定　　エ　インフォームド・コンセントの実施

(3) 次の文章は，生徒がⅠの資料に関連して，労働者の権利について発表した際のメモの一部である。文章中の（　③　），（　④　）にあてはまることばと数字の組み合わせとして最も適当なものを，下のア〜エまでの中から選んで，そのかな符号を書きなさい。

> 賃金や労働時間などの労働条件は労働者と使用者が対等の立場で取り決めることが労働基準法に定められている。しかし，現実には（　③　）に対して弱い立場にあるので，この法律では使用者が労働者を解雇する場合に予告が必要であることや，使用者は労働者に1週間について（　④　）時間を超えて労働させてはならないことなども定められている。

ア　③ 使用者は労働者，④ 80　　イ　③ 使用者は労働者，④ 40

ウ　③ 労働者は使用者，④ 80　　エ　③ 労働者は使用者，④ 40

(4) 次の文章は，生徒がⅡ，Ⅲのグラフについて発表した際のメモの一部である。文章中の（　⑤　），（　⑥　）にあてはまることばの組み合わせとして最も適当なものを，下のア〜エまでの中から選んで，そのかな符号を書きなさい。

> Ⅱのグラフからは，半数近くの若者が初職を（　⑤　）で離職していることがわかる。また，Ⅲのグラフからは，使用者と労働者のそれぞれが仕事の上で重要と考えている能力に違いがあることがわかり，とくに協調性やコミュニケーション能力については，（　⑥　）よりも仕事の上で重要だと考えている。

ア　⑤　1年未満，　⑥　使用者は労働者

イ　⑤　1年未満，　⑥　労働者は使用者

ウ　⑤　3年未満，　⑥　使用者は労働者

エ　⑤　3年未満，　⑥　労働者は使用者

考え方

(3) 法律では，1日と1週間の労働時間はどう決められていますか。労働者の立場は弱いので，労働基準法により保護されています。

!

少子高齢化で，ますます働く人が減ることが予想されます。その対策についてまとめておきましょう。

8 地理・歴史・公民融合問題①

Mさんは，情報を伝達する手段に興味をもち，情報伝達の歴史について調べた。次の文は，Mさんが調べた内容の一部である。あとの問いに答えなさい。

〔大阪〕

・古代に，情報を伝達するための基本的な手段である⑧文字が発明され，文字による情報を記録するために，石や粘土板，木材などが使用された。やがて紙を作る技術が中国で発明され，記録した文書の運搬や保管が容易になった。また，木版印刷が7世紀の中国で行われ，わが国にも伝わった。

・15世紀にヨーロッパで⑭活版印刷の技術が普及すると，書籍などの大量印刷が可能になり，情報の伝達量が増加した。活版印刷による新聞は，17世紀のヨーロッパで多数創刊され，印刷機の発達などにより19世紀に入ると安価になり，人々に広まった。

・19世紀後半に欧米諸国やわが国において切手を用いた郵便制度が整備され，また，国際郵便に関する共通の規定がつくられた。19世紀末に発明された電話や無線による通信距離の拡大は，ラジオやテレビの基礎となり，20世紀前半に欧米諸国やわが国において⑨ラジオ放送が始まり，20世紀中ごろにテレビ放送が普及した。

・現在，人々は情報を受信する側だけでなく⑭情報を発信する側にもなった。人々が容易に情報を発信することができるようになったきっかけは，20世紀末からの⑯インターネットの普及である。インターネットは，情報や意見を瞬時に収集・発信でき，情報を伝達する手段の一つとして定着しつつある。

歴史 (1) ⑧文字は，世界の各地域で発明された。右の写真は，くさび形文字の写真である。次のア～エのうち，チグリス(ティグリス)川とユーフラテス川の流域で発展し，くさび形文字が使用された古代の文明はどれか。1つ選び，記号を答えなさい。

ア　メソポタミア文明　　イ　インダス文明
ウ　エジプト文明　　　　エ　中国文明

歴史 (2) ⑭活版印刷の技術がわが国に伝わったのは，16世紀末にポルトガルやスペインの人々が来航したころであり，キリスト教関係の書物の他，わが国の古典もローマ字で印刷された。次のア～エのうち，ローマ字でも印刷されたわが国の古典で，鎌倉時代に琵琶法師によって弾き語られ，各地で広まった軍記物はどれか。1つ選び，記号を答えなさい。

ア　古事記　　イ　徒然草　　ウ　方丈記　　エ　平家物語

歴史 (3) ⑨ラジオ放送は，20世紀前半にアメリカ合衆国で始まり，わが国やヨーロッパに広まった。次のア～エのうち，20世紀前半の世界のようすについて述べた文として正しいものはどれか。1つ選び，記号を答えなさい。

ア　ヨーロッパ連合が発足し，加盟国の多くがユーロと呼ばれる通貨を導入した。

イ　ベルリンの壁が崩壊し，米ソの首脳が冷戦の終結を宣言した。

ウ　朝鮮半島で甲午農民戦争が起こり，日清戦争が始まった。

エ　ニューヨークで株価が暴落し，世界恐慌が起こった。

●入試では
各分野の融合問題が増えています。今までの学習を振り返り整理しておきましょう。

考え方
(3)世紀ごとの大きな流れを確認しておきましょう。

(4) ㋨情報を発信する際，基本的人権に対する配慮が求められる。

考え方
(4)① フランスの思想家が
大きなヒントです。

① 基本的人権は人類の歴史の中で獲得されてきた。

(a) 18世紀，『社会契約論』を著して，人民主権を主張したフランスの思想家はだれか。次のア～エから1つ選び，記号を書きなさい。

ア　ルソー　　イ　ルター

ウ　ロック　　エ　リンカーン（リンカン）

(b) 1948年の国際連合総会で採択され，「すべての人間は，生^{うま}れながらにして自由であり，かつ，尊厳と権利とについて平等である。」など，すべての人民とすべての国とが達成すべき共通の基準を定めたものは何と呼ばれているか。**漢字6字**で書きなさい。

② 日本国憲法の条文には明記されていない権利が，新しい人権として主張されるようになった。次の文は，新しい人権に関することについて述べたものである。文中の　A　に当てはまる語を書きなさい。

私生活をみだりに公開されない権利は，　A　の権利（　A　を守る権利）と呼ばれ，新しい人権の一つである。この権利は近年，自分の情報を自分で管理する権利を含むものへと発展し，このような考えにもとづいて，わが国では個人情報保護制度がつくられ，個人情報保護法では，国や地方公共団体，個人情報を取り扱う事業者が守るべき義務などが定められている。

(5) ㋨インターネットなどにより情報を受け取ることのできる人とできない人との間に生じる経済格差は情報格差と呼ばれ，情報格差を解消して情報技術を普及させることが国際社会の課題である。

(5) 情報技術産業の大きな
流れと現状を整理して
おきましょう。また，
資料は正確に読み取り
ましょう。

① アメリカ合衆国では，情報技術産業がさかんである。アメリカ合衆国において，情報技術産業などの先端技術産業が集まり発達してきた，右の地図中の**A－A'**で表した緯線より南の温暖な地域は何と呼ばれているか。**カタカナ5字**で書きなさい。

（ ……… は現在の国界を示す）

② アフリカの多くの国では，情報技術製品に不可欠なレアメタルなど特定の鉱産資源の産出や，特定の農産物の生産が行われ，輸出されている。このような特定の鉱産資源や農産物の輸出にたよる経済は何と呼ばれているか。**カタカナ**で書きなさい。

③ 情報技術の普及の1つに，情報通信網の整備がある。**表Ⅰ**は，2017（平成29）年における，アジア，ヨーロッパ，アフリカ，北アメリカ，南アメリカ，オセアニアの6つの地域の，固定ブロードバンドの普及率（人口に占める固定ブロードバンドの契約数の割合）を示したものである。**図Ⅰ**は，2017年における6つの地域の，人口1人当たりのGNI（国民総所得）を示したもの

である。図Ⅱは，2017年における6つの地域の，固定ブロードバンドの料金（1か月に1ギガバイトの通信を行うのに必要な料金の年額）を示したものである。あとのア～エのうち，表Ⅰ，図Ⅰ，図Ⅱから読み取れる内容についてまとめたものとして正しいものはどれか。**すべて**選び，記号で答えなさい。

(注) 固定ブロードバンド＝家庭や学校などに固定された光ファイバーケーブルなどを利用して高速インターネットアクセスを可能とするネットワーク。　GNI＝一国の国民全体が一定期間に受け取った所得の総額。

表Ⅰ　固定ブロードバンドの普及率（％）

アジア	ヨーロッパ	アフリカ	北アメリカ	南アメリカ	オセアニア
13.0	30.2	1.3	26.0	13.2	23.7

（世界銀行の資料により作成）

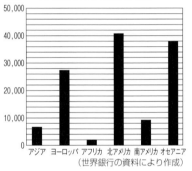

図Ⅰ　1人当たりのGNI（ドル）
（世界銀行の資料により作成）

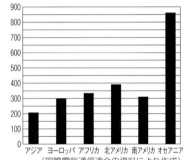

図Ⅱ　固定ブロードバンドの料金（ドル）
（国際電気通信連合の資料により作成）
（それぞれの地域について各国の数値の合計を国数で割った数値を示している）

（表Ⅰ，図Ⅰ，図Ⅱのいずれも世界銀行の資料，国際電気通信連合の資料にともに掲載されている国のみの数値により作成）（表Ⅰ，図Ⅰ，図Ⅱのいずれもロシアはヨーロッパに含む）

ア　1人当たりのGNIが高い地域ほど，固定ブロードバンドの普及率は高くなっている。

イ　固定ブロードバンドの料金が高い地域ほど，固定ブロードバンドの普及率は低くなっている。

ウ　北アメリカとオセアニアとを比べると，北アメリカの方が，固定ブロードバンドの普及率が高く，1人当たりのGNIに対する固定ブロードバンドの料金の割合が低い。

エ　アフリカは，6つの地域のうち，固定ブロードバンドの普及率が最も低く，1人当たりのGNIに対する固定ブロードバンドの料金の割合が最も高い。

注目！
新聞記事などで時事的な問題にふれておくことが，公民や地理では大切です。

9 地理・歴史・公民融合問題②

解答 ➡ p.200

次の文章を読み，あとの各問いに答えよ。[東京]

> 世界の国々は，地球上の様々な地域で，人々が活動できる範囲を広げてきた。そして，(a)対立や多くの困難に直面する度に，課題を克服し解決してきた。また，(b)科学技術の進歩や経済の発展は，先進国だけでなく発展途上国の人々の暮らしも豊かにしてきた。
> グローバル化が加速し，人口増加や環境の変化が急速に進む中で，持続可能な社会を実現するために，(c)我が国にも世界の国々と協調した国際貢献が求められている。

歴史 (1) (a)対立や多くの困難に直面する度に，課題を克服し解決してきた。とあるが，次のア〜エは，それぞれの時代の課題を克服した様子について述べたものである。時期の古いものから順に記号で並べよ。

ア　特定の国による資源の独占が国家間の対立を生み出した反省から，資源の共有を目的とした共同体が設立され，その後つくられた共同体と統合し，ヨーロッパ共同体（EC）が発足した。

イ　アマゾン川流域に広がるセルバと呼ばれる熱帯林などの大規模な森林破壊の解決に向け，リオデジャネイロで国連環境開発会議（地球サミット）が開催された。

ウ　パリで講和会議が開かれ，戦争に参加した国々に大きな被害を及ぼした反省から，アメリカ合衆国大統領の提案を基にした，世界平和と国際協調を目的とする国際連盟が発足した。

エ　ドイツ，オーストリア，イタリアが三国同盟を結び，ヨーロッパで政治的な対立が深まる一方で，科学者の間で北極と南極の国際共同研究の実施に向け，国際極年が定められた。

地理 (2) (b)科学技術の進歩や経済の発展は，先進国だけでなく発展途上国の人々の暮らしも豊かにしてきた。とあるが，次のページのⅠのグラフのア〜エは，略地図中に▨で示したA〜Dのいずれかの国の1970年から2015年までの1人当たりの国内総生産の推移を示したものである。Ⅱのグラフのア〜エは，略地図中に▨で示したA〜Dのいずれかの国の1970年から2015年までの乳幼児死亡率の推移を示したものである。Ⅲの文章で述べている国に当てはまるのは，略地図中のA〜Dのうちのどれか，また，ⅠとⅡのグラフのア〜エのうちのどれか。

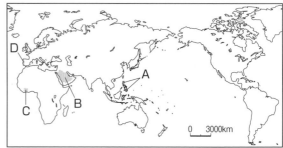

解き方のヒント

●入試では
国際関係では，環境や人口問題・国際協力などのテーマが良く出題されます。関心を持ちましょう。

考え方
(1) 年表で大きな歴史の流れをまとめておきましょう。

(2) グラフの情報を地図と資料に関連付けましょう。

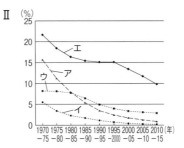

Ⅰ (ドル)
(注)国内総生産とは，一つの国において
新たに生み出された価値の総額を示
した数値のこと。

Ⅱ (%)
（国際連合のホームページより作成）

Ⅲ
　　文字と剣が緑色の下地に描かれた国旗をもつこの国は，石油輸出国機構（OPEC）
に加盟し，2度の石油危機を含む期間に1人当たりの国内総生産が大幅に増加した
が，一時的に減少し，1990年以降は増加し続けた。また，この国では公的医療機
関を原則無料で利用することができ，1970年から2015年までの間に乳幼児死亡率
は約10分の1に減少し，現在も人口増加が続き，近年は最新の技術を導入し，高
度な医療を提供する病院が開業している。

公民 (3) (c)我が国にも世界の国々と協調した国際貢献が求められている。とあるが，下のⅠの文章は，2015年に閣議決定し，改定された開発協力大綱の一部を抜粋して分かりやすく書き改めたものである。Ⅱの表は，1997年度と2018年度における政府開発援助（ODA）事業予算，政府開発援助（ODA）事業予算のうち政府貸付と贈与について示したものである。Ⅲの表は，Ⅱの表の贈与のうち，1997年度と2018年度における二国間政府開発援助贈与，二国間政府開発援助贈与のうち無償資金協力と技術協力について示したものである。1997年度と比較した2018年度における政府開発援助（ODA）の変化について，Ⅰ～Ⅲの資料を活用し，政府開発援助（ODA）事業予算と二国間政府開発援助贈与の内訳に着目して，簡単に述べよ。

Ⅰ　○自助努力を後押しし，将来における自立的発展を目指すのが日本の開発協力の良
　　き伝統である。
　　○引き続き，日本の経験と知見を活用しつつ，当該国の発展に向けた協力を行う。

Ⅱ
	政府開発援助（ODA）事業予算（億円）		
		政府貸付	贈　与
1997年度	20147	9767（48.5%）	10380（51.5%）
2018年度	21650	13705（63.3%）	7945（36.7%）

Ⅲ
	二国間政府開発援助贈与（億円）		
		無償資金協力	技術協力
1997年度	6083	2202（36.2%）	3881（63.8%）
2018年度	4842	1605（33.1%）	3237（66.9%）

（外務省の資料より作成）

(3) 2つの表を比べて，日
本の国際貢献の特色を
読み取りましょう。

注目！

国際問題は必ずしも身近
であるとはいえないので，
インターネットやテレビ
などのニュースを見てみ
ましょう。

定期試験対策問題 解答

第1章 私たちが生きる現代社会と文化

定期試験対策問題① p.28～30

1 (1) ①ア・エ (順不同) ②イ・ウ (順不同)
(2) 65歳以上 (3) ①増える ②減る
③重くなる (4) ウ

2 (1) マスメディア (2) I C T
(3) ①○ ②×

3 (1) グローバル (2) 多文化社会
(3) ①貿易摩擦 ②自給率
(4) (例) 地元で生産されたものを地元で消費する
地産地消を進める。

4 (1) A I (2) バイオテクノロジー
(3) ヒトゲノム (4) 脳死

5 (1) 仏教・神道 (順不同)
(2) Aエ Bウ Cア Dイ
(3) アイヌ民族

6 (1) 社会集団 (2) ①イ ②ウ ③ア
(3) ①合意 ②aア bア cイ

〈解説〉

3 (4) 地元産の農産物を消費することが，自分の住
む地域の農業の活性化につながる。

6 (3)② 「効率」は問題解決への交渉の中で，むだ
を省くこと。「公正」は当事者たちが対等な成
果を得られるようにすること。

第2章 人間の尊重と日本国憲法

定期試験対策問題② p.59～62

1 (1) ①イ ②ウ ③エ ④ア
(2) 法治主義 (3) ア

2 (1) 天皇 (2) 基本的人権の尊重
(3) 最高法規 (4) 施行

3 (1) ①国民主権 ②象徴 (2) エ
(3) ①イ ②ア・オ (順不同)
③内閣総理大臣

4 (1) 9条 (2) 武力
(3) ①朝鮮戦争 ②○ ③PKO

5 (1) ①ウ ②エ ③イ
(2) ①個人 ②公共の福祉

(3) 納税の義務・勤労の義務 (順不同)

6 (1) ①男女雇用機会均等法 ②全国水平社
(2) ①ウ ②イ ③イ ④ア

7 (1) 最低限度 (2) 教育
(3) ③ウ ④エ (4) ア (5) イ
(6) 満18歳 (7) 不法

8 (1) ①イ ②ウ ③ア
(2) アムネスティ・インターナショナル

〈解説〉

2 (4) 日本国憲法が公布された11月3日は文化の日，
施行された5月3日は憲法記念日として国民の
祝日となっている。

3 (3)② イ：内閣，ウ：裁判所，エ：国会が行う。

4 (3)③ WTOは世界貿易機関の略称。

第3章 暮らしと結びついた政治

定期試験対策問題③ p.96～100

1 (1) エ・オ (順不同)
(2) (例) 直接国税による制限がなくなったため。
(3) 間接民主制 (4) ①ウ ②エ

2 (1) 3年 (2) 30 (3) 比例代表
(4) 与党 (5) 平等

3 (1) 最高 (2) ①イ ②ウ ③ア
(3) ウ
(4) (例) 衆議院は，任期が短く解散もあるため，
国民の意見をより反映していると考えら
れるから。
(5) イ (6) 天皇
(7) ①公聴会 ②本会議 (8) ウ
(9) ア

4 (1) 議院内閣制 (2) イ
(3) ①× ②○ ③× ④× ⑤○ ⑥○
(4) ①イ ②ウ ③エ ④ア
(5) 国政調査権 (6) 助言と承認
(7) ウ (8) ①10 ②総辞職
(9) 公務員

5 (1) 三審制 (2) 上告
(3) ①イ ②裁判員制度 (4) 高等裁判所
(5) イ (6) 憲法

6 (1) モンテスキュー

196

(2) A国民審査　B司法

(3) ①カ　②オ　③ウ　④イ　⑤ア　⑥イ

7 (1) エ　　　(2) ア　　　(3) 条例

(4) 選挙管理委員会　　(5) イ　　(6) イ

(7) ウ　　　(8) 沖縄県

(9) ①地方交付税交付金　②国庫支出金

⑩ 学校

〈解説〉

1 (2)　男子の普通選挙制が実現した。

3 (4)　選挙を通じて国民の意思を問う機会が，参議院よりも多くなると考えられる。

7 (6)　40000人×0.8÷50＝640となる。

(7)　ア：議会は一院制。イ：任期は4年。エ：解散させることができる。

第4章 私たちの暮らしと経済

定期試験対策問題④　p.148〜152

1 (1) ①イ　　②ウ　　(2) 消費支出

(3) サービス

(4) ①製造物責任法（PL法）

②クーリング・オフ制度　　(5) 食料

2 (1) Aインフレーション　Bデフレーション

(2) ①オ　②ア　③エ

3 (1) ①イ　②均衡価格　(2) 資本主義経済

(3) 社会主義経済　　(4) 資本

(5) 独占禁止法　(6) ア　　(7) ア

(8) ウ　　(9) 配当　　⑩ 拡大

4 (1) 日本銀行　(2) ①イ　②ア　③ウ

(3) ①ウ　②エ　③イ　④ア

5 (1) 為替レート（為替相場）

(2) ①30000　②20000　③100　④150

(3) B　　(4) A

(5) 貿易赤字　　(6) 産業の空洞化

6 (1) ①C　②B　③A　(2) 累進課税制度

(3) 軽減税率　　(4) C　　(5) ア

(6) ウ　　(7) 日本銀行

(8) 公共事業　　(9) 不景気

⑩ イ　　⑪ 再分配

7 (1) ①男女　②8　③1

(2) 団結権・団体交渉権・団体行動権（順不同）

(3) ウ

8 (1) 生存権　　　　　(2) A

(3) ①エ　②ア　③イ　(4) ①B　②C

(5) ノーマライゼーション　　(6) 環境基本法

〈解説〉

3 (1) ①　供給曲線は価格が上がると数量が増加し，右上がりの曲線となる。

4 (3)　好景気のときは，売りオペレーションを行って世の中に出回るお金の量を減らし，景気が過熱し過ぎないようにする。

第5章 地球社会と私たち

定期試験対策問題⑤　p.176〜178

1 (1) ①拒否権　　②ロシア連邦　　③エ

(2) 平和維持活動（PKO）

(3) ①イ　②ウ　③エ　④ア

(4) 人種差別撤廃条約　　(5) 国際慣習法

(6) 領域・国民・主権（順不同）

2 (1) 冷たい戦争（冷戦）　　(2) ヤルタ会談

(3) ①ウ　②エ　③カ　④ア　(4) d

3 (1) ヨーロッパ連合（EU）

(2) ユーロ　　　　(3) ASEAN

(4) 石油輸出国機構（OPEC）

(5) TPP　　　　(6) 関税

4 (1) 問題 南北問題　組織 エ　(2) ア

(3) C酸性　Dオゾン　E温暖

(4) 京都市　　　　(5) イ

(6) ①国連環境開発会議（地球サミット）

②持続可能

(7) イ

(8) 温室効果ガス　　(9) インド

〈解説〉

1 (1) ③　国連分担金は各国の経済力によって割り当てられており，2020年現在は，1位：アメリカ，2位：中国，3位：日本である。

4 (2)　イ：非営利組織，ウ：経済協力開発機構，エ：世界保健機関の略称。

(7)　サハラ砂漠の南で砂漠化が進んでいる。

(9)　Bはブラジル，Rはロシア，Cは中国，Iはインド，Sは南アフリカ共和国を表す。

197

1 国会・内閣・裁判所 p.180〜182

1 (1) (a)−ウ

　　(b)−子どもの権利条約 (児童の権利条約, 児童の権利に関する条約)

(2) (a)−象徴

　　(b)−ア, エ(完答　順不同)

(3) (例)　衆議院は任期が短く定員が多い, また解散があるため, <u>国民の意見</u>をよく反映するから。

(4) (例)　日本の女性議員の割合は増加してきているが, 世界の割合からみると低い。

(5) (例)　条約を締結することで, その内容にそった法律の整備等も行うことになる。国内法の内容に影響するため, 唯一の立法機関である国会に認めてもらう必要があるから。(75字)

(6) ア

〈解説〉

1 (1) (a)第193回国会は会期が150日で, 翌年度の予算案が審議されていることから常会。第194回国会は内閣が召集した臨時会。第195回国会は衆議院総選挙後に, 内閣総理大臣を指名するために召集される特別会。

　　(b)「育つ権利」や「生きる権利」等を定めているのは, 子どもの権利条約。子どもの将来を考えて, 国はこれらの権利を守っていくことが求められている。

(2) (b)天皇の国事行為は, 形式的・名目的で, すべて内閣の助言と承認が必要 (日本国憲法第7条)。

(3) 衆議院は参議院 (任期6年) と比べて, 任期が4年と短く定員が多いことや, 解散があることなどにより, 参議院に対しての優越が憲法で定められている。解散が行われると総選挙が実施される。そのときに主権者が政治的な判断をするという意味で, 日本国憲法第59条などで衆議院を優越させている。

(4) 日本の衆議院議員で女性の占める割合は, 2017年では約10%。40%を超すメキシコや南アフリカには及ばず, ドイツの3分の1にすぎない。日本では女性の国会議員が少ないことが課題である。

(5) 条約を結ぶのは内閣の仕事。しかし, 条約の内容を国内で実施するためには, 国会で法律を制定する必要がある。そのため, 条約締結の前または後に国会の承認が必要。

　　参考　日本国憲法第73条　3号

　　条約を締結すること。但し, 事前に, 時宜によっては事後に, 国会の承認を経ることを必要とする。

(6) 日本やイギリスは議院内閣制をとり, 行政 (内閣) と立法 (国会) の結びつきが強い。一方, アメリカは行政 (大統領) と立法 (連邦議会) が独立している。これが大統領制の特色である。

2 社会権と社会保障 p.182〜183

2 (1) 生存権

(2) (例)　国民年金保険料の<u>負担者</u>が減少し, <u>受給者</u>が増加しているから。

　　(同趣旨　可)

(3) X　イ　　Y　ウ

〈解説〉

2 (1) 人間らしい生活を営む権利が社会権。その中で基本となる権利が生存権である。生存権は日本国憲法第25条で保障されている「健康で文化的な最低限度の生活を営む権利」。

(2) 先進国ではいずれの国でも少子高齢化が進んでいる。高齢者が増え, 少子化が進むと年金財政を支えるために各種保険料の負担が増えていく。

(3) 高福祉・高負担か低福祉・低負担かなど, 国民の負担と社会保障の給付については, いろいろ議論がある。国民が納得する方向を見極めるための議論が求められている。世界の中で, 日本は少子高齢化が最も進んでいる国である。

3 裁判所と裁判員制度 p.183〜184

3 (1) ウ
   (2) ア，イ，ウの記号　　ア
   　　 A，B，Cの記号　　 B
   (3) (例)　最高裁判所は，法律などが合憲か違憲かについて判断する最終的な決定権を持っているため。
   (4) X ○　Y ×　Z ×

〈解説〉

3 (1) 裁判員は刑事裁判の第一審のみに参加する。これは主権者である国民が司法に参加する制度である。上級裁判所に訴えることを，第一審の判決に不服の場合は控訴，第二審の判決に不服の場合は上告という。なお，裁判員は，満20歳以上の国民からくじと面接で選ばれる。重い病気などの場合を除き辞退できない。
   (2) 検察官は被疑者を被告人として裁判所に訴える。このことを起訴という。
   (3) 地方裁判所などの下級裁判所にも，法律などが憲法に違反しているかどうか判断する権限がある。しかし，最高裁判所が最終決定権をもっているため，最高裁判所は「憲法の番人」とよばれている。
   (4) 裁判員制度が採用されているのは，刑事裁判の第一審だけなので，高等裁判所での裁判や民事裁判・行政裁判には参加しない。

4 株式会社と企業，金融・財政 p.184〜186

4 (1) (例)　所有する株式の数に応じて，会社の利益の一部を受け取る
   (2) 独占
   (3) イ
   (4) エ
   (5) ＥＰＡ
   (6) (a) イ　(b) A ア　B エ　C カ

〈解説〉

4 (1) 株式会社は，株式を発行することにより多くの人から資金を集め，それを会社の経営にあ

てる。利益が出た場合には，株式を購入した株主に利益の一部を配当として支払う。また，株式を購入した人は株主として，株主総会に出席する権利を得る。
   (2) 商品を供給するのに，1社が市場の100％を占める場合を独占，数社で市場を支配している場合を寡占という。
   (3) 日本銀行が国債を購入すると市場の資金が増える。そのため不景気の場合には，この政策がとられる。好景気の場合には反対。
   (4) アの社会保険は，病気や高齢に備えて保険料を支払い，病気になったり高齢になったときに給付を受ける。イの公的扶助は，生活に困っている人たちに対するしくみ。ウの社会福祉は，障がい者や高齢者など社会的に弱い立場の人々を助けるしくみ。

5 模擬選挙と公開討論会 p.186〜187

5 (例)　自給率の高い米の供給熱量が減少した

〈解説〉

5 資料Ⅰからは，日本の食料自給率が年々低下し，2015年度では約40％になったことが読み取れる。資料Ⅱからは，米の自給率は2015年度で99％でありほぼ自給できているが，米以外のいずれの品目も低下していることがわかる。資料Ⅲからは日本人の熱量の供給源は米が大きく減少していることが読み取れる。以上を総合して考えよう。

6 経済のグローバル化と日本 p.187〜188

6 (1) ① エ　② ウ
   (2) エ
   (3) ① X ウ　Y イ　② WTO

〈解説〉

6 (1) ①貿易の基本は，自国では有利な条件で生産できる商品を生産し，輸出することである。不得意な商品は輸入する。
   (2) 1ドル＝80円の相場が1ドル＝100円になることは，外国の通貨に対して円の価値が下がる

ので，円安という。円の価値が下がると輸入品は高くなるので国内の輸入企業には不利になる。一方，輸出品の現地での値段は安くなるので，国内の輸出企業には有利になる。

7 労働問題と雇用 p.189～190

7 (1) イ　　(2) ア
　　(3) エ　　(4) ウ

〈解説〉

7 Ⅰ　日本と世界の失業率と年間労働時間は全体としては減少傾向にある。Ⅱ　若者の約50％が3年未満で離職していることが分かる。Ⅲ　使用者と労働者の意識の違いに注目する。

(1) 2008年から2009年にかけては，日本もOECD加盟国も失業率は上がっている。世界的に不況であったためである。

(2) 文章と選択肢をていねいに読んでⅠの資料で確認しよう。労働だけではなく生活も重視するという考え方から，育児休暇や介護休暇をとる人が増えている。ウは，企業ではなく政府の取組である。

(3) 使用者に比べて労働者は弱い立場にあるので，労働者はいろいろな面で保護されている。労働基準法では労働時間は，1日8時間，週40時間を上限としている。

(4) 「1年未満」と「1年以上3年未満」を足すと49.4％になる。Ⅲのグラフの数値がプラスなのは使用者が労働者よりも重要だと考えている項目，マイナスなのは労働者が使用者よりも重要だと考えている項目である。

8 地理・歴史・公民融合問題① p.191～193

8 (1) ア　　(2) エ　　(3) エ
　　(4) ①(a)　ア　　(b)　世界人権宣言
　　　　②プライバシー
　　(5) ①サンベルト
　　　　②モノカルチャー
　　　　③ウ，エ　（順不同，完答）

〈解説〉

8 (1) 古代文明の特色を復習しておこう。文明を育んだ大河名も，あわせて確認しておきたい。

(2) 琵琶法師が弾き語ったのは「平家物語」。「徒然草」は兼好法師の随筆，「方丈記」の著者は鴨長明である。

(3) アのユーロ導入は1999年，イは1989年，ウは1894年，エは1929年。

(4) ①(a)イのルターは宗教改革を行った人物，ウのロックは『統治二論』で抵抗権を主張したイギリスの思想家，エのリンカーンはアメリカの大統領。

　　(b)世界人権宣言は1948年に国連総会で採択され，その後の世界の人権保障のモデルとなっている。

(5) ①サンベルトとよばれる地域では，土地が安く労働力が安かったため，ICT（情報通信技術）関連企業などが集中した。

②埋蔵量が少ないか，取り出しが難しい金属をレアメタルという。プラチナやリチウムなどがあり，携帯電話やコンピュータの生産には欠かせない。レアメタルなど特定の生産物の輸出に頼る経済をモノカルチャー経済という。

③「1人当たりのGNIに対する固定ブロードバンドの料金の割合」は，固定ブロードバンドの料金÷1人当たりのGNIで計算できる。北アメリカは約1％，オセアニアは約2％，アフリカは約17％である。

9 地理・歴史・公民融合問題② p.194～195

9 (1) エ→ウ→ア→イ
　　(2) 略地図中のA～D　　　　B
　　　　ⅠとⅡのグラフのア～エ　　ア
　　(3) **(例)**　政府開発援助事業予算に占める，政府貸付の割合を増やすとともに，二国間政府開発援助贈与に占める，技術協力の割合を増やすことで，自助努力を後押しし，自立的発展を目指している。

〈解説〉

9 (1) ア　第二次世界大戦で戦場となり国土があれたヨーロッパは経済も衰えていた。そのため経済を中心にヨーロッパの統合の動きがあり，1967年に組織されたEC（ヨーロッパ共同体）が発展したのが，現在のEU（ヨーロッパ連合）である。

イ　地球環境問題について話し合った会議が地球サミット（国連環境開発会議）で，1992年にブラジルのリオデジャネイロで開催され約180か国と多くのNGOが参加した。会議では気候変動枠組条約や生物多様性条約などが採択された。

ウ　国際連盟は第一次世界大戦後の1920年に設立された国際組織で，国際紛争を平和的に解決しようとするものだった。しかし，提案したアメリカが議会の反対で不参加となったことなどから強い力は持てなかった。

エ　三国同盟は1882年に結ばれた軍事同盟で，ドイツ・イタリア・オーストリアが参加した。イギリス・フランス・ロシアの三国協商と対立し，第一次世界大戦につながった。

(2) Ⅲの文章から産油国であることがわかる。1人当たりの国内総生産が「大幅に増加」「増加し続け」ている国で，乳幼児死亡率が10分の1に減少していることから，国（サウジアラビア）の位置はB，グラフはアと判断できる。

(3) 「変化」について問われているので，1997年度と2018年度を比べ，増加しているか，減少しているかに着目する。政府開発援助事業予算は政府貸付が増加し，贈与が減少。二国間政府開発援助贈与は無償資金協力の割合が減少し，技術協力の割合は増加。技術協力に重点が置かれていることが読み取れる。Ⅱ・Ⅲの表の読み取りだけでなく，Ⅰの資料の活用も求められていることに注意する。

●写真提供・資料協力
　公益財団法人 国際人材育成機構
　国立国会図書館
　時事通信フォト
　東京都
　日本環境協会 エコマーク事務局
　PIXTA
　フォトライブラリー
　PET ボトルリサイクル推進協議会

初版
第 1 刷　2002 年 4 月 1 日　発行
新指導要領準拠版
第 1 刷　2021 年 3 月 1 日　発行

●カバー・本文デザイン
　アーク・ビジュアル・ワークス（落合あや子）

編　者　数研出版編集部　　　　　　　編集協力　株式会社エディット
発行者　　　　星野 泰也

ISBN978-4-410-15114-9

チャート式®シリーズ　中学公民

発行所　数研出版株式会社

〒 101-0052　東京都千代田区神田小川町 2 丁目 3 番地 3
　　　　　〔振替〕00140-4-118431
〒 604-0861　京都市中京区烏丸通竹屋町上る大倉町 205 番地
〔電話〕代表（075）231-0161
ホームページ　https://www.chart.co.jp
印刷　創栄図書印刷株式会社

●目標1［貧困］
あらゆる場所あらゆる形態の貧困を終わらせる。

●目標2［飢餓(きが)］
飢餓を終わらせ，食料安全保障及び栄養の改善を実現し，持続可能な農業を促進(そくしん)する。

●目標3［保健］
あらゆる年齢(ねんれい)のすべての人々の健康的な生活を確保し，福祉(ふくし)を促進する。

●目標4［教育］
すべての人に包摂的(*1ほうせつ)かつ公正な質の高い教育を確保し，生涯(しょうがい)学習の機会を促進する。

●目標5［ジェンダー(*2)］
ジェンダー平等を達成し，すべての女性及び女児のエンパワーメント(*3)を行う。

●目標6［水・衛生］
すべての人々の水と衛生の利用可能性と持続可能な管理を確保する。

●目標7［エネルギー］
すべての人々の，安価かつ信頼(しんらい)できる持続可能な近代的なエネルギーへのアクセスを確保する。

●目標8［経済成長(こよう)と雇用］
包摂的かつ持続可能な経済成長及びすべての人々の完全かつ生産的な雇用と働きがいのある人間らしい雇用（ディーセント・ワーク）を促進する。

21世紀を生きる
SDGs っ

SDGsとは，国際連合が2015年に採択(さいたく)し
Goals)のこと。世界の国々が2030年までに
ト）です。先進国・発展途上国(とじょう)を問わず，持
いことを理念として掲(かか)げており，日本も達成

●目標9［インフラ，産業化，イノベーション(*4)］
強靭(きょうじん)（レジリエント）なインフラ構築，包摂的かつ持続可能な産業化の促進及びイノベーションの推進を図る。

●目標10［不平等］
国内及び各国家間の不平等を是正(ぜせい)する。